EUGÈNE CARLIER
...temental des Enfants Assistés,
...l'Académie d'Arras.

LES
ENFANTS ASSISTÉS
DANS LE PAS-DE-CALAIS
Avant et pendant le XIXᵉ Siècle

« En toutes choses, pour bien juger
de ce qui peut être, il faut bien connaître ce qui a été et ce qui est. »
(VALENTIN-SMITH.— Commission d'enquête des Enfants trouvés de 1849.)

ARRAS
IMPRIMERIE ED. BOUVRY ET Cⁱᵉ, RUE DE L'ARSIN, 4.

1900

DU MÊME AUTEUR :

Les Secours temporaires à domicile (Congrès international d'assistance ; Paris, 1889).

Le Fisc et l'Assistance publique (1ᵉʳ Congrès national d'assistance ; Lyon, 1894).

Observations sur l'application de la loi du 24 juillet 1889, relative aux enfants moralement abandonnés (Congrès international de la protection de l'enfance ; Bordeaux, 1895).

De l'Assistance des pupilles infirmes majeurs (2ᵉ Congrès national d'assistance ; Rouen, 1897).

LES
ENFANTS ASSISTÉS
dans le Pas-de-Calais
AVANT ET PENDANT LE XIX° SIÈCLE

Eugène CARLIER

LES
ENFANTS ASSISTÉS
DANS LE PAS-DE-CALAIS
avant et pendant le XIXe Siècle

> « En toutes choses, pour bien juger de ce qui
> « peut être, il faut bien connaître ce qui a été et
> « ce qui est. »
> (VALENTIN-SMITH. — Commission d'enquête des
> Enfants trouvés de 1849.)

ARRAS
IMPRIMERIE ED. BOUVRY ET Cⁱᵉ, RUE DE L'ARSIN, 4.

1900

AVANT-PROPOS

Au moment où va se lever l'aurore du XXe siècle, avant l'ouverture de l'Exposition universelle qui doit le précéder, le Comité départemental du Pas-de-Calais a, par l'organe de son bureau, adressé un éloquent appel à ses concitoyens, qui, dans les multiples domaines de l'activité humaine, pouvaient apporter un contingent, si modeste soit-il, à cette grande manifestation en l'honneur du travail sous toutes ses formes.

Il lui a semblé qu'il conviendrait de rappeler ce qui s'est passé depuis l'année 1800, de dresser l'inventaire des améliorations et des progrès réalisés dans notre département pendant le siècle qui va finir, de compléter en un mot l'exposition contemporaine par une exposition rétrospective centennale.

C'est pour répondre à son appel que le présent travail a été entrepris.

Il ne s'agit ici ni d'industrie, ni d'agriculture, ni de beaux-arts. Le sujet traité est tout autre; mais il n'en a pas moins son importance. Il est du domaine d'une science qui a beaucoup grandi dans ces derniers temps : l'Economie sociale, et à une époque comme la nôtre où les questions d'assistance tiennent une si large place dans les préoccupations du public, la question des enfants abandonnés nous semble mériter de fixer particulièrement l'attention. Vieille comme le monde, elle est de celles qui, de tout temps, ont donné lieu aux discussions les plus ardentes et dont on peut dire presque qu'elles tiennent l'humanité aux entrailles. Le sort des malheureux enfants abandonnés ne touche-t-il pas aux intérêts les plus essentiels d'une nation au point de vue du mouvement de sa population, de son présent, de son avenir, au point de vue social comme au point de vue économique ?

Mais ce n'est pas ici le lieu de nous livrer à des considérations philosophiques qui pourraient nous entraîner trop loin, en nous éloignant du but que nous poursuivons.

Retracer ce qu'a été le service des enfants assistés dans le Pas-de-Calais au commencement du siècle, le suivre dans les phases successives par lesquelles il a passé, présenter le tableau de la situation actuelle, tel est le programme que nous nous sommes proposé tout d'abord.

Les recherches que nous avons dû faire pour le remplir nous ont entraîné un peu plus loin que nous ne pensions. Les archives de toutes sortes où nous avons puisé nous ont fourni sur les origines de la question de nombreux et intéressants documents, que nous ne pouvions vraiment pas passer sous silence. Comment résister à la tentation d'en tirer le meilleur parti ? On n'avait pas attendu le commencement du XIXe siècle pour s'occuper des orphelins et enfants abandonnés dans nos vieilles provinces de Flandre et d'Artois. Si les efforts de la charité publique et privée en leur faveur n'étaient ni homogènes ni coordonnés, si les choses étaient un peu laissées au hasard des bonnes volontés individuelles, si le plus souvent on ne recueillait que les orphelins ou abandonnés légitimes sans trop se soucier des malheureux enfants trouvés dont chacun cherchait plus ou moins à éluder la charge, si, en un mot, l'assistance infantile n'était véritablement pas obligatoire ni suffisante, — les cahiers de 1789 dans le Pas-de-Calais le montrent bien, — elle s'exerçait néanmoins dans les principales villes et même dans de simples communes rurales, où fonctionnait l'institution de la Bourse commune des pauvres. A la Révolution française reviennent l'honneur et le grand mérite d'en avoir fait une obligation légale.

Comment ne pas parler d'une période en quelque sorte préhistorique, qui se rattache si intimement à celle qui l'a suivie ? Fallait-il établir une ligne de démarcation entre le XIXe siècle et les siècles qui l'ont précédé, ne s'occuper que des faits postérieurs à l'année 1800, en négligeant tout ce qui était antérieur ? Dans l'intérêt de l'unité de ce travail, nous ne le pouvions pas. Nous avons donc dû nous livrer à une étude complète du sujet, que, pour plus de clarté, nous avons divisé en trois parties principales.

La première s'étend des origines jusqu'en 1811. Elle se compose d'un historique général, de monographies ou notices particulières sur l'assistance infantile dans les villes importantes : Arras, Saint-Omer, Boulogne, Calais, Béthune, Montreuil, etc., et d'un chapitre sur les Pauvretés ou Bourses communes des pauvres en Artois.

A partir de l'application du décret-loi du 19 janvier 1811, le service est organisé régulièrement et devient uniforme dans tout le département. Le tour est institué légalement ; les hospices des chefs-lieux d'arrondissement sont déclarés dépositaires et, à ce titre, tenus de recevoir les enfants abandonnés, de pourvoir à leur placement en nourrice ou en garde et de supporter la plupart des dépenses qu'ils occasionnent. C'est le régime qu'on peut appeler hospitalier : il dure jusqu'en 1870 et constitue la deuxième partie de ce travail.

La loi du 5 mai 1869 modifie profondément la situation ; avec elle nous entrons dans la période contemporaine.

Les hospices dépositaires, exonérés de leurs charges, ne sont plus que des lieux de dépôt pour les enfants recueillis. Les lourdes dépenses qu'ils supportaient impatiemment incombent désormais pour la plus large part aux départements. Le Conseil général, aux termes de la loi du 10 août 1871, statue définitivement sur le service des Enfants assistés dont l'inspecteur, nommé et rétribué par l'État, devient réellement le directeur sous la haute autorité du Préfet. C'est le régime départemental aujourd'hui encore en vigueur et qui constitue notre troisième partie.

Telles sont les grandes divisions qui nous ont paru les plus rationnelles et dans chacune desquelles nous avons groupé les éléments très-variés, très-complexes, de cette étude. Depuis seize ans déjà que nous exerçons nos fonctions dans le Pas-de-Calais, nous nous sommes attaché à ce service des Enfants assistés, que nous avons appris à connaître et à aimer toujours davantage. Il nous a été personnellement très-agréable de suivre les phases diverses de son évolution depuis les origines jusqu'à l'époque contemporaine, de montrer les développements considérables qu'il a pris et les progrès qui ont été réalisés.

« En toutes choses, pour bien juger de ce qui peut être, « il faut bien connaître ce qui a été et ce qui ', » écrivait il y a cinquante ans un éminent magistrat, M. Valentin-Smith, secrétaire de la grande Commission des Enfants trouvés de 1849, instituée par M. Dufaure, ministre de l'Intérieur.

Nous ne pouvions inscrire de meilleure épigraphe en tête de ce travail. Elle montre, dans sa remarquable concision, l'esprit dans lequel il a été conçu; mieux qu'aucune autre, elle traduit notre pensée et nos aspirations.

L'histoire du passé serait stérile et ne donnerait satisfaction qu'à une vaine curiosité, si on n'en retirait pas les enseignements qu'elle peut comporter, si elle ne servait pas à éclairer la route de l'avenir. Jamais plus qu'aujourd'hui on ne s'est préoccupé des enfants abandonnés; des réformes et des améliorations importantes ont été accomplies en leur faveur. Il importe de ne pas s'arrêter dans cette voie, tout n'étant pas encore pour le mieux et beaucoup restant à faire. C'est surtout en matière d'assistance que l'Administration a le devoir de ne pas rester stationnaire; elle ne vit qu'à la condition de marcher, et le progrès est une loi à laquelle il lui faut toujours obéir.

C'est à juste titre, certes, que, dans les dernières années de ce siècle finissant, les malheureux, les invalides du travail, les infirmes, les incurables, les vieillards indigents, tous ceux qui ne peuvent être désormais que des non-valeurs au sens économique du terme, sont l'objet des préoccupations des pouvoirs publics, qu'on veut améliorer leur sort. Mais, parmi les victimes des misères sociales, les enfants abandonnés matériellement ou moralement, les enfants de familles pauvres menacés de l'être, ont droit, nous semble-t-il, à une place privilégiée dans leur sollicitude. Car, en outre du devoir de solidarité humaine qui impose l'obligation de leur venir en aide, un intérêt national de premier ordre commande de sauvegarder leur existence et de chercher à réaliser pour eux le maximum de bien-être physique et moral, puisqu'ils sont appelés à devenir plus tard une des forces vives du pays.

Deux mots encore en terminant cet avant-propos des *Enfants assistés dans le Pas-de-Calais avant et pendant le XIXe siècle*.

L'exécution de notre travail dans un laps de temps relativement court et avec un personnel très restreint — alors qu'en s'occupant du passé il fallait songer au présent et assurer un service de jour en jour plus chargé — a exigé beaucoup d'efforts et de recherches. Les difficultés ont été grandes pour réunir et mettre en œuvre tant de documents épars dans les archives départementales, communales, hospitalières, administratives, ainsi que dans les bibliothèques publiques et privées. Nous n'en parlons que pour saisir l'occasion de remercier ici les personnes à qui nous nous sommes adressé et qui ont mis le plus gracieux empressement à nous aider dans nos recherches. Nous croirions manquer à un devoir en ne mentionnant pas tout particulièrement MM. les sous-inspecteurs Paulin et Jeand'heur qui nous ont prêté un précieux concours. Celui-ci a dépouillé très-consciencieusement les archives de Saint-Omer et de Calais, dont il a extrait de fort intéressants documents. Celui-là, chercheur infatigable autant qu'érudit, a prodigué son zèle et son intelligent dévouement au service du travail en préparation. Les archives communales et hospitalières d'Arras, Boulogne, Béthune, Montreuil, Saint-Pol, aussi bien que les archives départementales et administratives, ont été l'objet de ses fructueuses investigations. Il a été pour nous un auxiliaire de tous les instants. A chacun de ces dévoués collaborateurs nous adressons l'expression de notre sincère gratitude.

PREMIÈRE PARTIE

AVANT 1811

CHAPITRE PREMIER

HISTORIQUE — LÉGISLATION

Les Enfants abandonnés dans l'ancienne France. — Les Seigneurs justiciers. — Les Administrations hospitalières et les Communautés d'habitants. — Les Cahiers de 1789 dans le Pas-de-Calais. — La Révolution française. — La Législation.

n a beaucoup écrit et disserté sur les enfants abandonnés en France à toutes les époques; de nombreux auteurs en ont fait l'objet d'études plus ou moins approfondies. Nous n'avons à nous occuper ici, en remontant aussi loin que nos recherches nous l'ont permis, que de l'ancien état de choses dans la région correspondant au département actuel du Pas-de-Calais, formé, on le sait, de la province d'Artois et d'une partie de la basse Picardie [1]. Toutefois, avant d'entrer dans le vif du sujet, et pour bien comprendre ce qui suivra, il ne nous paraît pas inutile d'examiner sommairement tout d'abord quelle était généralement la situation des enfants abandonnés en France jusqu'à la Révolution, ce que celle-ci a fait en leur faveur, et les principaux actes de la législation qui les régit.

---

(1) Pour les arrondissements de Boulogne et de Montreuil.

§ I. — Les Seigneurs justiciers

Dans l'ancienne France, l'assistance envers les enfants abandonnés s'est exercée de trois manières différentes : par les seigneurs justiciers, par les administrations hospitalières et par les communautés d'habitants, surtout en Flandre et en Artois.

Pendant les temps féodaux, et en remontant aux premières annales de notre histoire, on ne trouve guère d'institutions de charité publique destinées aux enfants. Il est à remarquer que les lois en vigueur au moyen-âge et confirmées par Charlemagne lui-même, tout en admettant le principe chrétien de la protection due à l'enfant délaissé, rétablirent la disposition de la législation païenne qui en faisait l'esclave de celui qui le recueillait. En général, il était élevé par les soins du seigneur, laïc ou ecclésiastique, qui acceptait la charge de son entretien en compensation des droits d'épaves, de confiscation, de déshérence, de bâtardise et autres dont il jouissait, et par application du vieux principe de droit romain : *ubi emolumentum, ibi onus.*

Cet usage s'établit peu à peu dans la plupart des provinces. Il fut consacré par un arrêt du Parlement de Paris du 13 août 1552, qui en fit une obligation pour les seigneurs hauts-justiciers dans l'étendue de leur juridiction.

Comment ces derniers s'acquittaient-ils du devoir qui leur incombait ? Le plus souvent, peut-on dire, en faisant le moins de sacrifices possible, et en cherchant à se débarrasser d'une charge acceptée de mauvais gré. Dans le Calaisis, par exemple, ils paraissaient s'en désintéresser complètement puisque, comme on le verra plus loin, les administrateurs de l'hôpital de Calais répondaient en 1777 à l'intendant de la province, qui avait demandé divers renseignements sur les enfants trouvés, que « le roi étant seul seigneur foncier, gros décimateur et haut justicier de tout le Calaisis, et jouissant des droit d'aubaine, de bâtardise, etc., devait être chargé des enfants trouvés. » Ils ajoutaient un peu plus loin que l'hôpital n'étant pas en état de pourvoir à la subsistance de ces malheureux exposés à la porte de l'établissement, ils avaient pris le parti de les envoyer par des voituriers à l'hôpital général de Paris. Parfois, un accord intervenait entre les seigneurs et les municipalités ou quelque établissement charitable qui acceptaient d'élever les enfants à leurs frais. C'est ainsi qu'à Arras, à la fin du XVIII° siècle, les enfants trouvés à la charge de l'abbaye de Saint-Vaast et du Chapitre étaient placés par les soins des échevins, et le prix de la pension avancée par les hospices Saint-Jean-de-Lestrée et de Vimy.

Bien que généralement mal observées, les obligations des seigneurs justiciers furent maintenues en principe jusqu'à la Révolution française. La loi du 29 novembre - 10 décembre 1790 les supprima définitivement.

§ II. — Les Administrations hospitalières et les Communautés d'habitants.

Si dans la première partie du moyen-âge les établissements hospitaliers ne recevaient pas les enfants abandonnés, il convient de mentionner toutefois, à titre d'exception, les maisons créées spécialement en leur faveur par l'ordre dit du Saint-Esprit à Montpellier d'abord et ensuite à Paris. Mais, en principe, ces maisons ne devaient recueillir que « les enfants approuvés être nés en loyal mariage et non aultres » sans cela, ajoutent les lettres patentes du roi Charles VII (du 4 août 1445) souvent citées, « si les revenus dudit hôpital étaient employés à nourrir et gouverner lesdits bastards, illégitimes... pourroit advenir que moult de gens s'abandonneroient et feroient moins de difficultez de eulx abandonner à pescher quand ils verroient que tels bastards seroient nourris davantage et qu'il n'en auroient pas de charge première ni sollicitude. »

Les lettres patentes voulaient donc que les enfants trouvés fussent livrés aux secours de la charité privée, qui pourvoyait à leurs premiers besoins au moyen de quêtes faites à la porte des églises ou d'aumônes recueillies par des âmes pieuses. Combien précaire devait être une telle assistance, est-il besoin de le dire ! Aussi la plupart des enfants mouraient-ils faute de soins et, comme le constate un document officiel [1], il en périssait neuf sur dix.

François 1er, qui en 1536 fonda sous le titre d'Enfants-Dieu, appelés depuis Enfants rouges, un hôpital pour les enfants délaissés de leurs père et mère décédés à l'hôtel-Dieu, confirma ces principes et maintint la même exclusion à l'égard des enfants trouvés.

---

(1) Rapport au roi de M. de Gasparin, ministre de l'Intérieur (1837).

Ce ne fut véritablement qu'à partir du milieu du XVIIe siècle que la généreuse intervention de saint Vincent-de-Paul vint améliorer leur triste sort à Paris. On sait avec quelle éloquence entraînante il plaida leur cause auprès du roi Louis XIII, de la reine et des dames de la cour. Il put fonder l'hospice des enfants trouvés et l'ordre des Filles de la Charité ; son œuvre eut des résultats durables et son nom restera inscrit au livre d'or de l'humanité comme celui d'un des plus grands bienfaiteurs dont elle s'honore.

Mais il ne faudrait pas juger l'ancienne France avec nos idées centralisatrices. A cette époque, bien moins encore qu'aujourd'hui, Paris n'était pas le pays tout entier ; les provinces avaient leur autonomie, vivaient de leur vie propre, et sans vouloir diminuer en rien le mérite de Vincent de Paul, il est permis de dire, avec un auteur dont on ne saurait nier la compétence, [1] que la charité ne l'avait pas attendu pour s'occuper des malheureux enfants abandonnés.

Avant lui, comme des documents d'une autorité incontestable en font foi, ils étaient déjà recueillis dans nombre d'établissements hospitaliers sur divers points du territoire, à Marseille, Bordeaux, Lyon, Dijon, Douai et autres villes. Dans nos provinces du nord surtout, Flandre, Artois, Picardie, ils étaient l'objet de la sollicitude des municipalités et des communes. A Lille, des officiers appelés *gard'orphènes* veillaient à leurs intérêts ; ils étaient nommés par les échevins et devaient être bourgeois de la ville. Dans les registres de la commune d'Amiens on trouve un chapitre intitulé : *Deniers mis en warde*, sorte de caisse ouverte par les magistrats de la cité dans un but analogue à celui des caisses des Dépôts et consignations, et où l'on recevait les capitaux recueillis par les orphelins. A St-Omer, les mayeur et échevins nomment chaque année des *adroes* ou tuteurs qui s'occupent des orphelins, « ont la cognoissance de leur corps et de leurs biens. » A Saint-Omer également comme à Béthune, les *Bleuets* et les *Bleuettes* [2] sont recueillis dans des asiles fondés par de généreux donateurs. A Montreuil, les orphelines sont élevées par les soins de *mères aieresses*. A Arras, à Boulogne, à Calais,

---

[1] M. Lallemand, *Histoire des Enfants abandonnés*.

[2] Noms donnés par le langage populaire aux orphelins et orphelines recueillis, à cause de la couleur de leur costume.

comme dans de nombreuses communes de l'Artois et des Flandres, villes ou simples villages, fonctionne l'institution qui, sous le nom de *Pauvreté, Chambre, Bourse ou Table commune des pauvres*, a pour mission de secourir les diverses catégories de malheureux, indigents, infirmes, vieillards, orphelins.

Les notices particulières qu'on trouvera plus loin, rédigées d'après des documents puisés aux meilleures sources, archives communales ou hospitalières, montrent que dans nos vieilles provinces on ne se désintéressait pas du sort des enfants abandonnés : il y aurait une profonde injustice à le méconnaître.

Oui, certes, la charité publique ou privée s'exerçait en leur faveur. Mais notre rôle d'historien impartial nous oblige à constater que, malgré ses efforts, tout ce qu'on faisait était insuffisant et que l'organisation de la protection de l'enfance laissait encore fort à désirer en France à la fin du XVIIIe siècle. L'assistance régulière et véritablement obligatoire n'existait pas. Le plus souvent les orphelins légitimes seuls étaient recueillis.

Quant aux malheureux enfants trouvés, c'était à qui, des seigneurs, des hospices ou des communes, chercherait à en éluder charge. Pour s'en débarrasser, comme à Calais, on les expédiait en masse à Paris, dont l'Hôpital-Général, fondé par Vincent de Paul, fut bientôt envahi par une quantité considérable d'enfants qu'y amenaient des divers points de la France les messagers, conducteurs de coche, voituriers par terre et par eau, si bien que le Pouvoir se vit obligé d'intervenir. Divers arrêts du Conseil du roi, et notamment celui du 10 janvier 1779, interdirent ces transports, en posant pour principe que chaque province, chaque ville devait nourrir ses pauvres.

§ III. — Les Cahiers de 1789 dans le Pas-de-Calais.

Si, pour montrer combien l'assistance des enfants abandonnés avant la Révolution était insuffisante et incomplète une autre preuve était nécessaire, on la trouverait dans les cahiers de doléances de 1789. Les États-Généraux tenus jusqu'en 1614 ne s'étaient pas occupés de la question. Elle fut, au contraire, l'objet d'un grand nombre de vœux adressés de toutes parts à l'Assemblée de 1789, vœux assez vagues d'ailleurs, et parfois contradictoires. Les uns demandent qu'on s'occupe de l'emploi des enfants trouvés, d'autres qu'il soit fait un règlement pour leur préservation ; d'autres qu'on multiplie les hospices qui doivent les recevoir. Ce sont de beaucoup les plus nombreux et même presque les seuls dans le Pas-de-Calais [1]. Le programme des réformes proposées par le département aux États-Généraux comprend, sous la rubrique « Assistance publique, » un vœu tendant à la création dans chaque province d'un hospice général d'enfants trouvés et d'orphelins, d'un hospice d'aliénés, d'un hospice pour les femmes enceintes. Les cahiers de la noblesse, du clergé, du tiers-état, des simples communautés ou paroisses expriment en particulier les mêmes desiderata. Seuls les cahiers de la noblesse du bailliage de Montreuil-sur-Mer sortent de la banalité de la formule presque uniformément adoptée partout, en demandant qu'on consacre à la marine les enfants trouvés « qui, élevés dans les différents ports dès l'âge le plus tendre, ne connaîtraient que la mer pour élément et que les vaisseaux pour patrie. » Le décret du 19 janvier 1811 devait plus tard donner satisfaction à ce vœu en prescrivant (article 9) qu'à l'âge de douze ans les enfants mâles en état de servir seraient mis à la disposition du ministre de la marine. Cette prescription resta généralement inexécutée. Elle fut remplie toutefois dans le Pas-de-Calais, comme on le verra dans notre deuxième partie.

§ IV. — La Révolution française. — Législation.

Des principes de la Révolution française un des premiers proclamés fut le devoir pour la société de s'occuper de la classe des déshérités, de toutes la plus intéressante : les enfants abandonnés. A peine réunie, la Constituante nommait un comité spécial chargé d'une étude d'ensemble sur l'extinction de la mendicité et sur les secours publics. Ce comité célèbre, dont le président fut le duc de Larochefoucauld-Liancourt, embrassait, on le sait, tout un système d'assistance en faveur de l'enfant, de l'homme fait, du vieillard. Les nécessités de la défense nationale et les événements qui se succédèrent vinrent malheureusement entraver l'exécution de ce vaste programme. En ce qui concerne l'assistance de l'enfant,

---

[1] On trouvera plus loin, à titre de pièces justificatives, l'énumération complète de ces vœux que nous avons extraite des *Cahiers de doléances de 1789 dans le Pas-de-Calais*, par M. Loriquet.

tour à tour l'Assemblée nationale, la Convention, le Directoire, le Consulat et le premier Empire légiférèrent sur la matière. Des nombreuses dispositions prises, les unes ne purent être appliquées à raison des circonstances ; d'autres furent maintenues et forment encore en grande partie le code de l'assistance enfantine qui nous régit aujourd'hui.

Le cadre de notre travail ne nous permet pas de reproduire ici les nombreux actes de cette législation. Il nous paraît nécessaire toutefois de mentionner les plus importants et de résumer très-succinctement ceux dont les principales dispositions sont encore en vigueur aujourd'hui.

La loi des 29 novembre-10 décembre 1790 déchargea d'abord, nous l'avons vu, les anciens seigneurs justiciers de l'obligation qui ne leur avait été imposée qu'en raison du droit féodal dont les nouvelles lois les avaient dépouillés, et la dépense des enfants trouvés fut mise à la charge de l'État. La Constitution de 1791 posa, dans la Déclaration des droits de l'homme, le principe d'un établissement général pour les élever. Ce principe fut confirmé et assis sur les bases les plus larges par le décret de la Convention du 28 juin 1793, qui déclarait les enfants abandonnés *enfants adoptifs de la Patrie* et faisait de leur naissance même un titre à leurs mères pour l'obtention d'un secours que le Gouvernement accordait, non plus comme une œuvre de charité, mais comme l'accomplissement d'une obligation légale [1].

---

[1] Le décret du 28 juin 1793 visait l'organisation de tout un système de secours à accorder annuellement aux enfants, aux vieillards et aux indigents, que les circonstances ne permirent pas de réaliser. Ce décret reçut toutefois une exécution partielle dans le Pas-de-Calais. Nous avons trouvé aux Archives départementales (série L, II, n° 136, district de Montreuil) un tableau de répartition entre les indigents du district de *Montagne-sur-Mer* (nom sous lequel était désignée à cette époque la ville de Montreuil) d'une somme totale de 22.587 livres 5, à titre de secours provisoire « accordé par la loi du 13 pluviôse an II, en attendant l'organisation définitive des établissements d'hospices et des agences de secours publics; laquelle distribution devra se faire en suivant le mode, les bases et les proportions indiqués par la loi du 28 juin 1793. »

De ce tableau il résulte notamment que le nombre des enfants secourus et le montant des sommes allouées furent les suivants dans les communes ci-après :

	NOMBRE D'ENFANTS	SOMMES ALLOUÉES
Montagne-sur-Mer . .	85	402 livres 9
Hesdin	14	66 5
Tramecourt . . , .	3	14 4
Loison	15	71 6
Mouriez	31	146 15

Avec la loi du 27 frimaire an V, le service commence à recevoir une organisation régulière. Les enfants abandonnés doivent, suivant ses prescriptions, être désormais reçus gratuitement dans tous les hospices civils de la République et le Trésor national subviendra, y est-il dit, à la dépense de ceux qui seront portés dans des hospices dépourvus de fonds affectés à cet objet. Le règlement du 30 ventôse de la même année, la loi du 15 pluviôse an XIII et enfin le décret du 19 janvier 1811 complétèrent le système.

Le règlement de ventôse, véritable modèle dont les sages et pratiques dispositions sont encore appliquées aujourd'hui, pose en principe que les enfants seront élevés chez des nourriciers à la campagne et que les établissements où ils seront reçus ne doivent être considérés que comme des dépôts, que ces enfants ne pourront être ramenés dans les hospices dépositaires à moins de maladies graves ou d'infirmités; que la pension sera payée jusqu'à leur douzième année, les nourriciers étant tenus de les envoyer à l'école; qu'indépendamment des mois de nourrice il sera alloué pour les enfants bien soignés une indemnité de 18 francs payable par tiers, de trois mois en trois mois. De plus, deux autres indemnités de 50 francs seront accordées aux personnes qui conservent un élève depuis les premières années jusqu'à douze ans et à celles qui les prennent en apprentissage jusqu'à leur treizième année.

La loi du 15 pluviôse an XIII confie la tutelle des enfants trouvés aux commissions administratives des hospices qui choisissent un de leurs membres pour exercer les fonctions de tuteur, les autres membres formant le conseil de famille.

Cette disposition est confirmée par l'important décret du 19 janvier 1811, qui embrasse dans son ensemble l'organisation générale du service et règle successivement : la classification et la condition des enfants trouvés ou abandonnés et orphelins pauvres (titres I, II et III); leur placement en nourrice ou en pension (titre IV); leurs dépenses (titre V); leur tutelle et leur seconde éducation (titre VI). Le titre VII traite de la reconnaissance et de la réclamation des enfants. Enfin le titre VIII contient des dispositions générales dont la principale est l'ordre donné au ministre de l'Intérieur de faire dans l'année un règlement d'administration publique que les préoccupations incessantes des guerres du premier Empire empêchèrent de présenter.

Les hospices désignés pour recevoir les enfants abandonnés ont, d'après ce décret, la charge de la fourniture des layettes et vêtures et de toutes les dépenses intérieures. Une somme annuelle de quatre millions est inscrite au budget de l'État pour contribuer au paiement des mois de nourrice et de pension. Il doit y avoir un tour dans chaque arrondissement.

Depuis, les lois de finances de 1817, 1818, 1819 mirent les dépenses extérieures à la charge des départements, avec le concours éventuel des communes.

Il faut arriver ensuite au 18 juillet 1866 pour trouver une disposition législative nouvelle. La loi sur les attributions des conseils généraux décide qu'ils statueront définitivement sur le service des enfants assistés, disposition confirmée par la loi du 10 août 1871.

Le décret du 19 janvier 1811, avec le règlement de ventôse et la loi de pluviôse, constituent encore aujourd'hui les principaux actes de la législation des enfants assistés. Cette législation a été complétée depuis par : l'importante loi financière du 5 mai 1869, qui règle la répartition des dépenses; le décret du 31 juillet 1870, qui en est la conséquence et établit un service d'inspection départementale, dont le personnel est nommé et rétribué par l'État; enfin par les lois récentes du 24 juillet 1889, relative aux enfants moralement abandonnés, et du 19 avril 1898, relative à la protection de l'enfance, sur lesquelles nous aurons l'occasion de revenir plus tard.

Cette législation, élevée pièce à pièce, ne répond qu'imparfaitement à notre conception du devoir social envers ceux qui en sont l'objet. Comme le dit avec raison un homme qui fait autorité dans la matière[1], elle manque d'homogénéité; elle est incomplète. Il reste des lacunes à combler, des réformes à réaliser. A cet effet, un important projet de loi, émanant de l'administration centrale et réorganisant complètement le service des enfants assistés, a été, après étude du Conseil supérieur de l'assistance publique, présenté au parlement il y a plusieurs années déjà par M. le ministre de l'Intérieur. Il est désirable qu'il soit examiné et adopté le plus tôt possible.

---

(1) M. Henri Monod, Directeur de l'assistance et de l'hygiène publiques (Rapport au Ministre de l'Intérieur).

APPENDICE

*Les Cahiers de doléances de 1789
dans le Pas-de-Calais et les Enfants trouvés.*

Le Département

Le programme des réformes présentées par le département du Pas-de-Calais aux États-Généraux comprend sous la rubrique « *assistance publique* » un vœu tendant à la création dans chaque province d'un hospice général d'*enfants trouvés et d'orphelins*; création semblable d'un hospice d'aliénés; création semblable d'un hospice d'aveugles; création semblable d'un hospice pour les femmes enceintes; création semblable d'un hospice d'indigents avec travail obligatoire; création dans chaque canton de la province d'un hôpital public où sont reçus et soignés les malades pauvres, les aliénés, les estropiés, *les enfants trouvés*, etc. Ces créations sont assurées: 1° par l'affectation des biens des bénéfices simples des fabriques, des commendes et des pensions ecclésiastiques; 2° par une contribution proportionnelle prélevée sur les revenus des abbayes.

Cahiers du Clergé (art. 19).

Établir des hospices dans toutes les provinces du royaume pour les femmes enceintes, les *enfants trouvés*, les insensés et les incurables.

Cahier de la Noblesse (art. 88).

La Noblesse d'Artois demande qu'il soit établi dans chaque province un hôpital pour les fous et un autre pour les *enfants trouvés*.

Cahiers du Tiers-Etat.

Tiers-État du bailliage d'Arras (doléances particulières à la ville d'Arras concernant la police formées par différentes corporations), n° 137. — Charger l'abbaye de Saint-Vaast des reconstructions et réparations de toutes les églises paroissiales de la ville, à défaut des fabriques et des hôpitaux pour les infirmes, les malades, *enfans trouvés* et ceux dont les parents sont pauvres.

Tiers-État de la gouvernance de Béthune, n° 48. — La suppression de tous les prieurés et prévôtés réguliers de l'Artois, et que leurs revenus servent à l'établissement et dotation de trois hôpitaux pour les *enfants trouvés* ou abandonnés, les fous et les incurables.

Tiers-État du bailliage d'Hesdin, n° 48. — Qu'il soit pris toutes les mesures nécessaires pour établir dans la province des ateliers et maisons de charité, un hospice pour les insensés, un hôpital pour les *enfants trouvés*.

Tiers-État du bailliage de Saint-Omer, n° 88. — Demander qu'il soit établi dans les villes de la province des hôpitaux où les pauvres de la campagne, malades ou blessés, seraient reçus et traités gratuitement, dans lesquelles on recevra les filles enceintes pour y faire leurs couches, et on y nourrira les *enfants trouvés* ainsi que les pauvres imbéciles ou en démence.

Tiers-État de la sénéchaussée de Saint-Pol, n° 50. — Le tiers des abbayes, prieurés et autres bénéfices sera appliqué à l'établissement d'attelliers et bureaux de charité, d'un hôpital d'incurables et d'une maison d'*enfans trouvés*.

Cahiers des communautés ou paroisses.

Agnières, n° 10. — Que tous les biens des églises fournissent à un hôpital d'*enfans trouvés*, des fous et d'incurables.

Arras, n° 90. — Même vœu que celui du Tiers-État du bailliage.

Aubigny, n° 12. — Que les biens de fabrique soient employés, partie au soulagement des pauvres des lieux et partie à l'établissement d'un hospice dans la province pour les *enfans trouvés* et les fous, et que ces biens continuent d'être administrés comme cy-devant.

Bourlon, n° 20. — Plus de bénéfices simples ou forains, à la mort des titulaires les revenus des dits bénéfices employés à fonder un hôpital des *enfans trouvés* et des fous dans la province.

Carvin-Épinoy, n° 14. — Qu'il soit établi dans cette province un hôpital pour les *enfans trouvés* une maison de fous ou d'incurables qui seront administrés à toujours par les trois ordres des États de la dite province.

Gommecourt, n° 10. - Que les religieux soient maintenus dans leur entier; que la commande soit à jamais banis du pays; que dès aujourd'hui les pensions accordé sur les abbayes sessent d'être payé, comme contraire aux droits de la province, et qu'ils ne soit imposé que du conssentement des États, et que ces contributions ne soient applicable qu'à des œuvres de charité utile aux peuples de l'Artois, tel que seroient en Artois une opitale *d'enfans trouvés*, une maison des fous ou d'incurable, le tout administré à jamais par les trois ordres des États de la province.

Ham, n° 7. — Qu'il serait fait un hôpital général pour la province, dans le lieux le plus commode pour y recevoir sans frais tous les pauvres enfirmes y estre résonnablement trestée gratise tous ceux qu'il nonte auqune resource pour la vie, et une maison d'*enfans trouvés* afin d'evister qu'il ne périsso de misère dans le grand trajet con leurs fait faire.

Hannescamps, n° 8. — ... Que dès aujourd'huy les pensions accordées en faveurs des étrangers cessent d'être paiées comme contraire au droit de la province, et que les deniers en provenants soient appliqués à des œuvres de charité utilles au peuple de campagne, tel que seroit en Artois un hôpital d'*enfans trouvés* et une maison de foux ou d'incurables.

Inchy, n° 7. — Que les biens de l'église fournissent à un hôpital d'*enfans trouvés*, de fous et d'incurables.

Lagnicourt, n° 7. — Que les biens de l'église fornisent à un hôpital d'*enfans trouvés* des fous et d'incurables.

Pays de Lallœu *(quatre paroisses de Laventie, Fleurbaix, Sailly-sur-la-Lys, La Gorgue)*, **n° 8.** — Les manse abbatiale, à mesure que les abbayes viendroient à vacquer, seroient employés à la fondation d'hôpitaux, de maisons de charité, *enfans trouvés*, tant pour les villes que pour la campagne.

Matringhem, n° 5. - Nous demandons qu'il soit établi dans chaque canton de l'Artois un hôpital public où soient reçus et soignés tous les pauvres malades, les imbéciles, les estropiés et les *enfans trouvés* et que pour cet établissement, ils y soient pourvus par les biens ecclésiastiques qui ne sont pas nécessaires dans leur canton.

Oignies et Garguetel, n° 16. — Qu'il soit étably dans cette province un hôpital pour les *enfans-trouvés* une maison de fous ou d'incurables qui seront administrés à toujours par les trois ordres des États de laditte province.

Saint-Hilaire-Cottes, n° 9. — Que les biens d'église fournissent à un hôpital d'*enfans trouvés*, de fous et d'incurables.

Souastre, n° 8. — ..... Que la commande soit bannie pour jamais; et que dès aujourd'huy les pensions accordées en faveurs des étrangers cessent d'être payées comme contraire au droit de la province, et que les deniers en provenants soient appliqués à des œuvres de charité utiles au peuple des campagnes tel que serait en Artois un hôpital d'*enfans trouvés*, une maison de foux ou d'incurables.

Vincly, n° 5. — Nous demandons qu'il soit établi dans chaque canton de l'Artois un hôpital public où soient reçus et soignés tous les pauvres malades, les imbéciles, les extropiés et les *enfans-trouvés* et que pour cet établissement il y soit pourvu par les biens ecclésiastiques qui ne sont pas nécessaires dans leur canton.

Picardie

Cahier du clergé du bailliage de Montreuil-sur-Mer, n° 32. — Pour les paroisses des villes et des campagnes où il n'y a pas de dixmes, pour celles où elles sont insuffisantes, pour des hôpitaux qui ont besoin de supplément, pour établissements nouveaux d'hospices d'aveugles, d'incurables, d'*orphelins*, d'*enfants abandonnés*, on ne peut se dispenser de recourir aux unions de bénéfices.

Cahier de la Noblesse du bailliage de Montreuil-sur-Mer, n° 40. - (Recrues des matelots). — Vœu tendant à ce qu'on conserve à la marine les *enfans trouvés* « qui, élevés dans les différents ports dès l'âge le plus tendre, ne connaîtroient que la mer pour élément et que les vaisseaux pour patrie. »

Boulonnais

Cahier de la Noblesse du Boulonnais, n° 8. — « Il y a plusieurs autres objets d'utilité publique, tels que les hôpitaux, les *enfans trouvés*, les incurables, l'éducation publique auxquels les États généraux pourraient appliquer différentes portions des biens de l'Église On s'en remet à leur prudence sur toutes ces dispositions; ce sera d'après elles que les Boulonnais requèreront ce qu'ils croiront avantageux à leur pays ». *(Rubrique : Hopitaux, enfans trouvés, incurables, éducation publique et bureaux de charité).*

CHAPITRE II

Les « Pauvretés » en Artois et les Orphelins

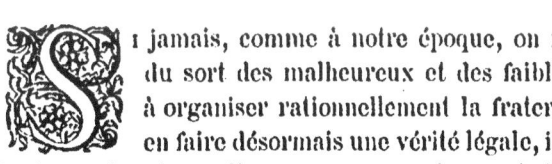

Si jamais, comme à notre époque, on ne s'est préoccupé du sort des malheureux et des faibles, on n'a cherché à organiser rationnellement la fraternité humaine et à en faire désormais une vérité légale, il y aurait injustice toutefois à méconnaître ce que nos pères ont fait dans le passé. Les mœurs et les institutions différaient, mais la pitié pour les malheureux n'était pas un vain mot dans notre province d'Artois. On leur tendait une main secourable et, dès les temps les plus anciens, l'assistance s'exerçait en leur faveur par de véritables établissements de bienfaisance connus sous les dénominations de « Pauvretés » « Carités », Bourse, Chambre ou Table commune des pauvres. Les termes varient, mais sous leur diversité apparaît toujours « l'idée d'une communauté de biens instituée en faveur des pauvres pour leur procurer la nourriture (table) ou pourvoir à leurs autres besoins (bourse) et dont la charité chrétienne a été la promotrice (1). » Le nom de « Pauvreté » était le plus fréquemment employé dans le langage populaire et celui qui semble avoir été officiellement consacré par les actes publics.

---

(1) *Les Pauvretés au pays de Lalleu et en Artois*, mémoire manuscrit de M. l'abbé Rembert, couronné par l'Académie d'Arras il y a quelques années et auquel nous avons emprunté en grande partie les renseignements qui suivent.

Origine. — A quelle époque remonte l'origine de l'institution ? Comment a-t-elle pris naissance ? On ne le sait, et les documents manquent à cet égard. Mais c'est surtout à partir du XVIe siècle qu'elle s'est développée. Voulant supprimer la mendicité et le vagabondage, qui étaient une des plaies du temps, l'empereur Charles-Quint, alors maître des Pays-Bas et de l'Artois, prescrivit par son célèbre placard (ou édit) du 7 octobre 1531 l'établissement dans chaque localité de quelque importance d'une bourse commune pour les pauvres à laquelle seraient appliquées toutes les *charités, tables des pauvres, maladreries, confréries et autres qui ont obit et distribution de prébendes et aumônes.*

Administration. — L'Administration de cette sorte de commission d'assistance publique comprend généralement un double personnel : l'un supérieur, l'autre ordinaire.

Les administrateurs supérieurs sont : le prévôt représentant l'autorité seigneuriale ; le bailly collecteur ; les échevins respectifs de chaque village. La gestion des affaires les plus importantes, les relations avec l'autorité royale, le Conseil d'Artois, les questions de propriété, l'élection des administrateurs inférieurs, les autorisations des mesures extraordinaires sont dans leurs attributions. Ils représentent la Pauvreté lorsqu'elle doit ester en justice.

Les administrateurs inférieurs portent les noms de pauvrieur, proviseur-tablier, mambour. Ils sont, dans chaque village, nommés par les échevins sur une liste dressée par le bailly collecteur de concert avec le curé. Les élus sont tenus d'accepter cette charge. Ils administrent les propriétés et les deniers de la Pauvreté, recueillent les aumônes des personnes charitables et les distribuent directement aux pauvres. Ils sont en un mot chargés des recettes et des dépenses et doivent rendre « bon et fidèle compte » à la fin de leur gestion.

Domicile de secours. — Le domicile acquis, et non la naissance dans une commune, donne droit aux secours de la Pauvreté dans cette commune.

Des accords intervenaient parfois entre deux communes, en vertu desquels chacune d'elles se chargeait des pauvres nés dans l'autre, mais habitant sur son territoire. Comme aujourd'hui encore les questions de domicile de secours donnaient lieu à des difficultés et même à des procès entre les Pauvretés, qui se renvoyaient réciproquement les pauvres.

Ressources. — Les Pauvretés étaient généralement propriétaires de terres léguées par des bienfaiteurs et affermées moyennant un revenu annuel. Elles disposaient aussi de capitaux parfois assez considérables provenant de dons et d'économies réalisées dans les temps de prospérité. Véritables banques rurales, elles prêtaient ces capitaux à intérêt et se créaient ainsi des rentes qui étaient une de leurs meilleures ressources. Aux jours de crise, les administrateurs étaient parfois autorisés à lever des impositions spéciales sur les habitants. On faisait aussi appel à la charité du Conseil d'Artois et des riches abbés de Saint-Vaast, particulièrement dans le pays de Lalleu, qui dépendait de leur seigneurie; on organisait des souscriptions. Parmi les ressources figuraient encore les quêtes de *gerbes* faites à domicile dans la commune et les quêtes ou *pourchats* faites à l'église.

Les Pauvretés et les Orphelins. — Chargée de secourir les indigents de la commune ou paroisse, la Pauvreté devait se préoccuper également des vieillards, des infirmes, des aliénés et surtout des orphelins, qui se recommandaient spécialement à sa sollicitude.

Ceux-ci étaient généralement placés en nourrice ou en garde chez des particuliers moyennant pension, suivant le système pratiqué par l'administration d'aujourd'hui. Mais le mode de placement était bien différent. Les enfants (comme les vieillards et les infirmes) étaient mis en adjudication à *cri public et au moins disant*, soit au rabais. Tout se passait publiquement. Le dimanche qui précédait l'adjudication, on placardait à la porte de l'église une affiche pour l'annoncer à la population. L'opération terminée on en dressait procès-verbal [1].

---

(1) Voici, d'après le mémoire de M. Rembert, le modèle d'une affiche et d'un procès-verbal d'adjudication au pays de Lalleu :

(A). — « L'on fait savoir que dimanche prochain..... sur le cimetière de..... à la sortie de la grand'messe, à la requête de N..., pauvrieur, on baillera au moins disant les pauvres orphelins, infirmes et impotens de cette paroisse aux charges et conditions qui seront déclarées. »

(B). — « L'an..... le 29 juin, jour de la fête de saint Pierre, sur le cimetière de cette paroisse, à l'issue de la dernière messe dudit lieu, après annonce faite dimanche dernier par devant bailli collecteur et échevins du pays de Lalleu pour cette paroisse on expose au rabais et moins disant à table les pauvres pensionnaires de cette dite paroisse qui ont été jugez être à la charge de la commune table du dit lieu pour un an à commencer de ce jourd'huy jusqu'à pareil jour de l'an prochain aux conditions suivantes : scavoir que les adjudicataires promettront et s'obligeront par serment de nourrir iceux pensionnaires, les coucher et nettoier, comme à bon père de famille appartient, pour qu'il n'y ait point sujet de plainte de la part de qui que ce soit à péril d'interet. Et les portez des sommes des adjudications seront paiés

Chaque année avait lieu une adjudication générale de tous les malheureux à placer; mais dans l'intervalle il était procédé à des adjudications partielles quand la nécessité s'en présentait (1).

Dans un procès-verbal on lit cette mention relative aux adjudicataires : « lesquels prendeurs ont promis et se sont obligés de « nourrir et alimenter les enffants et auchiennes personnes par eux « prins à table et d'en avoir un soing comme bon père de famille « doit avoir de ses enffants tant à leur apprendre leur croiance « envoier à la messe feste et dimanches. »

L'intention était bonne sans doute. Mais comment les promesses faites étaient-elles tenues ? Sans vouloir médire du « bon vieux temps » nous nous permettrons, en passant, de trouver bien défectueux par lui-même ce système de mise en adjudication au rabais de la nourriture des malheureux. S'il était des plus économiques, il avait le tort d'ouvrir la porte à la spéculation, et les conséquences devaient en être déplorables parfois; car, où l'intérêt privé existe, le plus souvent la charité disparait.

---

respectivement aux adjudicataires au jour de saint-Pierre de ladite année, et au cas que les pensionnaires viendraient à mourir avant l'année expirée la pension sera païée à concurrence de temps. A l'effet et accomplissement de tout ce que dessus les biens des adjudicataires chacun à leur égard seront obligés et hipothéquez avec renonciations lues et publiées au peuple assemblé. Sans contredit aurait été procédé au bail les personnes suivantes : N..... est demeuré après criées faites par N....., pauvrieur, comme moins disant pour la somme de..... »

Dans une même adjudication un sujet est laissé à 90 livres, un autre à 6 livres.

(1) Un cas d'adjudication partielle :

En 1775, Guillaume Mailly perdit sa femme qui lui laissait cinq filles dont l'ainée avait douze ans. On s'adressa au bailly et aux échevins pour faire admettre ces enfants comme pensionnaires. La demande fut accueillie et dans les motifs de la prise en considération on trouve le suivant : « ce que dessus considéré qu'un homme seul ne peut gagner pour lui et ses cinq petits enfants... » A la suite de l'adjudication qui eut lieu, les enfants furent placés dans les conditions suivantes : Robertine, un an d'âge, pour 96 livres; Jeanne-Catherine, six ans, 40 livres; Marie-Agnès, sept ans, 48 livres; Marie-Thérèse, huit ans, prise pour rien par le pauvrieur; Marie-Louise, douze ans, prise pour rien par le curé.

Deux autres cas d'adjudication relevés aux Archives départementales (compte d'Arras (série E) :

« A Guffroy Dommilleville, charbonnier, 9 livres, 12 sols, pour garde de deux petits enfants orphelins de père et de mère. »

« A Jehan de Nielle, vigneron (?) la somme de cent quatre sols monnaie courante et ce pour la garde d'un petit enffant, même dit orphelin, sans père et sans mère à lui baillié en garde l'espace d'un an. »

Il est possible d'ailleurs que le défaut d'un tel système fût corrigé par une certaine surveillance exercée sur les nourrices et gardiens. On n'en trouve pas trace, il est vrai, dans les dossiers de « Pauvretés » que possèdent les Archives départementales. Mais on y voit, par contre, qu'on se préoccupait de l'instruction des enfants pauvres. Dans divers comptes de dépenses figure le traitement alloué pour cet objet à l'instituteur. L'enseignement donné était probablement des plus rudimentaires; mais le fait n'en est pas moins intéressant à mentionner.

L'assistance des orphelins ou enfants de familles indigentes par les « Pauvretés » s'exerçait particulièrement au pays de Lalleu (Laventie, Fleurbaix, Sailly-sur-la-Lys). Il en était de même dans de nombreuses communes de l'Artois; on trouve aux Archives départementales des dossiers pour les « Pauvretés » d'Acheville, Aire-sur-la-Lys (Dévotaires d'), Arras (Bourse commune d'), Beaumetz-lez-Cambrai, Berlencourt, Berles-au-Bois, Bertincourt, Béthune, Biefvillers, Boiry-Becquerelle, Boiry-Notre-Dame, Croisilles, Dainville, Dourges, Écourt, Embry, Étaples, Frévent, Gavrelle, Gouy-sous-Bellonne, Graincourt, Ham, Hamblain-les-Prés, Havrincourt, Hermies, Heuringhem, Isbergues, Lagnicourt [1], Lebucquière, Leforest, Léchelle, Lespesses, Martinpuich, Mercatel, Metz-en-Couture, Meurchin, Monchy-au-Bois, Mory, Moyenneville, Neuville-Saint-Vaast, Norrent-Fontes, Noyelles-sous-Lens, Oblinghem, Oisy-le-Verger [2], Quéant, Rivière (Grosville en), Ruminghem, Ruyaulcourt, Sains-en-Gohelle, Saint-Martin-sur-Cojeul, Souastre, Souchez, Saint-Venant, Tatinghem, Vaudricourt, Villers-au-Flos, Villers-sir-Simon, Wancourt, Zutquerque.

---

(1) Il résulte du dossier de Lagnicourt que, dans cette commune, 17 orphelins furent assistés par la Pauvreté en 1698, 31 en 1713, 26 en 1747.

(2) A Oisy-le-Verger, il y avait 3 établissements de bienfaisance distincts : la Pauvreté, la Maladrerie, l'Hôtel-Dieu. Vers 1720, on voulut, paraît-il, mettre à la charge de la maladrerie les frais d'entretien des enfants trouvés. L'administration protesta en rappelant que les seigneurs d'Oisy en avaient été jusque-là chargés.

CHAPITRE III

Les Enfants abandonnés dans les principales villes du Pas-de-Calais

On vient de voir comment, d'une manière générale, l'assistance envers les enfants abandonnés s'exerçait par les « Pauvretés » dans de nombreuses communes de l'Artois. Nos recherches dans les archives départementales, communales et hospitalières, ainsi que dans les bibliothèques publiques et privées, nous ont permis de recueillir des renseignements plus étendus sur le service dans un certain nombre de villes importantes du Pas-de-Calais : Arras, Saint-Omer, Boulogne, Calais, Béthune, Montreuil, Saint-Pol, Hesdin, et de consacrer une notice particulière à chacune d'elles. Ces monographies font l'objet du présent chapitre.

ARRAS

§ Ier. — Bourse commune des pauvres. — Maisons des Orphelins et des Orphelines.

L'origine de l'institution de la Bourse commune des pauvres à Arras paraît être fort ancienne et remonter au commencement du XIVe siècle. Le père Ignace, capucin, qui a écrit sur tant de choses et dont les *Mémoires du diocèse d'Arras* [1], bien qu'assez diffus, n'en sont pas moins une mine féconde en renseignements de toutes sortes, nous apprend que Mahaut, comtesse d'Artois, fut « une insigne bienfaitrice de la Pauvreté d'Arras, si même elle n'en est pas la fondatrice. » En l'an 1323, cette princesse charitable, dont l'histoire locale relate d'ailleurs les nombreux actes de bienfaisance dans toute la région, « annexa » aux premiers fonds donnés cent livres de rente annuelle.

Un peu plus tard, en 1383, la noble demoiselle Isabeau de Fontaine fit donation à la Pauvreté, à titre entièrement gratuit, de la maison dite de l'amiral, dont le magistrat de la ville fut autorisé par lettres du prince, en date de 1398, « à remettre ou modérer les arrérages dûs à la Pauvreté ».

Au siècle suivant, Philippe le Bon, duc de Bourgogne, autorisa les maire et échevins à vendre diverses rentes dues à cet établissement et affectées sur plusieurs maisons et héritages, sous l'obligation de distribuer chaque année et à toujours aux pauvres de la ville 200 fr., somme équivalente aux rentes vendues.

Au XVIe siècle, alors que les Pays-Bas et l'Artois étaient sous la domination espagnole, l'empereur Charles-Quint, comme on l'a vu

---

[1] 30 gros volumes manuscrits à la Bibliothèque municipale d'Arras.

dans le chapitre précédent, généralisa l'institution de la Bourse commune des pauvres et la réglementa fortement. A Arras, le bureau de cette sorte de commission administrative d'assistance publique se composait de deux gentilshommes, deux avocats ou rentiers, quatre marchands, d'un receveur et d'un greffier, qui se réunissaient chaque semaine, le samedi après-midi, pour s'occuper des intérêts de leurs pupilles. Ils étaient deux ans en exercice et se renouvelaient chaque année, moitié par moitié, le jour des Saints Innocents (28 décembre). Les comptes se rendaient à l'Hôtel-de-Ville, en présence des grands bailly, officiers du bailliage, mayeur et échevins.

La Bourse commune prit une grande importance. Elle s'occupait des pauvres en général, mais surtout des orphelins et orphelines ; cette partie de son administration finit par absorber presque toute sa sollicitude. Avant la construction de leur maison et de l'établissement de Sainte-Agnès, dit M. l'abbé Proyart dans son intéressant ouvrage [1], auquel nous empruntons en partie ces renseignements, on les mettait en pension chez les bourgeois et on leur faisait apprendre un métier.

Un grand bienfaiteur des orphelins fut Jean Courcol, élu d'Artois, qui laissa à la Bourse commune tous ses biens disponibles. Sa veuve et légataire universelle Isabelle Rouvroy fit bâtir en 1702, au-dessus de la Grand'Place, dans le voisinage de la Thieuloye, une maison pour les orphelins [2] dont l'achèvement fut un événement dans la cité. Les enfants y furent conduits au son de la cloche Joyeuse, revêtus d'un uniforme composé d'un habit rouge et d'un tricorne blanc.

Plus tard, sous la Révolution, la maison étant devenue insuffisante par suite de l'accroissement du nombre des enfants, ceux-ci furent transférés à l'ancien Hôtel Dieu, rue des Bouchers-de-Cité.

L'hospice des orphelines, régi également par les administrateurs de la Bourse commune, fut d'abord situé rue Sainte-Croix dans une maison achetée à la famille Lesergeant d'Hendecourt. On n'y

---

(1) *Notices historiques sur les établissements de bienfaisance anciens et modernes de la ville d'Arras et de sa banlieue* (ouvrage couronné par l'Académie d'Arras en 1846).

(2) Cette maison est actuellement occupée par l'Institut des Sourds-Muets et Jeunes Aveugles, rue des Augustines (autrefois dénommée rue de la Pauvreté).

recevait que les filles de bourgeois, orphelines proprement dites, depuis l'âge de sept ans ; leur uniforme était un corset rouge et une jupe bleue. La maison fut vendue en 1793, et les orphelines furent transférées dans l'établissement de Sainte-Agnès fondé par Jeanne Biscot [1].

La Bourse commune des pauvres fonctionna jusques dans les dernières années du XVIIIe siècle. Son œuvre fut continuée : pour les indigents secourus à domicile, par le bureau de bienfaisance qu'institua la loi du 7 frimaire an V ; pour les vieillards et orphelins, par la commission administrative des hospices constituée en vertu de la loi du 16 vendémiaire de la même année. Cette dernière commission eut également dans ses attributions le service des enfants trouvés qui précédemment faisaient l'objet d'une organisation différente et dont nous parlons plus loin. Les plus hautes notabilités de la ville ne dédaignaient pas d'en faire partie. C'est ainsi que, le 11 brumaire an XI, il fut procédé à l'installation de M. Hugues-Robert-Jean-Charles de Latour d'Auvergne-Lauraguais, évêque d'Arras, nommé membre de la commission en vertu d'une décision de Bonaparte, premier consul, du 24 vendémiaire même année.

Nous avons trouvé dans les archives des hospices et les archives communales divers renseignements intéressants sur le fonctionnement du service des orphelins et orphelines à Arras.

Les garçons étaient généralement placés en apprentissage à la ville ou à la campagne [2].

Suivant une décision des échevins du 20 janvier 1751, prise à la requête des administrateurs de la Bourse commune, il furent « reçus et associés aux jurandes et admis aux maîtrises des arts et métiers sans payer aucun des droits ordinaires » [3].

---

(1) M. l'abbé Duflos, membre de l'Académie d'Arras, a écrit la touchante histoire de Jeanne Biscot, dont l'orphelinat existe encore actuellement. Il est placé sous la direction de la commission administrative des hospices d'Arras auxquels il appartient.

(2) Le 27 février 1775, l'administration passe un contrat pour le placement chez Dumetz, charpentier à Monchy-au-Bois, de l'enfant Dhersigny Louis-Joseph « à condition que le patron lui fournira la nourriture, lui apprendra à lire et à écrire et le métier de charpentier gratuitement, l'entretien, linge et vêtements, restant à la charge de la Bourse commune des pauvres. »

(3) Extrait du *Mémorial d'Arras*, aux archives communales.

Plusieurs orphelins, qui étaient bien doués, firent leurs études et devinrent, dit-on, des sujets distingués. Deux d'entre eux entrèrent au couvent des Dominicains, où ils prirent l'habit en présence des échevins commis aux honneurs, qui ce jour-là donnèrent du vin au nom du magistrat. A la date du 20 mai 1774, l'administration accorde une gratification de cent livres à l'orphelin Philippe-Louis-Joseph Lallain « pour contribuer aux frais de son ingression dans le couvent des Récollets à Arras. »

En juin 1775, un règlement intérieur très-complet est fait pour la maison des pauvres orphelines. L'article 39 prescrit qu' « après les heures de prières, catéchisme et autres instructions, elles emploieront le reste du temps à faire de la dentelle, et la maîtresse dentellière assignera à chacune d'elles une tâche proportionnée à son âge et à sa capacité. »

L'administration n'avait pas toujours, paraît-il, à se louer de la conduite de ses pupilles. En novembre 1790, un vent d'insubordination souffle sur la maison des orphelines « lesquelles négligent leurs devoirs les plus sacrés (nous citons les termes de la délibération prise à ce sujet) refusant d'aller à la messe, ne voulant point dire leurs prières du matin et du soir, injuriant leur maîtresse de dentelles, laquelle, depuis les invectives et duretés que les enfants lui avoient dites, a été contrainte de se retirer de cette maison, que depuis lors elles étoient dans une insubordination impardonnable, en fesant une orgie continuelle, jurant les unes après les autres, jetant leur ouvrage loin d'elles, portant leur insolence jusqu'à manquer de respect aux administrateurs de cette maison. »

Des mesures énergiques de répression durent être prises, et force resta à l'autorité. C'est ainsi que trois orphelines furent envoyées au couvent du Bon-Pasteur et quatre âgées de plus de dix-huit ans furent rayées des contrôles.

La nourriture des orphelins et orphelines fut, à diverses reprises, l'objet des préoccupations de l'administration. Les enfants ne recevaient d'abord que 17 onces de pain par jour et de la viande quatre fois par décade, ce qui les réduisait pour les six autres jours au pain pour toute subsistance. Par délibération du 9 brumaire an X, il fut décidé qu'on leur donnerait dorénavant, tous les jours où il n'y aurait pas de viande, une portion de légumes au dîner et qu'on augmenterait leur souper (jusqu'alors composé d'un morceau de pain et d'un peu de beurre, d'une soupe aux légumes dans laquelle on ferait entrer le beurre mis sur le pain.

A la date du 29 nivôse de la même année, la portion de pain est portée à 20 onces pour les orphelins et à 21 pour les orphelines ; la portion de viande est fixé à deux livres trois quarts par mois pour les filles et à trois livres pour les garçons (1).

Les orphelines de Sainte-Agnès étaient employées, nous l'avons dit, à faire de la dentelle dans l'intérieur de l'établissement. Si, d'autre part, les orphelins étaient en majorité placés en apprentissage au dehors moyennant l'entretien, un certain nombre d'autres restaient à l'orphelinat où ils étaient occupés à des travaux manuels, dont le produit profitait à la maison. C'est ainsi que des sommes de 3,532 fr. pour l'année 1809, de 4,819 fr. 80 pour 1810, de 3,000 fr. pour 1811, provenant du travail des enfants, furent versées à la caisse du receveur des hospices. Une loi du 16 messidor an VII stipulait que le tiers du produit du travail des indigents et des enfants dans les hospices devait être retenu à leur profit. Peut-être ce principe reçut-il son application à Arras, avant 1811 ? Mais nous n'en avons trouvé aucune trace dans les archives des hospices.

Dès le commencement du XIX° siècle, les pupilles placés à la campagne étaient l'objet d'une surveillance médicale exercée par des praticiens que rétribuait l'administration. Une délibération du 7 juin 1806 nous apprend que le « traitement du sieur Poiteau (2) officier de santé à Bienvillers-au-Bois est fixé à 150 fr. par an. »

Jusqu'à quel âge les enfants recueillis restaient-ils sous la tutelle de l'administration hospitalière ? Suivant toute probabilité les orphelines étaient maintenues à l'établissement dépositaire jusqu'à 21 ans ; on les y gardait certainement après 18 ans, puisqu'à la suite de la petite insurrection dont nous avons parlé plus haut quatre filles qui avaient dépassé cet âge furent rayées des contrôles. Quant aux orphelins, il résulte d'une délibération de la commission du

---

(1) La viande se vendait alors environ six sols et demi la livre. A la fin de 1811 le beurre valait un franc 85 le kilogr.
On sait que, par suite de la guerre avec l'Angleterre et du blocus continental, Napoléon interdit l'usage du sucre des colonies dans les hospices. Par délibération de la commission administrative du 20 mars 1811, il fut décidé que le sucre serait remplacé par le sirop de raisin (?) et le miel.

(2) C'était l'aïeul de l'honorable docteur Poiteau, actuellement conseiller général et maire de Bienvillers-au-Bois, qui lui-même a succédé à son père comme médecin du service des enfants assistés.

9 fructidor an VIII, prise « conformément aux lois et règlements, » que l'administration cessait de s'en occuper à leur 16° année. Douze élèves ayant atteint cet âge furent *réformés* (tel est le terme employé) en vertu de ladite délibération et invités « à sortir de l'hôpital dans la décade. »

§ II. — Enfants trouvés.

La Bourse commune des pauvres à Arras pourvoyait au sort des orphelins et orphelines légitimes; mais elle ne recueillait pas les enfants naturels, ceux qu'on appelait enfants trouvés.

Qui se préoccupait de ces derniers? A qui devait incomber l'obligation de subvenir à leur entretien? Les documents, sur ce point, sont peu nombreux et manquent de précision. Pour élucider la question, nous pensons qu'il convient d'établir une distinction.

D'après un état des hôpitaux et autres établissements de même nature de la ville et cité d'Arras en 1784 (1), les officiers municipaux étaient chargés du service des enfants trouvés. « Ils n'ont point de maison particulière pour les retirer, dit ce document; ils les mettent en pension chez des bourgeois jusqu'à ce qu'ils soient en état de gagner leur vie; leur nombre est de 57; il en est mort 9; on en a reçu 22. »

Le renseignement qui précède n'était plus toutefois d'une exactitude absolue en ce qui concernait les filles. Il résulte en effet d'un extrait du *Mémorial d'Arras* (2), qu'à la date du 22 mars 1763, les échevins décidèrent que les filles trouvées placées chez des particuliers seraient, à partir de l'âge de six ans, confiées aux sœurs de Sainte-Agnès « qui leur apprendront la religion, à lire et à écrire jusqu'à l'âge de seize ans, âge auquel elles seront renvoyées. A leur sortie, elles recevront deux chemises, deux tabliers, deux mouchoirs, un jupon, un casaquin, bas et souliers. Le prix de pension de six à seize ans est de 40 livres par enfant et par an. »

En fait, avant la Révolution, les officiers municipaux pourvoyaient donc au placement des enfants trouvés

---

(1) Aux Archives départementales.
(2) Aux Archives communales.

Quant aux dépenses nécessitées par leur entretien, elles devaient incomber en principe aux seigneurs hauts-justiciers, en vertu de l'arrêt du Parlement de Paris du 13 août 1552, qui la leur imposait, nous l'avons dit déjà, comme une sorte de compensation des droits d'épave, de confiscation, d'aubaine et autres dont ils jouissaient.

C'est ainsi qu'un document trouvé aux archives communales, non daté, ni signé, et portant ce titre : « tableau et liste des enfants trouvés à la charge des cy-devant seigneurs » contient les noms de onze enfants placés aux frais de la riche abbaye de Saint-Vaast ou du Chapitre d'Arras chez des paysans de Simencourt et de Vimy, moyennant un prix de pension de 10 livres par mois. La dépense était avancée par les hospices de Vimy et de Saint-Jean d'Arras.

Les seigneurs hauts-justiciers furent déchargés par la loi du 10 décembre 1790 de l'obligation de nourrir les enfants trouvés dans l'étendue de leur juridiction [1]. Les hospices en furent désormais tenus. La charge était lourde et si la pénurie du Trésor public, à cette époque de guerres continuelles, ne permit pas souvent à l'État de leur venir en aide, il le fit quelquefois cependant. A la date du 1ᵉʳ frimaire an deuxième de la République une et indivisible, le Conseil d'administration du département du Pas-de-Calais annonce à ses concitoyens « que le payeur général vient de recevoir une somme de 15.798 fr. pour remboursement de la dépense occasionnée par les enfants trouvés dans l'étendue de la municipalité d'Arras pendant les six premiers mois de 1793 (vieux style) ».

Cette intervention de l'État ne se reproduisit pas sans doute pendant les années qui suivirent. Dans sa séance du 24 germinal an VIII (1800), le Conseil général constate, en effet, que « si la plupart des hospices ne peuvent faire face à leurs dépenses, c'est qu'ils sont frappés plus ou moins d'un arriéré qui mettra bientôt le comble à leur détresse. Cet état a pour cause, dit le compte-rendu,

---

(1) Nous avons trouvé à ce sujet aux archives communales l'extrait suivant du registre des délibérations du Directoire du département du Pas-de-Calais (séance du 15 avril 1791) :

« En vertu de l'art. 2 de la loi du 10 décembre 1790 les cy-devants seigneurs et hauts-justiciers sont déchargés de l'obligation de nourrir les enfants abandonnés et trouvés dans l'étendue de leur juridiction. En conséquence, à la requête du sieur Devicque, ancien agent du ci-devant Chapitre d'Arras, la pension de quatre enfants trouvés à sa charge sera, à raison de huit livres par mois, à la charge par moitié des hospices de Saint-Jean-de-Lestré d'Arras et de Vimy. »

les avances que presque tous ces hospices sont obligés de faire pour la nourriture et l'entretien des enfants abandonnés et les difficultés qu'ils éprouvent à se faire restituer leurs avances. Il est dû de ce chef jusqu'au premier vendémiaire dernier, aux hospices d'Arras 66.990 fr.; de Saint-Omer 16.130 fr.; de Calais 20.280 fr.; de Boulogne 27.031 fr.; d'Aire 7.512 fr. »

Deux ans après, suivant le compte-rendu de la séance du 15 prairial an X, le déficit pour l'hospice d'Arras est de 12.338 fr.; il est causé par « les avances faites pour les frais de nourriture et d'entretien de 783 enfants abandonnés, dont 550 chez des nourriciers et 233 dans l'enceinte de l'hospice dont il s'agit. »

En l'an XII, la situation s'était améliorée, si l'on en juge par l'extrait ci-après du compte-rendu de la séance du 24 germinal : « Il y a trois hospices à Arras; le premier pour les malades et militaires; le deuxième pour les garçons orphelins ou abandonnés; le troisième pour les orphelines ou abandonnées. Ces deux maisons sont entretenues très-proprement; les enfants y sont bien nourris, bien vêtus, bien surveillés et exercés au travail. La maison des orphelins est dirigée par les ci-devant frères de la Doctrine chrétienne; celle des orphelines est dirigée par les ci-devant sœurs de Sainte-Agnès. On se loue beaucoup des soins et du zèle de ces surveillants. La dépense de ces établissements n'est pas encore parfaitement en équilibre avec la recette. Cependant les bonifications qu'on espère faire dans plusieurs branches des revenus couvriront, on pense, le déficit. »

Il nous reste à compléter cette notice sur le service des orphelins et enfants abandonnés à Arras avant 1811 par les quelques renseignements ci-après relatifs à l'établissement du tour et aux meneurs de nourrices.

§ III. — Le Tour à Arras. — Les meneurs de nourrices.

Le Tour. — Comme on le verra dans la deuxième partie de ce travail, l'établissement officiel du tour en France ne date que de 1811. — Mais ce mode d'abandon est beaucoup plus ancien. A quelle époque fut-il imaginé ? Fut-il importé d'Italie, comme on le prétend ? Des renseignements précis font défaut à cet égard. Mais il paraît certain que le tour existait en divers hôpitaux, même avant saint Vincent-de-Paul. A Arras il fut, suivant une décision de la commission administrative en date du 2 novembre 1808, établi à cette époque dans les bâtiments de l'Hôtel-Dieu, côté de la rue des Bouchers-de-Cité, pour y recevoir les enfants abandonnés [1]. Le tour consistait en un demi-cylindre de bois, convexe d'un côté, concave de l'autre, qui tournait sur lui-même dans le sens vertical avec une grande facilité. Le côté concave était tourné sur la rue, le côté convexe faisait saillie à l'intérieur de l'hospice. L'enfant était déposé dans le tour et il suffisait d'un coup de sonnette pour avertir à l'intérieur et pour que, dans sa révolution, le tour amenât l'enfant à l'hospice et le séparât de la personne qui l'abandonnait.

Une délibération de la commission des hospices en date du 12 mai 1810 nous apprend que le traitement annuel de Monvoisin et de sa femme chargés du placement des enfants abandonnés chez les nourriciers est porté de 600 à 700 fr., pour ce motif que depuis l'établissement du tour « ils sont obligés de se lever très-souvent la nuit, de chercher des nourrices, de faire des démarches tant pour les déclarer à l'état-civil que pour les conduire à l'église. »

Meneurs de nourrices. — On sait que le Pas-de-Calais est actuellement, pour le service des enfants assistés de la Seine, un de ses départements de placement les plus importants. Déjà, au XVIII° siècle, l'industrie nourricière des petits parisiens s'exerçait en Artois, et l'hôpital-général de Paris envoyait des enfants trouvés dans nos campagnes pour y être élevés moyennant pension. Déjà à cette époque il y avait des meneurs de nourrices, individus qui parcouraient le pays pour recruter des éleveuses et recueillir des enfants, que parfois ils se chargeaient indifféremment de mettre en nourrice ou d'abandonner aux portes des hospices et plus tard dans les tours. C'était une industrie fort ancienne, dit M. le D' Napias [2] et peut-être que c'était un meneur d'enfants du XVI° siècle le bonhomme que rencontra Panurge et qui « en un bissac tel que celui de Esopet portait deux petites fillettes l'une devant et l'autre derrière [3].

---

(1) En janvier 1822, le tour fut transporté à l'hôpital Saint-Jean, où une crèche pour les jeunes enfants fut créée à la même époque. Il fut fermé en 1846.

(2) *Hygiène hospitalière et Assistance publique.*

(3) Rabelais, *Pantagruel*, chapitre XV.

Un de ces meneurs nommé Colle, et habitant Bucquoy, fut révoqué en 1771 pour malversations [1].

Un autre meneur nommé Valeur Jacques, fut, sur la plainte des sœurs de Charité qui avaient visité les enfants trouvés en mai 1775, également révoqué pour « mauvaise conduite, prévarications, infidélité. » Il était débiteur de 2.000 fr. envers les nourrices.

L'industrie des meneurs et meneuses existe encore actuellement. Elle est règlementée par la loi du 23 décembre 1874 sur la Protection des enfants du premier âge.

---

[1] Nous avons trouvé dans les archives départementales la lettre suivante adressée à ce sujet à M. de Sartines, lieutenant de police à Paris, par M. Lefebvre de Caumartin, intendant des provinces de Flandre et d'Artois :

Arras, ce 13 juin 1771.

« Plusieurs particuliers demeurant en Artois m'ont fait part de l'embarras où ils se trouvent au sujet des enfants trouvés qu'ils se sont chargés de nourrir et dont l'Hôpital général de Paris paie les mois sur le pied qui est fixé en faisant passer aux administrateurs des certificats de vie des enfants.

« Le bureau avait chargé un homme de Bucquoy de mettre ces enfants en nourrice. En conséquence, il portait à Paris les certificats de vie et rapportait le prix des pensions ; mais ayant malversé il a été révoqué de sa commission sans qu'on sache s'il a été remplacé, » etc.....

SAINT-OMER

Saint-Omer est une des villes de la région où, dès les temps les plus reculés, les établissements de bienfaisance ont été les plus nombreux. A quelle époque a-t-on commencé à s'y préoccuper du sort des orphelins et des enfants délaissés? Il serait difficile de le déterminer. Le curieux passage qui suit, extrait de la coutume de Saint-Omer (rédaction de 1612), montre que, dans les premières années du XVIIe siècle, les orphelins, placés sous la protection des échevins, étaient déjà l'objet d'une assistance sérieusement organisée :

« Pour gouverner le faict des mineurs demourans en ladite ville et banlieue, les dits mayeurs et échevins selon leur institution et le pouvoir qu'ils ont par icelle, ont accoustumé de créer et créent par chacun an, deux souverains advocz aus dictz orphelins de deux de leurs compaignions d'eschevinage, lesquelz avecq deulx des dix jurez, pour la communaulté, aussi par eulx à ce ordonnez, ont la cognoissance du faict des dicts orphelins, de leur corps et de leurs biens, et ont accoustumé d'avoir un greffier qui tient le livre des dicts orphelins... Les dicts souverains advocz ont accoustumé quand ils scavent aucuns mineurs d'ans, enfans de bourgeois, manahs et habitans de la dicte ville, évocquer ou faire évocquer par devant eulx les prochains parens d'iceulx mineurs d'ans..... et par l'advis des dicts parens ont accoutumez commettre aus dicts mineurs deux advocz et tuteurs particuliers. Lesquels advocz et tuteurs ont l'administration particulière des biens d'iceulx mineurs d'ans et sont tenus par chacun an de rendre compte par devant les dicts souverains advocz de la dicte administration et de l'employ qu'ilz font du boni et remanet oultre les dépens, debtes et charges..... les quels comptes se gardent et mectent en la chambre des orphelins [1].

Hospice des Bleuets. — Maison des Bleuettes.

C'est vers la même époque (11 mai 1602) que messire Jean Dubur, échevin de Saint-Omer, donne aux doyen et chapitre de la cathédrale 14.000 florins à employer à cours de rente, pour être distribués en treize portions annuelles de 50 florins chacune, destinées à l'entretien

---

[1] M. Lallemand (*Histoire des Enfants abandonnés*, page 116). Dans le même ordre d'idées, dit ce dernier, on peut citer les coutumes de Tournehem-en-Artois, d'Hesdin et de Pernes-en-Ternois.

de treize enfants pauvres de la ville et banlieue de Saint-Omer, afin de leur faire apprendre un métier tel qu'il sera jugé le plus utile par les administrateurs [1]..... Les treize enfants devront être âgés au moins de quatorze ans.

.... Un homme d'église, ou quelque autre instituteur, leur enseignera le catéchisme les dimanches et fêtes et, autant qu'on le pourra, à lire, écrire et compter de une heure après-midi jusqu'à la cloche du salut Sur le revenu de 50 florins attribué à chacun d'eux, on leur fera un habit de drap bleu.....

Pendant les premiers temps le chapitre laisse les enfants chez leurs parents, auxquels il donne de 45 à 50 florins par an suivant l'importance des revenus variables de la fondation.

Cet état de choses dure jusqu'à l'établissement de l'hospice des Bleuets auquel la fondation de Jean Dubur fut réunie.

Par testament en date du 16 avril 1683, François Du Chambge, archidiacre de Flandre dans la cathédrale de Saint-Omer, donne à la ville une maison située rue du Caltre (aujourd'hui des Bleuets), pour y élever douze enfants pauvres à qui on fera apprendre un métier. Il affecte à cette fondation une somme de 14.000 florins destinée à se procurer une rente de 1.000 florins. Les enfants admis devront être orphelins et porter un vêtement distinctif d'une couleur particulière. Le bleu fut adopté, d'où la dénomination de *bleuets* qui leur a été donnée.

Par un codicille du 22 juin 1685, François Du Chambge réduit sa fondation à 9.600 florins et le revenu n'est plus que de 600 florins, ce qui donne pour l'entretien de chaque enfant, comme dans la fondation Dubur, 50 florins par tête.

Le 29 septembre 1685 un règlement réunit les enfants de la fondation Dubur à ceux de la fondation Du Chambge.

Deux autres bienfaiteurs des Bleuets furent Mathieu de Froom, curé du Thil, et le sieur Desgranges, qui créèrent chacun une bourse : l'un en 1686, l'autre en 1691.

La maison des Bleuettes fut fondée en 1690 par Garcias-Joseph Gonzalès pour l'entretien de vingt filles pauvres. D'après Derheims

---

[1] Extrait des *Recherches historiques sur les établissements hospitaliers de la ville de Saint-Omer*, par M. Deschamps de Pas, membre de la Société des Antiquaires de la Morinie, auquel nous empruntons ces renseignements.

(Histoire de Saint-Omer) elle fut située d'abord impasse Saint-Bruno, puis transférée près du couvent des Clarisses.

Lorsque l'hôpital-général fut fondé en février 1702 par Louis-Alphonse de Valbelle, évêque de Saint-Omer, un article des lettres-patentes du roi autorisant cette création stipulait que les deux établissements des Bleuets et des Bleuettes lui seraient réunis. Mais des difficultés surgirent à cette occasion et un long procès s'engagea. La réunion ne fut définitive qu'en 1790.

Les Orphelins et les Enfants abandonnés de 1790 à 1811.

Nous sommes arrivés à l'époque de la Révolution.

Les divers établissements de bienfaisance de Saint-Omer (on n'en comptait pas moins d'une douzaine disséminés dans la ville) furent alors, en vertu d'un arrêté du conseil d'administration du district, réduits à trois :

Le premier, ancien hôpital-général, « destiné à l'instruction de la jeunesse indigente » sous le nom d'hospice de la Bienfaisance ; le second, ancienne Maladrerie, affecté aux malades et appelé hospice de l'Humanité ; le troisième, ancien hôpital Saint-Jean, consacré aux vieillards pauvres et infirmes, sous la désignation d'hospice de la Fraternité.

La loi du 16 vendémiaire an V, en créant les commissions administratives des hospices, les réunit sous une seule administration. Les registres des délibérations tenus très-régulièrement à partir de cette époque nous ont permis d'y relever dans l'ordre chronologique les principaux faits relatifs au service des orphelins et enfants abandonnés, auquel l'hospice de la Bienfaisance fut spécialement affecté.

Pénurie du Trésor. — Difficultés de l'administration. — Renvoi de pupilles. — L'administration fut aux prises à ses débuts avec de grandes difficultés financières résultant de la pénurie du Trésor public. Le 29 floréal an V, la commission, « considérant qu'elle n'a dans sa caisse que les fonds strictement nécessaires aux dépenses journalières, estime devoir inviter l'administration municipale à presser vivement la rentrée des six mille livres qui doivent être payées aux hospices de cette commune par le citoyen Thiébaud, payeur-général du département du Pas-de-Calais, et à lui faire remettre la somme nécessaire pour acquitter les secours dûs au 1er prairial aux enfants abandonnés. »

Le 6 prairial suivant la commission, sur l'assurance donnée par l'administration municipale qu'elle ferait l'avance des secours, décide de ne pas attendre plus longtemps à pourvoir aux besoins des malheureux enfants et fait payer « de la caisse des hospices les sommes revenant à chacun d'eux d'après la classe où le département du Pas-de-Calais les a fixés eu égard à leur âge. »

La situation ne s'améliore pas dans les années qui suivent. Au contraire, elle devient telle, que, faute de ressources suffisantes, les admissions des malades et des enfants dans les hospices doivent être suspendues et que les traitements des officiers de santé qui y sont attachés est réduit par mesure d'économie. On va plus loin dans cette voie. Le 1er thermidor an IX, la commission décide de faire comparaître alternativement devant le sous-préfet de l'arrondissement et le citoyen Lesergeant, maire de Saint-Omer, tous les garçons recueillis à l'hospice de la Bienfaisance à l'effet « d'examiner leurs moyens physiques » et d'apprécier quels sont ceux qui « parvenus à un certain âge peuvent se procurer en partie les moyens d'exister en dehors dudit hôpital. »

A la suite de cette révision, on décide le renvoi de seize garçons à partir du 1er vendémiaire de la même année, et de douze autres à partir du 1er germinal prochain.

Distribution de secours. — L'administration prend en même temps en considération un mode de venir au secours des autres enfants indigents placés alors à l'hospice de la Bienfaisance et consistant à « autoriser l'économe à accorder trois livres par mois à ceux des parents qui voudraient retirer leurs enfants pour les élever chez eux jusqu'à ce qu'ils aient atteint leur quinzième année ».

Dans le même ordre d'idées, un secours mensuel de cinq francs est accordé le 9 nivôse an XI à une femme Vétu dont le mari est à l'armée, pour l'aider à élever ses trois enfants en bas-âge.

Le cas est curieux et mérite d'être mentionné. C'est, dès le commencement du siècle, le secours temporaire à domicile accordé à des enfants de familles indigentes en vue de prévenir leur abandon, tel qu'il est actuellement pratiqué dans le Pas-de-Calais.

Le service des enfants abandonnés confié au Bureau de bienfaisance. — Suivant des instructions du préfet en date du 25 thermidor an X, le service des enfants trouvés et abandonnés avait été confié au bureau de bienfaisance. Un arrêté du 14 germinal an XII ayant prescrit à la commission des hospices de reprendre ce service, pour revenir à la véritable application de la loi, la commission n'accepte pas cette décision sans observations. Elle fait valoir les avantages qui résultent de la réunion dans les mêmes mains des deux services des enfants abandonnés et de la distribution des secours à domicile. Elle expose en outre que l'administration du bureau de bienfaisance est disposée à établir des ateliers « propres à utiliser, non seulement les enfants, mais même les fainéants qui ne sont bons qu'au vagabondage, source première des maux qui n'affligent que trop souvent l'humanité et que la société réprouve. Enfin qu'il peut résulter de ce plan l'acheminement à faire disparaître la mendicité et l'amélioration dans le sort de cette classe d'infortunés enfants, qui, à la sortie de ces ateliers, pourraient trouver par leurs travaux à assurer leur subsistance. »

Ces observations transmises à l'autorité supérieure semblent avoir été prises alors en considération ; quelques mois après, en effet (8 messidor an XII), dans une séance plénière où étaient réunies, sous la présidence du maire, les deux commissions des hospices et du bureau de bienfaisance, la première de ces administrations cède à la seconde pendant douze ans, sans loyer, mais à la charge de payer les impositions foncières et locatives et de faire à ses frais toutes les grosses et menues réparations, la maison dite des Apôtres « pour y collocquer les enfants trouvés et abandonnés. »

Mais cette situation ne fut pas de longue durée. A la suite de nouvelles instructions du préfet, l'administration des hospices fut mise en demeure de reprendre à sa charge, conformément à la loi, le service des enfants abandonnés, qui lui fut remis définitivement par le bureau de bienfaisance à la date du 1er brumaire an XIV.

Création d'ateliers à l'hospice. — La création dans les hospices d'ateliers « où puissent être utilisés les bras des enfants et des vieillards », fut à diverses reprises une des principales préoccupations de l'administration, qui comptait en même temps y trouver un supplément de ressources que l'état trop souvent précaire de ses finances rendait nécessaire. Une fabrique de filets de pêche existait à l'hôpital-général au cours du XVIII° siècle ; les guerres du commencement de la Révolution obligèrent à la fermer. Une délibération de la commission en date du 22 thermidor an XII nous apprend qu'en attendant sa réouverture il fut décidé d'établir à l'hôpital général « une petite fabrique de draps propre en premier lieu aux enfants de cet hôpital, sauf ensuite à lui donner plus d'extension si les bénéfices qu'on doit en espérer y engagent et que les moyens pécuniaires de l'administration le permettent. » Mais, avant de mettre ce projet à exécution, la commission crut devoir introduire dans son règlement les dispositions ci-après destinées à réprimer certains abus résultant de la trop grande liberté laissée aux enfants et de la tendance des parents à les reprendre lorsqu'ils avaient atteint l'âge où, par leur travail, ils pouvaient dédommager en partie l'établissement des dépenses faites pour eux pendant leurs années d'enfance :

ARTICLE PREMIER. — Tout enfant une fois admis à l'hôpital-général y restera, jusqu'à 16 ou 17 ans, à la disposition de l'administration pour être employé dans la maison au genre de travail qui lui sera indiqué et auquel il sera jugé être le plus propre.

ART. 2. — Les parents de ces enfants ne pourront, sous tel prétexte que ce soit, obtenir leur sortie avant l'âge ci-dessus.

ART. 3. — Au cas de désertion de l'un d'eux qui aurait quitté l'atelier, il en sera sur-le-champ donné avis aux maire et officier de la gendarmerie pour qu'ils aient à faire faire, par les agents de police ou gendarmes, les recherches soit chez leurs parents ou dans la ville ; que rencontré au dehors ou trouvé en ville, il soit ramené à l'hospice pour y être puni.

Tutelle. — La loi du 15 pluviôse an XII (actuellement encore en vigueur) confia la tutelle des enfants « admis dans les hospices à quelque titre et sous quelque dénomination que ce soit » aux commissions administratives qui elles-mêmes devaient choisir un de leurs membres pour exercer les fonctions de tuteur, les autres membres formant le conseil de famille.

M. Dehoston fut le premier désigné pour remplir ces fonctions à Saint-Omer (séance du 15 germinal an XIII).

Dépenses. — Comme aujourd'hui encore, les pensions aux nourriciers des enfants étaient payées tous les trois mois. Pendant le premier trimestre de 1806 la dépense s'éleva : pour les enfants trouvés à 374 fr. et à 2,567 fr. 83 pour les enfants abandonnés. Mais la délibération prise à cet effet ne contient aucun renseignement sur le nombre des enfants ni sur le taux de la pension.

Admissions. — Suivant les dispositions réglementaires dont nous donnons le texte plus haut, les enfants devaient rester placés sous la tutelle hospitalière jusqu'à l'âge de 17 ans. Mais cette règle n'avait rien d'absolu, et il arrivait assez souvent que les enfants ne sortaient de l'hospice qu'à 18 ou 20 ans, lorsque leur développement physique ne leur permettait pas de gagner leur vie avant cet âge.

D'autre part, au point de vue des admissions, l'administration se montrait vraiment libérale. Suivant la lettre du règlement du 30 ventôse an V, les enfants trouvés et abandonnés ne devaient plus figurer sur les contrôles après leur 12ᵉ année. D'une délibération du 29 juin 1810 il résulte qu'une douzaine d'enfants ayant dépassé cet âge furent néanmoins admis à l'hôpital-général. Les motifs de cette décision font trop d'honneur à la commission pour ne pas être reproduits :

« Considérant que ces enfants à cet âge sont pour la plupart sans intelligence et même hors d'état de gagner leur vie ;

» Considérant que beaucoup de nourrices ne veulent plus s'en charger après douze ans avec la rétribution de 50 fr. qu'on doit leur allouer une fois payée, conformément à la circulaire du ministre de l'Intérieur du 20 brumaire an XI ;

» Considérant qu'ainsi abandonnés par leurs nourriciers ces pauvres enfants se trouveraient sans ressources et qu'on doit venir à leurs secours, puisqu'ils ne peuvent plus figurer sur les rôles des enfants trouvés et abandonnés après l'âge de 12 ans ;

» L'Administration arrête que les enfants trouvés et abandonnés parvenus une fois à l'âge de 12 ans, qui seront reconnus en sortant de chez leurs nourriciers n'être suffisamment instruits et en état de gagner leur vie, entreront de droit à l'hôpital-général pour travailler et recevoir l'éducation qui leur sera nécessaire jusqu'au moment où on trouvera à les placer. »

L'Administration n'était pas moins libérale à un autre point de vue. Elle admettait des enfants non-seulement matériellement, mais même *moralement* abandonnés, dans le sens que donne aujourd'hui à ce mot la loi du 24 juillet 1889, dont nous aurons l'occasion de nous occuper plus tard au cours de cette étude [1].

Remises d'enfants. — Les enfants trouvés et abandonnés pouvaient, comme actuellement, être reconnus et remis ensuite à leurs parents dans certaines conditions. D'une lettre adressée le 12 octobre 1811 par le conseiller d'État, directeur général de la comptabilité des communes, au préfet du Pas-de-Calais, il résulte que les orphelins pauvres étant soumis aux mêmes règles pouvaient également être remis dans les mêmes conditions. Il était prescrit toutefois, lorsque le remboursement des dépenses occasionnées par les enfants n'était pas exigé des parents, de soumettre chaque cas individuellement au ministre, qui se réservait d'admettre ou de rejeter la demande.

Etablissement d'un tour à l'hôpital-général. — Conformément à un arrêté du préfet du 30 novembre 1811 relatif à l'application du décret du 19 janvier 1811, la commission décide, dans sa séance du 21 décembre, qu' « il sera établi dans l'hospice de Saint-Omer un tour pour recevoir les enfants trouvés et abandonnés à compter du 1er janvier 1812. »

Elle prend en même temps les dispositions de détail propres à assurer le nouveau service. Une personne sera chargée spécialement

---

(1) Voici les termes d'une délibération prise à ce sujet dans la séance du 5 janvier 1810 :

«Marie-Joseph Doligez, fille majeure, servante, demeurant à Saint-Omer, expose en sa qualité de marraine de la nommée Adelaïde Seillier, âgée de 10 à 11 ans, fille de Pierre et de Charlotte Grizet, que le père de cette enfant adonné à l'ivrognerie, après l'avoir conduit depuis son enfance dans les campagnes pour mendier avec lui et coucher de grange en grange, a disparu depuis quelque temps sans qu'on ait pu découvrir où il mène une vie vagabonde, que ce pauvre enfant est depuis lors avec sa mère, qui suit les mêmes principes que son mari et qui après avoir mendié la journée avec sa fille, se rend le soir avec elle dans les cabarets où elle s'enivre jusqu'à l'ivresse, qu'un pareil exemple, devant les yeux d'une fille de 10 à 11 ans, laisse à craindre que bientôt, à cet âge, cette malheureuse mère la prostituera, si on ne la retire de ses mains ;

« L'Administration prenant l'exposé de ladite Doligez en considération, attendu que ladite Adelaïde Seillier ne peut sans danger rester plus longtemps à la charge de son immorale mère, arrête son admission à l'hôpital-général. »

Séance du 21 décembre 1810, admission d'une petite fille de 7 ans, Marie-Thérèse Dutholt, que son père abandonnait à elle-même, dans des circonstances analogues.

de recevoir de nuit les enfants qu'on pourrait exposer pour être à portée de leur donner de suite les soins convenables. L'économe de l'hospice et la demoiselle Vallet, maîtresse, devront présenter un état des objets à acheter pour former les layettes et vêtures nécessaires.

Un nouveau registre sera imprimé pour y inscrire les enfants reçus. — En outre, « l'administration fera savoir aux maires des communes de l'arrondissement, par les journaux, que les enfants abandonnés (assimilés aux enfants trouvés) sont ceux seulement dont les père et mère sont émigrés, disparus, détenus ou condamnés pour faits criminels ou de police correctionnelle. En conséquence aucun enfant ne sera reçu à l'hospice que muni du certificat du maire constatant ces faits. »

Le tour fut établi d'abord à l'hôpital-général, rue du Saint-Sépulcre. Mais les femmes préposées à la réception des enfants devant pendant la nuit traverser les couloirs de l'hôpital pour les porter au dépôt provisoire rue des Corroyeurs où résidaient les nourrices sédentaires, il fut décidé plus tard (en juin 1815) que, pour éviter ce transport souvent préjudiciable aux enfants surtout l'hiver, le tour serait installé dans cette dernière rue [1].

---

(1) Le tour de Saint-Omer existe encore. Sur notre demande, il a été envoyé à Paris en 1859, où il a figuré dans l'exposition des objets relatifs à l'élevage de la première enfance organisée par Mme Landrin, inspectrice générale.

BOULOGNE

Au milieu du XVIe siècle — c'est l'époque la plus reculée à laquelle il nous ait été possible de remonter au point de vue spécial qui nous occupe — la vie municipale à Boulogne était des plus intenses. La ville, après avoir passé sept ans sous le joug des Anglais, qui s'en étaient emparés en 1544, était redevenue française, rachetée par le roi Henri II, contre le paiement d'une somme de quatre cent mille écus. D'après les *Coutumes* locales, reconnues en 1550, elle jouissait alors de privilèges peu ordinaires. Le maïeur, les douze échevins et les élus de « la communaulté et république de la ville » cumulaient dans leurs attributions non-seulement tout ce qui demeure aujourd'hui dans le ressort des municipalités, mais encore la plus grande partie des affaires qui, de nos jours, sont dévolues aux conseils généraux des départements, aux bureaux de sous-préfectures, aux commissions hospitalières, aux justices-de-paix et même aux tribunaux de première instance. Magistrats électifs, ils étaient à peu près souverains dans leur domaine. Si leur plus noble prérogative était de rendre la justice, les questions de salubrité publique et de bienfaisance étaient aussi particulièrement l'objet de leurs préoccupations. Ils se faisaient honneur d'être les administrateurs-nés de l'Hôtellerie de Sainte-Catherine, dont ils défendaient l'indépendance contre les tentatives de centralisation qui venaient du pouvoir royal. Ils géraient les biens de l'hôpital du bourg, connu depuis sous le nom d'hôpital Saint-Louis, ainsi que ceux des diverses confréries charitables établies dans la ville. Ils recueillaient les pauvres enfants « habandonnés par leur mère ; » ils accordaient des secours sur les fonds de la ville à de pauvres passants pour les aider à retourner dans leur pays ; ils faisaient distribuer du pain en aumône aux soldats malades « et goujatz d'armée » revenant de la guerre et traversant la ville. Ils retenaient au service de la communauté un médecin spécialement chargé du service des indigents et une « sage-femme ou mère allaresse jurée » pour subvenir aux pauvres femmes sans ressources « faisant leurs couches en ladite ville (1). »

---

(1) *Dictionnaire historique du Pas-de-Calais*. — Boulogne-Ville, par M. l'abbé Haigneré.

La situation ne paraît pas s'être modifiée jusqu'à la fin du XVII° siècle qui vit la fondation de l'hôpital-général, constitué en vertu de lettres patentes de décembre 1692, avec réunion des revenus de l'Hôtellerie de Sainte-Catherine, de la Maladrerie de la Madeleine et de diverses maisons hospitalières de peu d'importance qui existaient autrefois à Saint-Inglevert, à Tingry, à Fiennes, à Wissant et à Frencq. Cette manière de procéder était la conséquence du mouvement de centralisation inauguré sous Louis XIV et consistant à remplacer partout les petits hospices particuliers ayant peu de ressources propres par de vastes maisons largement dotées.

L'hôpital de la basse-ville forma le noyau du nouvel établissement qui, au lieu d'avoir un caractère exclusivement municipal et d'être administré directement par les maïeur et échevins, comme autrefois l'hôtellerie de Sainte-Catherine et la léproserie de la Madeleine, fut l'objet d'une organisation spéciale et placé sous la direction de la Chambre des pauvres. Ses revenus annuels étaient d'environ quinze mille livres. Les filles de la Charité de Saint-Vincent-de-Paul, arrivées à Boulogne quelques années auparavant (1687), furent chargées du service.

L'hôpital-général, comme la plupart des maisons du même genre, eut dans ses attributions l'assistance des enfants abandonnés ou orphelins. La commission administrative des hospices de Boulogne, qui possède dans ses archives les anciens registres des délibérations de la Chambre des pauvres, a bien voulu nous en adresser des extraits contenant les principales décisions prises à l'égard de ces derniers pendant le XVIII° siècle. Ces décisions sont généralement formulées de la manière la plus sommaire, et sans qu'il reste trace des discussions qui ont dû les précéder. Elles donnent néanmoins une notion assez nette des choses et permettent de se rendre compte de l'organisation du service. Dans leur laconique brièveté, quelques-unes même sont fort suggestives.

Les enfants abandonnés étaient admis à l'hospice dès l'âge le plus tendre. On les plaçait en nourrice moyennant une pension dont le taux variait de quatre à six livres par mois ; à la fin du siècle il s'élevait même à huit livres par suite de l'augmentation du prix des denrées (12 avril 1793).

Assez souvent les admissions n'avaient qu'un caractère temporaire et tout de circonstance. C'est ainsi qu'un certain nombre sont motivées de la manière suivante : « pour faire la première communion (1) » ; « pour être morigéné pendant six mois (2) » ; » «jusqu'à la paix (3) » ; « parce que le père est prisonnier en Angleterre (4) » ; « jusqu'à la harangaison (5) » ; « jusqu'au retour du père qui est à la pêche au maquereau (6) » ; « pour passer l'hiver (7) » ; « le père au service de la Nation (8) ».

Une admission qui sort de l'ordinaire et bien caractéristique est celle du jeune Pierre Jouglet, d'Outreau, recueilli le 15 octobre 1706 « pour éviter qu'il ne tombe entre les mains de ses parents qui sont de la religion et le pourraient pervertir ». On arrache l'enfant à sa famille parce que celle-ci est protestante, et la mesure paraît à ce point naturelle qu'elle fait l'objet d'une simple mention au registre. Pas une protestation ne s'élève. On constate, on prend l'enfant et c'est tout. Pour s'expliquer un pareil fait d'intolérance, si peu en rapport avec nos idées actuelles de liberté et de tolérance religieuse, il faut se rappeler qu'il se passait à la fin du règne de Louis XIV, quelques années seulement après la révocation de l'Édit de Nantes, et dans une ville où les luttes entre protestants et catholiques avaient été des plus ardentes.

Comme on le voit, l'administration se montrait fort éclectique — trop même dans certains cas — au point de vue des admissions, qui étaient motivées par les causes les plus diverses : exposition des enfants, décès, manque de ressources, absence, culte des parents. Enfants trouvés, abandonnés, orphelins, étaient recueillis également. On admettait même, comme un peu plus tard à Saint-Omer, des moralement abandonnés, suivant le sens donné aujourd'hui à ce terme (9). La loi du 24 juillet 1889, en créant une nouvelle catégorie

---

(1) Delattre Marie-Jeanne, 27 mars 1761.
(2) Enfant Julien, 14 octobre 1760.
(3) Enfants de Pierre Oudon, dit des Lauriers, 30 mai 1760.
(4) Enfant Méller Françoise, d'Outreau, 13 novembre 1761.
(5) Enfant Thueux, 11 septembre 1764.
(6) Quatre enfants Lamirant, 18 juin 1773.
(7) Enfant Masse, 21 octobre 1791.
(8) Enfant Volte, 21 décembre 1792.
(9) 8 mai 1761. Admission du fils de feu Jean Sauvage, mort en Angleterre et de Marie Mondon, *dont la conduite est irrégulière* (Registre aux délibérations n° 4, page 5).

de pupilles de l'assistance, celle des enfants arrachés à des parents indignes, n'a donc rien innové. Elle n'a que fait revivre, dans les formes légales qui permettent le recours contre l'arbitraire, d'anciennes dispositions d'une justice sommaire qui prévenait déjà la perte certaine de l'enfant livré à un père ivrogne ou à une mère prostituée.

A une certaine époque cependant la Chambre des pauvres se montra moins libérale et les enfants illégitimes furent frappés d'ostracisme. « Considérant, dit la délibération du 20 décembre 1782, » que la trop grande facilité avec laquelle on les admet est un » encouragement à leur accroissement et porte préjudice au patri- » moine des pauvres, il est arrêté qu'on ne recevra plus aucun » enfant illégitime des mains des sages-femmes ni d'autres, et qu'on » admettra seulement les enfants trouvés exposés en ville ou en » banlieue envoyés en vertu d'une ordonnance du juge de police. »

Que deviendra le pauvre enfant mis ainsi au ban de la société qui attache à son origine une idée de flétrissure, que sa mère, trompée ou coupable, abandonne pour échapper à la honte de sa faute ou pour continuer ses débauches, que l'hospice lui-même repousse? On le déposera nuitamment sur la voie publique ou dans un lieu écarté, exposé à toutes les intempéries, à tous les dangers ; ou bien, dans certains cas — et c'est ce qui peut lui arriver de moins mal — l'hospice le recevra provisoirement [1], mais pour s'en débarrasser au plus vite en l'envoyant à Paris à « la grande maison [2] » fondée par Vincent-de-Paul, qui lui, du moins, ne demandait pas si l'enfant abandonné était légitime ou illégitime pour le recueillir.

Longtemps avant d'exclure les enfants illégitimes des admissions à l'hospice, l'administration avait d'ailleurs déjà songé aux mesures à prendre pour restreindre le nombre de ces derniers. C'est ainsi qu'à la date du 14 mars 1727 [3] il est décidé « qu'une maison de » force sera créée pour les filles de mauvaise vie, afin de remédier » à ce que ces femmes se prostituent, deviennent grosses et aban- » donnent leurs enfants à l'hôpital. » Si la mesure projetée a été

---

(1) 17 octobre 1787 — Admission de Dubuisson, enfant illégitime, *pour envoyer à Paris.*

(2) C'était le nom donné par le langage populaire à l'hôpital-général des Enfants trouvés de Paris.

(3) Registre aux délibérations n° 2, page 98.

suivie d'exécution — ce que nous ignorons — elle n'a pas dû, en tout cas, produire beaucoup d'effet et le but qu'on poursuivait ne semble guère avoir été atteint.

*_**

Nous avons vu que les enfants en bas-âge recueillis à l'hospice étaient placés en nourrice moyennant pension. Pendant combien de temps étaient-ils maintenus dans leur placement ? Les renseignements font défaut à cet égard. On devait vraisemblablement les ramener à l'hospice dès qu'ils étaient sortis de la première enfance, pour y demeurer jusqu'à l'époque de leur mise en apprentissage [1].

Un règlement intérieur adopté par l'administration donne une idée du régime qui y était suivi. En voici les principales dispositions quant à l'emploi de la journée : « Lever à cinq heures du matin. — Prière des enfants à cinq heures et demie — puis messe. — Déjeuner. — Travail à l'ouvroir et classe à dix heures trois quarts. — Examen de conscience. — Ensuite dîner de onze heures et demie à midi. — Récréation, chaque sexe séparément. — Catéchisme. — Travail et classe. — A deux heures, vêpres les jours fériés ; puis collation. — A cinq heures, souper. — Travail jusqu'à sept heures. — Prière à sept heures et demie et coucher. »

L'Administration ne transigeait pas, paraît-il, sur le chapitre de la discipline et se montrait à cet égard d'une sévérité plus que draconienne, à en juger par la délibération du 12 janvier 1733, décidant que « les enfants ne seront pas libres de sortir de l'hôpital, « ni les parents de les retirer *sous peine de la prison ou du* « *carcan* [2] ». Il faut dire que la séance était présidée ce jour-là par Jean-Marie Henriau, évêque de Boulogne, dont, suivant ses contemporains, la douceur évangélique n'était précisément pas la vertu dominante. Saint-Simon, parlant dans ses mémoires de l'âpre lutte qu'il soutint toute sa vie contre le père Quesnel et les jansénistes, le compare à un « loup ». M. l'abbé Haigneré lui-même, dont

---

(1) D'après l'*Almanach du Pas-de-Calais*, année 1802, l'hospice de Boulogne comptait à cette époque 33 enfants abandonnés. La nourriture de chaque individu était évaluée à 85 centimes par jour. La proportion des décès était d'environ un douzième.

(2) Il y avait encore au XVIIIe siècle un carcan aux armes de Boulogne sur la place du Marché et quatre fourches patibulaires à l'entrée de la ville du côté de Maquetra (archives communales, liasse n° 956).

le témoignage n'est pas suspect en pareille matière, dit que « son
» administration fut marquée par diverses mesures de sévérité
» contre des chanoines, des curés et des communautés religieuses
» qui refusaient à l'Église la soumission due à son infaillibilité
» doctrinale », et un peu plus loin il signale les différends qui
« existèrent pendant presque tout son épiscopat entre lui et son
» chapitre au sujet de cérémonial » et sur lesquels « il ne saurait
» donner son jugement (1). » Sous une pareille plume la phrase est
significative.

Mais revenons à nos enfants. Lorsqu'ils avaient atteint l'âge où
ils pouvaient travailler, on les mettait en apprentissage. Des ateliers
étaient installés à l'hôpital même. Une délibération en date du
3 février 1730 nous apprend que « Fizacq, tailleur, est chargé
d'apprendre son métier aux enfants de l'hôpital moyennant cent sous
par mois. » Même pour l'époque, la rémunération paraît modique.
Plus tard on occupa aussi les enfants à la filature du chanvre pour
la fabrique des filets de pêche et au tricot (2).

Mais le mode le plus généralement suivi était le placement chez
des patrons de la ville — et de professions très-diverses —
horlogers, cordonniers, menuisiers, maçons, tonneliers, tailleurs
d'habits, tailleurs de pierre, serruriers, perruquiers, maréchaux-
ferrants et couturières (pour les filles). Les enfants, dit une délibération, étaient placés « suivant leur goût et on pourvoyait à toutes
les dépenses. » Des contrats d'apprentissage d'une durée de dix-huit
mois, deux ou trois années, étaient passés entre les patrons et
l'administration, qui payait à forfait pour chaque enfant une somme
variant de 30 à 90 livres, suivant les circonstances (3). Les enfants
devaient être logés, nourris et vêtus.

---

(1) *Dictionnaire historique et archéologique du Pas-de-Calais* publié par la Commission départementale des monuments historiques. Boulogne-ville, page 316.

(2) D'après l'*Almanach du Pas-de-Calais*, année 1802, aux Archives départe-
tales.

(3) Les registres des délibérations de la Chambre des pauvres mentionnent de nombreux placements faits dans ces conditions. En voici quelques-uns à titre d'indication :
Le 12 mars 1706. — Marie-Jeanne Ducrocq et Marie Nobla sont mises en apprentissage chez Mme Delabarre, couturière ; elles seront nourries et logées pendant dix-huit mois moyennant 65 livres pour chacune.
Le 14 septembre 1725. — Charles Dufoutrel est placé chez Nicolas Talle charpentier, moyennant trente sols par mois pendant trois ans. Ensuite Talle, lui donnera 6 sols par jour.

Une délibération du 5 mars 1779 mentionne un don anonyme de 324 livres de rente fait par un généreux bienfaiteur pour être employées à mettre en apprentissage chaque année quatre enfants de la ville ; un de l'hôpital, deux de la basse-ville et un de la haute-ville.

L'administration décernait des récompenses annuelles « au garçon le plus méritant et à la fille la plus sage. »

Parvenus à la dix-septième année, les pupilles sont considérés comme pouvant se suffire à eux-mêmes. La tutelle hospitalière à laquelle ils étaient soumis jusque-là prend fin. Le monde s'ouvre devant eux et ils deviennent, à l'âge des passions naissantes, ce que voudra la destinée.

Pour compléter ces renseignements sur l'assistance infantile à Boulogne avant 1811, nous ajouterons qu'en outre des enfants admis à l'hospice la Chambre des pauvres faisait, suivant le terme employé, des « aumônes externes » à des parents indigents pour les aider à élever leurs enfants en bas-âge [1]. Le même mode d'assistance était pratiqué à Saint-Omer, comme on l'a vu déjà, et aussi à Béthune, comme on le verra plus loin. C'était véritablement — avant la lettre — le secours temporaire tel qu'il a été institué par la loi du 5 mai 1869 et qu'il fonctionne aujourd'hui. Le mot est changé ; mais la chose est la même. N'y aurait-il donc rien de nouveau sous le soleil, ainsi que certains esprits sceptiques le prétendent ?

---

7 avril 1739. — Pierre Dubuisson, serrurier, prend en apprentissage François Boulet; Pierre Bringol, serrurier, prend Charles Couvreur ; Jean Blaquart, maréchal, prend Pierre Noiret ; Pierre Pérard, maréchal, prend Antoine Masset ; Marc Deguisnes, cordonnier, prend Jean-Louis Poilly — moyennant pour chacun 50 livres, logés, nourris et entretenus pendant trois ans.

(1) Quelques exemples tirés des registres aux délibérations :
13 juin 1760. « On donnera un écu par mois à Beausoleil pour l'aider à nourrir son enfant nouvellement né. »
27 mars 1761. — « On donne cinq livres par mois, pendant un an à Clément, de Dannes, pour l'aider à élever son nouveau-né. »

CALAIS

I. — La Chambre des pauvres et les Enfants abandonnés.

A Calais, comme dans de nombreuses communes de l'Artois, l'assistance envers les malheureux s'exerçait sous l'ancien régime par l'institution de bienfaisance connue sous le nom de « *Chambre des pauvres* ». L'hôpital fondé par elle fut, en novembre 1660, l'objet de lettres-patentes du roi Louis XIV, confirmées en juin 1727. Il était destiné, suivant ces lettres, à recevoir des orphelins, des vieillards et des infirmes de Calais et du Courgain. En principe il n'admettait pas les enfants trouvés. Ses revenus s'élevaient lors de la Révolution à 23.500 livres environ, somme relativement importante à cette époque.

La règle qui fermait les portes de la Chambre des pauvres aux enfants trouvés paraît avoir fléchi plusieurs fois cependant. C'est ainsi qu'en novembre 1675 un enfant trouvé à Guînes, après avoir reçu une vêture, est confié dans cette commune à la femme du magister. En juillet 1774, deux enfants trouvés, déposés à la porte de l'hôpital, sont rendus à leurs grands-parents, d'Ardres, par les soins d'un sergent royal et d'un archer agissant par ordre des administrateurs. Vers la même époque, dans une assemblée extraordinaire, la Chambre des pauvres constate que l'hôpital est surchargé d'enfants *illégitimes*, que leur nombre augmente chaque jour, « ce qui met dans l'impossibilité de fournir aux vieillards, infirmes et orphelins les secours qui leur sont nécessaires ». Et l'on décide, séance tenante, de les envoyer à l'hospice des Enfants trouvés à Paris ; huit de ces enfants partiront par un prochain convoi sous la conduite de deux femmes, et ce sera la règle pour l'avenir.

Mais les enfants trouvés envoyés de toutes les provinces affluent à Paris et un édit royal du 10 janvier 1779 nous fait connaître que, dans les grandes villes, « l'entretien de cette multitude d'enfants n'avait plus de proportion avec les fonds destinés à ces établissements ni avec la mesure des soins dont une administration publique est susceptible. » L'Intendant de Flandre et d'Artois écrit à son subdélégué que ces enfants, conduits sans précautions et exténués par une longue route, ne peuvent arriver que languissants et périssent bientôt après. C'est là un désordre qu'il faut faire cesser et il ne paraît pas y avoir d'autre remède que de maintenir les enfants dans les lieux où ils sont nés, par un règlement qui s'étende à toutes les provinces.

Et l'Intendant pose diverses questions :

1° Suivant les lois et coutumes qui régissent votre subdélégation, qui est tenu de la charge des enfants trouvés? Sont-ce les seigneurs hauts-justiciers ou les seigneurs féodaux, moyens et bas-justiciers, ou les communautés?

2° Que pourrait-il en coûter pour l'entretien et la nourriture d'un enfant, pendant qu'il est en nourrice, et après qu'il est sevré?

Les administrateurs de Calais ne font pas attendre leur réponse. « C'est au Roi, disent-ils, qu'incombe la charge des enfants trouvés. N'est-il pas le seul seigneur foncier, gros décimateur et haut justicier de tout le Calaisis, jouissant du droit d'aubaine, de délivrance, de bâtardise? L'hôpital de Calais est situé hors de la ville et offre ainsi les plus grandes facilités aux expositions nocturnes des enfants. Sur 25 abandonnés en moyenne tous les ans, il n'y en a pas 5 du Calaisis et ceux-ci sont les fruits du libertinage de la garnison [1]. »

Quant à la nourriture et à l'entretien d'un enfant, si le roi devait en faire les frais, il en coûterait 120 livres par an jusqu'au sevrage, et 160 francs du sevrage jusqu'à quatorze ans. « Cette estimation, disent les administrateurs, ne paraîtra pas outrée. »

Elle a dû le paraître. A la même époque, en effet, et jusque vers 1800, l'entretien d'un enfant coûtait en Artois environ six livres par mois. Un garçon ou fille de treize ans, placé en apprentissage, entraînait une dépense variant de 50 à 75 livres par année.

« L'hôpital de Calais, conclue-t-on, est le seul endroit pouvant, dans tout le Calaisis, recevoir les enfants trouvés (à ces conditions, nous le croyons sans peine). Mais il y faudrait ajouter les bâtiments nécessaires et augmenter le nombre des sœurs chargées du soin de ces enfants. »

---

[1] La garnison nous paraît ici appelée à dégager l'élément masculin de Calais. Comment, en effet, déterminer, pour des abandons faits hors de la ville, et presque toujours la nuit, la part de la garnison dans les naissances illégitimes?

Bref, par suite des exigences des administrateurs, on n'aboutit à aucune solution pratique.

II. — Histoire d'un Conflit.

Nous avons vu qu'en fait il n'y avait pas de règle sérieusement établie pour les admissions à l'hospice. Les attributions des autorités locales, maire et administrateurs, paraissent avoir été ou mal définies ou mal comprises. Dans les premières années du siècle, un conflit des plus graves — et des plus tristes — s'éleva au sujet de trois enfants abandonnés par leur mère. A l'insu des administrateurs, et sur l'ordre du maire, un appariteur a fait admettre ces derniers à l'hospice ; mais, blessés d'une mesure qu'ils considéraient comme une atteinte à leur dignité, les administrateurs renvoyèrent les enfants à la mairie ; ils ne s'attendaient point à ce qui allait suivre.

Vers huit heures du soir, et au milieu d'une affluence nombreuse, le maire, en costume, l'épée au côté, descend de l'Hôtel-de-Ville. Il est précédé d'un appariteur, des enfants et de quinze hommes, baïonnette au canon. Le cortège arrive à la porte de l'hospice où il trouve deux des administrateurs qui lui en contestent l'entrée. Des pourparlers s'engagent ; chacun invoque son autorité, sa dignité si imprudemment engagée, qu'aucune entente n'est possible. La conférence dure toute la nuit. Les enfants, la garde, la foule, sont à la porte ; ils y passent la nuit — c'était au mois d'août heureusement — et une partie de la journée du lendemain. Le sous-préfet de Boulogne, prévenu, écrit aux deux parties d'éloquentes lettres ; il prie, il donne des ordres. Il arrive en personne sur les lieux le surlendemain et, la situation ne s'est pas modifiée. Les enfants, toujours à la porte de l'hospice, ont reçu des couvertures et des aliments. Enfin, grâce à l'habile intervention du fonctionnaire, tout s'arrange et cette scène tragi-burlesque cesse après quatre jours de durée. Les enfants rentreront en ville et passeront la nuit dans une maison particulière. Les administrateurs ont, de la sorte, reçu satisfaction, la brutale injonction du maire n'a pas été obéie. Mais le lendemain les enfants seront admis, et le résultat cherché par le maire aura été obtenu. Cet administrateur dont la haute sagesse s'est ainsi révélée a dû certainement parvenir depuis aux plus hauts emplois de la carrière.

III. — Tarif des pensions et vêtures.

Quels sacrifices étaient consentis sous l'ancien régime pour l'entretien et la nourriture d'un enfant assisté ? Avant 1792, il en coûtait environ six livres par mois pour un enfant placé à la campagne, et ce prix devait être suffisant ; car il est presque partout, avec de légères différences, adopté en Artois.

Mais, sous la période révolutionnaire, le prix des denrées de toute nature subit une telle augmentation que les tarifs doivent être relevés à Calais. Ils sont portés à 7 livres le 6 décembre 1792. La situation, loin de s'améliorer, s'aggrave l'année suivante et, le 9 juillet 1793, sur des plaintes unanimes, l'administration, menacée du renvoi par les nourriciers de la plupart de ses pupilles placés à la campagne, se voit forcée d'accorder 9 livres par mois et 12 livres l'année suivante. (Il en coûtait alors 30 livres pour l'enfant d'un particulier placé dans les mêmes conditions.) Ce sont là à peu près les prix d'aujourd'hui. Beaucoup de départements n'ont pas, à l'heure actuelle, de tarifs de pension plus élevés.

Quant aux layettes et vêtures, la commission en arrêta le prix et la composition dans sa séance du 17 août 1797. Ils répondaient largement, semble-t-il, aux besoins des enfants [1].

---

(1) Nous en donnons ci-dessous un aperçu :

Layette	PRIX. Liv. Sol.	7ᵉ vêture à 7 ans (filles).	PRIX. Liv. Sol.
2 bandes	3 00	2 paires de bas	2 00
6 béguins	2 05	2 paires de souliers	4 10
1 bonnet de laine	0 15	2 bonnets d'indienne	1 10
2 brassières	1 15	2 fichus	1 16
6 chemises	5 05	4 chemises	8 00
8 couches	8 00	1 appollon de siamoise	3 00
1 couverture	3 10	2 jupons de laine	6 00
2 langes d'étoffe	4 10	1 corps	4 00
6 fichus	3 12	2 tabliers	3 00
		2 béguins	3 00
Total	29ˡ 72ˢ	Total	35ˡ 36ˢ

11ᵉ vêture à l'âge de 11 ans (garçons).

	PRIX. Liv. Sol.		PRIX. Liv. Sol.
2 paires de bas	3 00	Report	26 10
2 paires de souliers	6 00	2 mouchoirs de col	2 08
1 bonnet de laine	1 10	1 capatone de laine	12 05
1 chapeau	2 00	1 gilet	4 05
4 chemises	14 00	1 culotte	6 00
A reporter	26ˡ 10ˢ	Total	50ˡ 28ˢ

IV. — Dépenses. — Détresse de l'hospice. — Mortalité.

En 1786 la dépense pour 82 enfants entretenus par l'hospice s'élevait à . . . . 3,944 fr. 20

En 1802 elle est de 7,760 51

Depuis l'an VII elle reste à la charge exclusive de l'établissement, dont la dette s'accroît de plus en plus. Le déficit est annuellement de 14,000 fr. Le recours au conseil municipal, que le sous-préfet invite à prélever 500 fr. par mois sur les ressources de l'octroi pour l'entretien des enfants abandonnés, n'est suivi d'aucun effet. Cette assemblée refuse l'allocation demandée, prétextant que c'est là une dépense nationale qui doit incomber au Trésor public.

La situation devient des plus difficiles pour l'hospice. En cinq ans il a fait l'avance pour frais de pension de 29,990 fr. Toutes ses ressources disponibles sont absorbées. L'indifférence des uns, l'impuissance des autres, vont porter leurs fruits. Une année s'est à peine écoulée depuis que l'assemblée communale a fermé les yeux sur la détresse de l'hospice, et l'établissement, disent les administrateurs [1] « est privé de linge, d'habillements, de literies, de chauffage...... il va l'être de pain...... les fournisseurs à qui il est dû 7,000 fr. refusent de continuer leurs livraisons et, sans espèces, on ne peut avoir du grain au marché. Les salaires des nourrices ne pourront être payés. »

Le conseil général s'émeut et alloue une subvention de 1,000 fr. Mais comment, avec une pareille somme, faire face à une situation presque désespérée ? Les hommes de cœur qui administrent l'hospice ne perdent pas courage pourtant et adressent un suprême recours à l'empereur, alors à l'apogée de sa gloire et de sa fortune. Il ne souffrira pas que, sous son règne, les hospices ferment leurs portes et chassent les vieillards et les enfants sans autre asile. Leur lettre (de juillet 1804) est un appel éloquent à la justice, à l'humanité. « ..... L'hospice civil de Calais, disent-ils, est à la veille d'être anéanti...... Soixante-dix-sept enfants que leurs nourrices refusent de conserver, parce qu'il n'est plus possible de payer leurs salaires, devront être envoyés au chef-lieu du département..... Nous serons

---

[1] Délibération du 29 pluviôse an XI.

obligés d'ouvrir la porte de l'hospice et ceux qui habitent cet asile de l'infortune iront mendier leur pain, si les 35,840 fr. avancés ne sont pas remboursés dans le plus bref délai. »

Et quelques jours après, les enfants dont le départ avait été annoncé furent envoyés à Arras. Le receveur des hospices dut emprunter 500 fr. à un particulier pour leur faire effectuer ce voyage.

On se figure aisément quel fut alors le sort misérable des pauvres enfants trouvés, confiés à des nourrices mal payées, non surveillées, ou séjournant dans un hospice dénué des choses les plus essentielles, sans linge, sans médicaments, presque sans pain !... Et cette situation plus que précaire devait durer des années ! Les enfants trouvés de Calais furent, en vertu du décret du 19 janvier 1811, envoyés à l'hospice de Boulogne, devenu dépositaire pour tout l'arrondissement et dont l'état financier, lui aussi, sans être si désespéré, était pourtant loin d'être prospère.

Comment s'étonner de l'effrayante mortalité qui, dans de telles conditions, décimait les enfants abandonnés ! En 1786, sur un effectif de 82, 44 mouraient, et sur un chiffre total de 1775 enfants exposés antérieurement à 1812, on a compté 954 décès.

Les renseignements qui précèdent ont été puisés aux meilleures sources, dans les archives communales et hospitalières de Calais mises obligeamment à notre disposition par l'administration municipale. Nous nous sommes attaché dans cette notice à présenter un tableau fidèle de la situation. Pour les lecteurs qui le trouveraient trop poussé au noir, nous invoquerons en terminant le témoignage d'un écrivain du crû, ancien secrétaire de ce même hospice de Calais, qui a pu écrire que « les enfants étaient exposés dans la » boue, à la merci des chiens et des animaux immondes qui vont » chercher leur pâture sur les immondices de la ville déposées à la » porte de l'hospice. . L'un de ces animaux n'a-t-il pas, ajoute-t-il, » happé en passant la cuisse d'un pauvre orphelin ? (1) »

Si, aujourd'hui, tout n'est pas encore absolument pour le mieux dans le meilleur des services possible, nous sommes bien loin pourtant, n'est-il pas vrai, du temps où de pareils faits pouvaient se produire.

---

(1) *Essai sur les moyens d'améliorer le sort des Enfants trouvés*, par M. Macquet, ancien secrétaire de l'hospice de Calais.

BÉTHUNE

Parmi les villes du vieil Artois, Béthune, jadis très-florissante par son commerce et son industrie, est une de celles dont l'histoire est la plus curieuse au point de vue féodal et municipal. Les corporations d'arts et métiers, dont on signale l'apparition dès le XIIe siècle, y étaient très-développées au XVIe et embrassaient toutes les branches de l'activité sociale de cette époque. Si nous en croyons les auteurs qui ont écrit sur la matière, il y avait peu de pauvres; chacun vivait de son métier, faisait « honnêtement et loyalement sa besogne. » Le nombre des maîtres et apprentis étant limité, la production suivait normalement l'échelle de la consommation D'où presque pas de chômage et suppression par suite d'une des principales causes de la misère. Les armées qui, en temps de guerre, traversaient le pays laissaient sans doute derrière elles un certain nombre de déserteurs, mendiants et vagabonds. On ne se laissait pas envahir par eux. Pour s'en garder, on avait créé l'originale, mais nécessaire fonction de chasse-pauvres. Un homme armé d'une hallebarde les repoussait des murs et ceux qui étaient pris en état de mendicité se voyaient dépouillés des aumônes recueillies par eux, que l'on remettait avec un soin jaloux... au roi des Ribauds.

C'est au commencement du XVIe siècle que nous trouvons à Béthune les premières manifestations d'assistance envers les enfants. En 1507 les échevins accordaient une gratification de seize sols à une femme qui s'était chargée d'un enfant abandonné. En 1522 on faisait une dépense de cent sols pour « raccoustrer Vinchent » pauvre apprenti sans famille à la maison Martin-Delerue. Vers la même époque, quarante-huit sols étaient donnés pour l'entretien d'un orphelin pendant quatre mois.

L'édit de Charles-Quint de 1531 confirme, en la généralisant, l'institution de la Bourse commune des pauvres, qui semble avoir pris à Béthune d'importants développements. Le 23 septembre 1504 les échevins acceptent la donation faite à la « Pauvreté » de la paroisse Sainte-Croix par Antoinette de Willerval, veuve de Frédéric

de Melun, ancien gouverneur du château et de la ville de Béthune, d'une somme de vingt florins de rente annuelle affectés à l'entretien de « deux pauvres jeunes fillettes, pour apprendre quelque
» art et mécanisme honorable et propre à leur sexe et à la substan-
» tation de leur vie et urgentes nécessités. »

Quelques années après, le 4 juillet 1579, les échevins, désirant pourvoir à l'instruction des enfants pauvres de la ville à la charge de la Bourse commune et les empêcher par ce moyen de se livrer à l'oisiveté et au vagabondage, firent l'acquisition d'une maison située en la rue *au Sac*, jadis à usage de calendre et teinture, laquelle devait servir de maison d'école pour les deux sexes. Si l'on se proposait, par cette création, de donner l'instruction aux enfants pauvres, on voulait en même temps les « séparer de ceux qui étaient
» de condition plus aisée, non pour favoriser la superbe des riches,
» mais pour que ceux-ci ne fussent pas exposés au contact des
» vermines des pauvres [1]. » Cette sollicitude hygiénique, louable assurément pour les riches, devait vraisemblablement aussi s'appliquer aux pauvres, puisque le maître d'école recevait chaque semaine et par enfant la somme de dix sols pour leur nourriture, le feu, le blanchissage et les *entretiens de propreté*. La Bourse commune fournissait audit maître les objets de literie et le linge nécessaire [2].

Les intérêts spirituels des enfants n'étaient pas négligés et tenaient la plus large place dans les préoccupations de l'administration. Le maître devait conduire ses élèves à l'église les dimanches et les fêtes et la veille de ces jours. Le jeudi de chaque semaine ils étaient tenus d'assister à deux saluts du Saint-Sacrement en l'église de Saint-Vaast et en l'église de Saint-Barthélémy. Avant de sortir pour se rendre à ces offices, on leur faisait chanter le *Veni Creator* et à leur rentrée l'antienne *Da pacem*, suivie de l'oraison *Deus a quo sancta* et du *De profundis* pour les bienfaiteurs avec l'oraison *Fidelium*. Dans l'intervalle on les instruisait des articles de la foi, des pratiques de la religion ; on leur apprenait les bonnes mœurs, la docilité et aussi, suivant un programme déjà avancé pour l'époque,

---

(1) *Histoire de la ville de Béthune*, par M. le chanoine Cornet.

(2) Fait et donné à Béthune en Chambre échevinale le 4 juillet 1579, dit le document conservé aux archives communales. Ferry Legrand, maître d'école, a accepté ces conditions et a prêté serment ledit jour.

la lecture et l'écriture. Le maître devait leur faire porter « respect, honneur et révérence » aux gens d'église, comme aux pauvres et vieillards qui passaient. Chaque dimanche, après les vêpres, il comparaissait devant les administrateurs pour rendre compte de l'état des enfants, de leurs mœurs et de leur conduite.

Le règlement adopté par les échevins embrasse tous les détails d'une organisation complète. C'est ainsi que la composition de chaque repas est prévue. Au déjeuner, on donne aux enfants du pain et du beurre; au dîner, du potage, de la viande salée, du lard ou du bœuf frais; au *rechiner*, du pain et du fromage; au souper, du pain et du beurre ou ce que le maître trouvera convenable. Les jours maigres des œufs ou du poisson; au dîner et au souper de la bière et aux heures extraordinaires de la bouillie (?).

Les enfants, vêtus aux frais de la Pauvreté, portaient un costume sur lequel se voyaient les armes de la ville. La couleur n'en fut pas, semble-t-il, déterminée tout d'abord. Mais à une certaine époque le bleu dut être choisi, puisque, comme à Saint-Omer, les garçons furent appelés *Bleuets* et les filles *Bleuettes*.

A leur sortie de la maison, les *Bleuets* étaient généralement admis dans les corporations, et la plupart exerçaient le métier de tisserand.

Au point de vue de l'effectif des enfants et de la dépense à laquelle ils donnaient lieu, les renseignements recueillis [1] sont assez incomplets. A l'institutrice, qui dirigeait l'école des filles, on payait, pour 13 enfants et pour le mois de décembre 1724, 80 livres 12 sols. En 1768, l'effectif total était de 42 enfants (26 garçons et 16 filles). En 1778, on ne comptait plus que 12 garçons.

***

Si l'internat était le régime habituel des enfants dont se chargeait la Bourse commune, il n'excluait pas toutefois les placements chez des particuliers. C'est ainsi qu'en 1738 le montant des pensions payées de ce chef s'élevait pour un seul mois à 100 livres. En outre, on délivrait des vêtures et le prix d'une layette à la même époque était de six livres 2 sols et 3 deniers.

---

[1] Aux archives départementales.

D'autre part, comme à Boulogne et à Saint-Omer, l'assistance s'étendait même à des enfants pauvres élevés dans leurs familles Des secours temporaires de 20 à 30 sols par mois étaient accordés à des parents pour les aider dans leur tâche. Cette catégorie de dépenses ne semble pas toutefois avoir grevé outre mesure le budget de la Bourse commune. Le nombre des enfants secourus était de 9 en 1716 et en 1720 ; il s'élevait à 12 en 1732.

*_**

L'institution de la Bourse commune des pauvres dura jusqu'à la Révolution. Les lois des 7 frimaire et 16 vendémiaire an V y mirent fin et la remplacèrent, on le sait, par la création des commissions administratives du bureau de bienfaisance et des hospices. Que devint le service des enfants abandonnés à Béthune pendant la période qui s'étend de cette époque jusqu'en 1811 ? Nous n'avons pu recueillir aucun renseignement à ce sujet, plusieurs liasses ayant disparu du dépôt des archives communales. Suivant les prescriptions du décret du 19 janvier 1811, un tour devait être établi à l'hospice de Béthune, comme dans chaque chef-lieu d'arrondissement. Mais il n'a jamais été ouvert, et les injonctions réitérées de l'autorité supérieure n'ont pu triompher de l'inertie de la commission administrative des hospices. La situation des pauvres enfants abandonnés dont elle avait la charge semble avoir été longtemps précaire, si nous en jugeons d'après un document officiel d'une date bien postérieure. A la suite d'une tournée à Béthune faite en 1835 par un inspecteur des établissements de bienfaisance, le préfet du Pas-de-Calais adressait, en effet, au sous-préfet une lettre d'où nous détachons ce passage tristement significatif : « J'ai « le regret d'avoir à appeler votre attention sur l'incurie de la « commission administrative relativement au service des enfants « abandonnés. Il paraît que cette commission ne s'occupe nullement « de ces enfants. On ne leur fournit ni layette, ni vêtures, et lorsqu'ils « ont atteint l'âge de douze ans, on les renvoie dans leur commune « sans s'inquiéter de ce qu'ils peuvent devenir. »

Les observations du préfet furent-elles suivies de quelque effet utile ? On ne le dit pas. La situation ne s'est probablement modifiée que lorsque, plus tard, l'hospice de Béthune cessa d'être dépositaire et que les enfants abandonnés de l'arrondissement furent reçus à l'hospice d'Arras.

MONTREUIL

Avant la division de la France en départements, Montreuil appartenait à l'ancienne province de Picardie, où l'on ne trouve pas trace, comme en Artois, de l'institution de la Bourse commune des pauvres. Suivant les historiens du pays [1], l'assistance envers les orphelins s'y exerçait néanmoins et dès le XV⁰ siècle ceux-ci étaient entretenus aux frais de la ville par des femmes que l'on appelait les *mères aieresses*. En 1640, les échevins décidèrent la création d'une maison spéciale et affectèrent à sa dotation les fermes de la Basse-Flaque et de la Réderie. Pour en faciliter l'établissement, le comte de Lannoy, gouverneur de Montreuil, donna la plus grande partie du terrain que l'hôpital occupe encore aujourd'hui, ainsi que le revenu du moulin de la Basse-Ville et des avenages de Groffliers, de Saint-Aubin et de Saint-Josse. En vertu de cette donation, l'hôpital, tout d'abord destiné aux seuls orphelins, fut tenu de recueillir les enfants pauvres et les enfants abandonnés.

Dès l'origine, la gestion des biens laissa fort à désirer et une délibération du 25 mai 1770 rapporte « que par le triste effet d'une mauvaise administration les filles chargées du soin des orphelins aliénèrent sans cause et sans motif les deux principales parties des biens que les habitants et M. de Lannoy avaient donnés. »

Par ces aliénations on avait méconnu les intentions des bienfaiteurs et il fallut de longs et coûteux procès, engagés en 1770 par Benoît Loppin, doyen de Saint-Firmin, qui donna à l'hôpital 500 livres de revenus, pour faire rentrer l'établissement en possession d'une partie de ses propriétés. En 1783 les revenus ne s'élevaient qu'à 2,401 livres.

Dès les premières années de la Révolution, la situation, qui s'était un instant améliorée, est devenue plus difficile que jamais par suite de l'abolition des privilèges et droits féodaux. En 1790, la supérieure, sœur Agathe, et les religieuses de l'hôpital s'adressent aux administrateurs du département du Pas-de-Calais pour obtenir une subvention annuelle de 7,026 livres et en outre une allocation extraordinaire de 3,024 livres, qui permettrait d'acquitter les dettes déjà contractées.

---

[1] M. Albéric de Calonne, *Montreuil et Hesdin*.

A l'appui de leur requête, elles établissent comme suit la situation en recettes et en dépenses :

Le revenu annuel est de 2,363 livres; mais il en faut déduire tout d'abord de nombreuses charges énumérées en détail :

Impositions principales et accessoires, capitations et corvées qui se perçoivent sur les ci-devant privilégiés, fournitures de cire, pain et vin pour la desserte des messes et offices de fondations qui se disent journellement en l'église de l'hôpital ;

Dépenses de réparations et fournitures d'ornements de cette même église ;

Réparations et entretien de tous les bâtiments de l'hôpital et des murs de clôture, ainsi que de quatre fermes à la campagne qui forment en grande partie le revenu de l'hôpital.

Le montant de ces charges s'élève, année commune, à 1,800 livres.

La dépense nécessitée par la nourriture et l'entretien des enfants, dont l'effectif varie, suivant les années, de 22 (chiffre actuel) à 40, soit une moyenne de 32, est de 3,840 livres.

Quinze sœurs sont chargées d'assurer le service de l'orphelinat (chiffre qui paraît assez exagéré pour si peu d'enfants). Les frais auxquels elles donnent lieu sont de 3,750 livres.

En résumé, la dépense excède le revenu d'une somme totale de 7,026 livres.

Antérieurement à 1790, la dépense était sensiblement la même, mais des ressources qui se sont éteintes y faisaient face. C'est ainsi que l'hôpital jouissait d'un droit d'avenage sur les paroisses de Waben, Groffliers, Saint-Josse et Cucq, consistant en la prestation annuelle d'un septier d'avoine par chaque ménage dans les deux premières de ces paroisses et d'un demi-septier dans les deux autres. Le décret de la Constituante en date du 4 août 1789 a supprimé ce privilège.

Il y avait aussi, en tant que ressources, les quêtes journalières que faisaient les religieuses, tant à Montreuil que dans les campagnes voisines, et à Paris même. Mais elles deviennent de moins en moins fructueuses : celle de Paris, qui se faisait durant le carême, n'a pu avoir lieu en 1790; celles de la campagne produisent très-peu en raison « de la révolution de l'État. » Enfin l'âge et les infirmités ont atteint la plupart des religieuses et les charges de l'hôpital en sont aggravées d'autant plus que la cherté du blé en 1788 et 1789 l'a obligé à contracter des dettes qu'il ne peut payer..

Telles furent les doléances adressées par les sœurs en 1790 à l'administration départementale. Il ne paraît pas que celle-ci ait pu donner satisfaction à la demande dont elle était saisie. La situation ne fut modifiée que plusieurs années plus tard, lorsque l'orphelinat fut placé sous la direction de la commission administrative des hospices, constituée en vertu de la loi du 16 vendémiaire an V [1].

---

[1] L'orphelinat de Montreuil existe encore actuellement et n'est plus affecté qu'à des filles. Il est dirigé par des sœurs de l'Immaculée-Conception de Nogent-le-Rotrou. L'administration des hospices met gratuitement les bâtiments à leur disposition et alloue en outre une subvention de 9,000 francs pour l'entretien et l'éducation de vingt-quatre jeunes filles.

SAINT-POL

L'hospice de Saint-Pol est peut-être celui de toute la région dont l'origine remonte à l'époque la plus reculée. D'après M. Danvin [1], Hugues IV Camp d'Avesnes, comte de Saint-Pol, partant pour la croisade en 1190, lui fit des donations importantes et il en est considéré comme le fondateur. Mais son existence légale et régulière ne date que de la charte qui lui fut octroyée au siècle suivant (en mai 1265) par le comte Guy de Châtillon et sa femme Mahaut de Brabant, veuve de Robert d'Artois [2]. Ce document, le plus ancien que nous ayons rencontré au point de vue qui nous occupe, porte que l'établissement doit recevoir : les pèlerins, les femmes enceintes trop pauvres pour se faire soigner chez elles au moment de leurs couches, les infirmes, les enfants orphelins ou abandonnés, les étrangers pauvres tombés malades dans la ville ou les environs..... « Que » si les enfants sont abandonnés, y est-il dit, clandestinement ou » furtivement par leurs mères et que leurs pères ne soient point » connus, ils resteront à l'hôpital jusqu'à l'âge de sept ans. Après » quoi, nous ou nos héritiers aviserons au moyen de pourvoir » à leur subsistance hors de l'établissement. »

Lorsqu'au XVIe siècle, sous la domination espagnole, Charles-Quint généralisa l'institution de la Bourse commune des pauvres par son placard de 1531, à Saint-Pol comme dans les autres localités importantes de l'Artois la charge des enfants abandonnés dut incomber à la « Pauvreté. » Le fait n'est pas douteux, à en juger par une délibération de la commission hospitalière du 13 frimaire an V, sous la Révolution [3]. L'hospice a perdu alors une partie de ses revenus et sa situation est devenue précaire. Il prétend se soustraire aux obligations qu'on veut lui imposer, pour ce motif que « dans » aucun temps il n'a été admis d'enfants abandonnés orphelins et » illégitimes audit hospice..... et que la Pauvreté de Saint-Pol » a toujours été chargée de leur fournir des aliments et entretien. »

---

(1) Ancien médecin de l'hospice, membre de plusieurs sociétés savantes et fondateur du *Puits artésien*, Revue historique, archéologique et littéraire du Pas-de-Calais ; né à Saint-Pol en 1808, mort en 1868.

(2) M. le comte de Hauteclocque, membre de l'Académie d'Arras (*Dictionnaire historique du Pas-de-Calais*, notice Saint-Pol).

(3) Aux archives hospitalières.

L'acte de 1265 qui a consacré l'existence de l'hospice en lui assurant des revenus, l'acte qui est sa charte et suivant lequel les enfants abandonnés doivent être recueillis au même titre que les malades, les infirmes et autres malheureux, est tombé dans l'oubli et complétement méconnu !

La « Pauvreté » résiste à des prétentions si mal fondées et finit par avoir gain de cause. En l'an VII trois enfants qui absorbent une grande partie de ses ressources sont mis à la charge de l'hospice et un arrêté municipal du 19 thermidor porte que ce dernier établissement sera désormais tenu de pourvoir à l'entretien des enfants abandonnés. Cette décision toutefois ne semble pas avoir eu d'effet rétroactif et les enfants secourus antérieurement par la « Pauvreté » ont dû rester à sa charge exclusive. Car d'une pièce trouvée aux archives hospitalières et datée du 8 frimaire an VIII il résulte qu'un nourricier lui réclame le paiement d'une somme de 100 livres qui lui est due. Et la « Pauvreté » appelle à son aide la municipalité, puis l'administration centrale du département, mais en vain. On ne peut lui donner satisfaction, faute de ressources ; l'argent manque partout. Que deviennent les pauvres enfants dans de telles conditions ? Quelle dut être leur lamentable situation à cette époque troublée, on ne se le figure que trop. Plusieurs nourriciers s'adressant au ministre de l'Intérieur lui-même exposent dans leur supplique..... « Que depuis » deux ans il ne leur a été fait aucun paiement sur les sommes » auxquelles ils ont droit pour nourriture et entretien des orphelins. » Si le Gouvernement ne vient au secours de ces infortunés, ils se » trouveront dans la triste alternative de les abandonner à leur mal- » heureux sort ou de périr avec eux de misère. »

Un certain nombre d'enfants étaient élevés par les sœurs de charité [1] dans l'intérieur de l'hospice, et ceux-là étaient des privilégiés si nous en jugeons d'après les termes ci-après d'un rapport, en date du 24 frimaire an X, d'un membre de la commission hospitalière.. ... « Nous nous sommes retiré pénétré d'admiration pour les sœurs de la charité qui, malgré la dureté des temps et *privées de tout secours étranger* depuis dix ans, ont conservé ces orphelins dans une propreté et une tenue qui leur font tant d'honneur. »

.*.

---

[1] Les sœurs de Saint-Vincent-de-Paul étaient chargées du service de l'hospice depuis l'année 1741, d'après Sauvage *(Histoire de Saint-Pol,* imprimerie Jean Degeorge, à Arras, 1831).

Dans la seconde partie du XVIII° siècle, nous l'avons vu précédemment, de nombreux enfants trouvés étaient transportés de tous les points du territoire à l'hôpital-général de Paris, fondé par Vincent-de-Paul. Comme de Calais et de Boulogne, il en venait aussi de Saint-Pol. C'est ainsi qu'en 1772 une meneuse de cette ville chargée de conduire un enfant abandonné dans la capitale le délaissa en route, à Clermont (Oise), chez une pauvre femme vivant de la charité publique et âgée de quatre-vingts ans [1].

D'autre part, l'hospice de Paris plaçait déjà à cette époque, comme aujourd'hui, ses pupilles à la campagne dans l'arrondissement de Saint-Pol, de même que dans celui d'Arras. Les meneurs et meneuses, chargés de conduire les enfants donnaient, nous l'avons dit déjà [2], lieu à des plaintes fréquentes par leurs agissements. En l'an X de la République, le préfet du Pas-de-Calais, M. Poitevin-Maissemy, écrit à ce sujet au sous-préfet de Saint-Pol : « Beaucoup (de ces meneurs) n'apportent pas à remplir leurs devoirs l'intérêt et la fidélité que l'hospice a droit d'attendre d'hommes qu'il rétribue assez abondamment... Ils indiquent quelquefois comme nourriciers d'enfants trouvés des personnes sans moralité qui négligent les enfants, ne les accoutument à aucun travail utile, les envoient ou les laissent mendier... Ils ne distribuent pas aux nourrices ou aux nourriciers, soit les fonds, soit les vêtements qui leur sont destinés, avec la même célérité qu'on les leur remet à Paris. »

De tels abus ne pourraient se reproduire aujourd'hui que l'administration de l'Assistance publique de Paris a créé dans les départements de nombreuses agences, dont les directeurs sont chargés de veiller sur place aux intérêts de ses pupilles. Mais l'industrie des meneurs et meneuses subsiste encore pour les enfants du premier âge soumis à l'application de la loi du 23 décembre 1874, et, malgré la réglementation dont elle est l'objet, il n'est pas rare que les tribunaux aient à réprimer les agissements délictueux de certains de ces agents.

**

---

[1] D'après des documents qui se trouvent aux archives hospitalières.
[2] Voir la monographie *Arras*.

Tels sont les seuls renseignements que nous avons pu recueillir sur l'assistance des enfants abandonnés à Saint-Pol avant 1811. Ils résultent des quelques documents trouvés à grand'peine dans les archives hospitalières de cette ville, sur les obligeantes indications de M. Chavanon, archiviste départemental. Les registres des délibérations de la commission administrative ne contiennent aucune donnée sur les prix de pension payés aux nourriciers, sur le nombre des enfants recueillis, sur le régime auquel ils étaient soumis, ni sur les métiers qu'on leur faisait apprendre. Comme les hospices des autres chefs-lieux d'arrondissement, celui de Saint-Pol fut déclaré dépositaire par le décret du 19 janvier 1811 et, à ce titre, tenu de recevoir les enfants abandonnés et d'y ouvrir un tour. Mais, pas plus qu'à Béthune, cette dernière obligation ne fut jamais remplie. Les tours d'Arras et de Saint-Omer recevaient les enfants trouvés de toute la région. L'hospice dépositaire de Saint-Pol fut supprimé en 1838, en même temps que ceux de Béthune et de Montreuil.

HESDIN

Des recherches faites dans les archives communales et hospitalières il résulte que, par acte du 8 avril 1673, la dame Marguerite de la Haye, veuve de Jacques Mercier ou Le Merchier, fonda à Hesdin la maison Saint-Joseph pour douze orphelines de la ville et de la banlieue.

Les enfants devaient, d'après l'acte de fondation, être nées de père et de mère originaires d'Hesdin ou de la banlieue, et être âgées de dix ans au moins.

Elles ne pouvaient rester dans l'établissement au-delà de la seizième année.

La veuve Le Merchier mourut le 8 mars 1692. Sa fille Mme de Limart, continuatrice des bonnes œuvres de sa mère, légua à l'orphelinat, par son testament de 1709, la maison qu'elle habitait à Hesdin.

Après sa mort, le 7 février 1714, les administrateurs de l'établissement, dont le premier était l'évêque de Saint-Omer, le second, le curé-doyen d'Hesdin, lui donnèrent tous leurs soins; mais les charges imposées par la fondatrice absorbant une grande partie des revenus qui ne s'élevaient plus en 1768 qu'à environ 1.300 livres par an, ils durent réduire à 7 ou 8 le nombre des orphelines.

Ils adressèrent alors le 30 septembre de cette même année à MM. les officiers du bailliage royal d'Hesdin, seuls administrateurs de l'hôpital, une requête tendant à la réunion de l'orphelinat à l'hôpital.

Le 9 mars 1769, le grand bailly, avocat et procureur du Roy du bailliage d'Hesdin, et les administrateurs de l'hôpital, après avoir examiné la requête, consentirent à la réunion demandée.

Le 8 juillet 1770, l'évêque de Saint-Omer, Mgr de Conzié, donna son approbation au projet et le Parlement l'enregistra le 28 août 1770, jour où le roi Louis XV signait les lettres-patentes qui le rendaient exécutoire.

Les revenus de la maison des orphelines et ceux de l'hôpital ont été administrés séparément jusqu'à l'époque de la Révolution, mais après la confiscation des biens et leur vente, ils demeurèrent confondus (1).

---

(1) L'orphelinat d'Hesdin existe toujours ; il comprend 8 lits de fondation ; la commission administrative de l'hôpital-hospice admet des pensionnaires indigentes de la ville et de la banlieue, dont les pensions sont payées par des personnes charitables jusqu'à ce qu'elles aient atteint leur majorité.

En dehors de cet orphelinat, la commission administrative a créé récemment à l'hôpital-hospice un dépôt d'enfants assistés où elle reçoit les enfants des deux sexes de l'Assistance publique de Paris moyennant un prix de journée de 1 fr. 50.

Les enfants restent à l'hôpital jusqu'à ce que le directeur de l'agence des Enfants assistés de la Seine à Hesdin ait trouvé à les placer à la campagne, dans les communes environnantes.

La commission a pris cette décision pour aider l'administration de l'Assistance publique de Paris dans sa tâche et faciliter le fonctionnement de son service.

DEUXIÈME PARTIE

De 1811 à 1870

LE RÉGIME HOSPITALIER

CHAPITRE PREMIER

HOSPICES DÉPOSITAIRES ET TOURS

§ 1er. — Le décret du 19 janvier 1811 et les hospices dépositaires et tours dans le Pas-de-Calais. — Conflit entre Boulogne et Calais.

Comme nous l'avons vu dans la première partie de ce travail, les enfants abandonnés furent, depuis 1789 et pendant toute la période dite révolutionnaire, l'objet de nombreuses dispositions législatives, dont les unes furent appliquées, mais dont les autres ne purent l'être à raison des évènements qui se succédèrent. Le service n'eut une base solide qu'à partir du décret du 19 janvier 1811. C'est de cette époque seulement que datent son unité et sa véritable organisation, et qu'il est possible de suivre les diverses phases de son fonctionnement dans le département tout entier. Voyons quelles sont les premières dispositions de ce décret :

« Article premier. — Les enfants dont l'éducation est confiée à la charité publique sont : 1° les enfants trouvés ; 2° les enfants abandonnés ; 3° les orphelins pauvres.

« Art. 2. — Les enfants trouvés sont ceux qui, nés de pères et mères inconnus, ont été trouvés exposés dans un lieu quelconque, ou portés dans les hospices destinés à les recevoir.

« Art. 3. — Dans chaque hospice destiné à recevoir des enfants trouvés, il y aura un tour où ils devront être déposés.

« Art. 4. — Il y aura au plus dans chaque arrondissement un hospice où les enfants trouvés pourront être reçus; des registres constateront, jour par jour, leur arrivée, leur sexe, leur âge apparent, et décriront les marques naturelles et les langes qui peuvent servir à les faire connaître.

« Art. 5. — Les enfants abandonnés sont ceux qui, nés de pères et de mères connus, et d'abord élevés par eux ou par d'autres personnes à leur décharge, en sont délaissés sans qu'on sache ce que les pères et mères sont devenus ou sans qu'on puisse recourir à eux.

« Art. 6. — Les orphelins sont ceux qui, n'ayant ni père ni mère, n'ont aucun moyen d'existence. »

La combinaison des articles 3 et 4 ci-dessus semble indiquer que l'intention du législateur était qu'il y eût un hospice dépositaire et un tour dans chaque arrondissement. Mais, en fait, il s'en faut de beaucoup que cette disposition ait jamais reçu sa complète exécution. Un certain nombre de départements n'eurent jamais de tours.

Dans le Pas-de-Calais six hospices furent déclarés dépositaires par arrêté préfectoral du 30 novembre 1811 : ceux d'Arras, Béthune, Boulogne, Montreuil, Saint-Omer et Saint-Pol, soit dans chaque chef-lieu d'arrondissement. D'après l'enquête générale de 1860, un septième aurait été ouvert à Calais en 1834. Mais de nos recherches il résulte qu'il n'a jamais eu qu'une existence nominale et n'a pas fonctionné, par suite de l'opiniâtre résistance de la commission hospitalière de Calais et de son refus de se conformer aux injonctions de l'autorité supérieure.

Cette question du dépôt des enfants trouvés donna lieu entre les villes de Boulogne et de Calais à un conflit qui dura plus de vingt ans et dont nous avons pu reconstituer les principales péripéties.

Dès les premiers temps de l'application du décret de 1811, le nombre considérable d'enfants abandonnés que Calais envoyait à l'hospice dépositaire de Boulogne imposa à ce dernier des charges si lourdes qu'il ne tarda pas à élever des protestations. En janvier 1816, le sous-préfet crut devoir intervenir : « L'hospice de Boulogne touche à une ruine certaine, écrivait-il aux administrateurs de Calais, s'il ne reçoit quelques secours. Les nourrices n'ont rien reçu depuis deux mois et demi, et je m'attends à les voir rapporter les malheureux enfants destinés à périr de besoin..... Sous peu les malades seront dénués des objets de première nécessité..... Je vous conjure de prêter à l'hospice de Boulogne un appui qui peut seul le sauver..... La voie des emprunts vous est encore ouverte; ici cette ressource est épuisée. »

L'hospice de Calais fit la sourde oreille et n'accorda aucun subside.

En 1825 la commission hospitalière de Boulogne s'adresse directement au préfet et au conseil général. Elle demande d'être affranchie de la tutelle des enfants trouvés de Calais, qui, fait-elle remarquer, sont transportés à l'hospice dépositaire dans les conditions les plus déplorables. C'est ainsi qu'en 1823, sur 55 enfants amenés de Calais, 28 sont morts « par suite de leur exposition en plein air et de leur transport sur une charrette pendant huit heures. »

D'accord avec le préfet, le conseil général émet un vœu tendant à ce que, par dérogation à l'article 4 du décret de 1811, il soit établi un tour à l'hospice de Calais.

Malgré ce vœu, les choses restent en l'état pendant des années encore, et le conflit devient particulièrement aigu à la fin de 1833 par suite de l'opiniâtre résistance de l'hospice de Calais. En vain l'hospice de Boulogne lui propose-t-il de devenir dépositaire pour l'arrondissement, s'engageant de son côté à contribuer à la dépense au prorata du nombre des enfants trouvés de Boulogne. A Calais on ne veut rien entendre, et l'on se montre d'autant moins difficile sur les admissions que, seul, Boulogne doit en supporter toute la charge.

Il fallait en finir. Le 30 janvier 1834, le préfet prend un arrêté aux termes duquel le dépôt des enfants trouvés de l'arrondissement sera transféré à Calais aux conditions acceptées par Boulogne. Naturellement l'hospice de Calais proteste. Il n'a ni local convenable, ni mobilier, ni personnel. Le conseil municipal entre en scène à son tour et vote un crédit de 3.000 francs..... pour en appeler devant le conseil d'État de la décision du préfet. Le défenseur des intérêts de Calais est M. Sirey, avocat à la Cour de Cassation qui, avant de poursuivre la lutte sur le terrain juridique, croit devoir en référer au ministre lui-même. Celui-ci répond que le préfet n'a agi qu'avec son assentiment et qu'il accepte la responsabilité de toutes les mesures prises pour faire cesser la résistance injuste et illégale de l'hospice de Calais. — Sur les conseils du sous-préfet, Boulogne propose une nouvelle transaction. Il se chargera des enfants trouvés de Calais moyennant une indemnité annuelle de 8.000 francs. Cette tentative de conciliation échoue encore. Bref, malgré l'arrêté du préfet, l'hospice de Boulogne reste dépositaire. Toutefois, à partir du 1er avril 1834, les dépenses feront l'objet d'un compte de *clerc-à-maître* pour le règlement des participations respectives. Mais les comptes, chaque fois qu'ils sont présentés, sont repoussés sans examen par l'hospice de Calais, et c'est au moyen d'arrêtés ministériels enjoignant au receveur dudit hospice de payer que l'hospice de Boulogne se trouve remboursé chaque année. La suppression de l'hospice dépositaire de Boulogne, rattaché à celui de Saint-Omer en 1836, mit, seule, fin à cette situation.

Deux ans après, en 1838, les dépôts de Béthune, Montreuil et Saint-Pol furent également supprimés, et il ne resta plus depuis cette époque que deux hospices dépositaires pour tout le département : celui d'Arras, qui comprend dans sa circonscription les arrondissements d'Arras, Béthune et Saint-Pol, et celui de Saint-Omer où l'on reçoit les enfants abandonnés des autres arrondissements.

D'après l'article 3 du décret de 1811, il devait y avoir un tour à chaque hospice dépositaire. Mais cette prescription ne fut jamais remplie à Béthune ni à Saint-Pol. A Boulogne et à Montreuil le tour fut supprimé en même temps que l'hospice dépositaire. Seuls les tours d'Arras [1] et de Saint-Omer restèrent désormais ouverts dans le département ; ils ne furent fermés qu'en 1846.

§ II. — Les Tours et l'effectif des enfants abandonnés. — Échange et déplacement des enfants.

L'institution légale des tours ne tarda pas à produire ses effets. Le nombre des enfants abandonnés augmenta partout dans d'énormes proportions. D'après les tableaux statistiques qui figurent aux pièces annexes de la grande enquête de 1849, ce nombre était pour la France entière de 55.769 en 1810. Il s'élevait :

Au 1er janvier 1815 à 82.748 ; — au 1er janvier 1820 à 101.158 ; — au 1er janvier 1830 à 118.485 et au 1er janvier 1833 à 130.945.

---

[1] Le tour d'Arras est le seul du département qui existait avant le décret de 1811 ; comme on a pu le voir dans la première partie de ce travail, il avait été ouvert en 1808.

Voici, d'après le même document, les chiffres relevés pour le Pas-de-Calais :

Au 1er janvier 1810, 757; — au 1er janvier 1815, 1,388; — au 1er janvier 1820, 1,692; — au 1er janvier 1830, 1,420 et au 1er janvier 1833, 1,699.

L'effectif s'élevait au 1er janvier 1835 à 1922; c'est le plus fort qui ait jamais été atteint dans le département.

A partir de cette époque, il commença à décroître sous l'influence de causes diverses dont les principales sont : la fermeture successive des tours et les mesures prescrites par l'administration supérieure — effrayée de l'énorme augmentation des dépenses — pour restreindre le nombre des abandons.

A diverses reprises, le 27 mars 1817, le 8 février 1823, des instructions spéciales furent adressées au préfet par le ministère de l'Intérieur à l'effet de réprimer les abus dans les admissions que le secret du tour facilitait. Il fut reconnu en effet que de nombreux enfants légitimes y étaient portés par des parents, qui s'attachaient ensuite à les retrouver chez les nourrices souvent de connivence avec eux, et qui les voyaient ainsi élever sous leurs yeux aux frais de l'assistance publique.

On alla plus loin. En 1827 le gouvernement proscrivit la mutation en masse des enfants abandonnés. La mesure est ainsi résumée dans la circulaire ministérielle du 21 juillet : « Le déplacement de tous
» les enfants est devenu indispensable pour détruire les nombreux
» abus qui se sont introduits dans cette partie du service. Il a déjà
» eu lieu avec beaucoup de succès dans quelques départements, et
» je ne doute pas qu'en le faisant opérer dans toute la France on
» n'obtienne une réduction considérable dans le nombre et dans la
» dépense des enfants trouvés. Ce déplacement peut être fait de
» deux manières. La première serait de vous concerter avec vos
» collègues des départements limitrophes du vôtre pour placer en
» nourrice en pension dans leurs départements les enfants trouvés
» que vous administrez. La seconde serait d'opérer un échange
» de vos enfants trouvés avec ceux des départements voisins. Afin
» de ne point enlever aux enfants les avantages qu'ils peuvent
» retirer de l'attachement de leurs nourriciers, vous devrez aussi
» faire annoncer que si des nourriciers, ou d'autres personnes bien
» famées, voulaient se charger *gratuitement* des enfants qui

» auraient été jusqu'alors confiés à leurs soins, l'administration
» s'engagerait à les leur laisser jusqu'à l'âge de 21 ans sans que
» ces enfants puissent les quitter ni exiger d'eux aucun salaire
» jusqu'à leur majorité. »

L'application de ces mesures rigoureuses ne se fit pas sans difficulté. De toutes parts elle souleva une légitime émotion. Il parut cruel de séparer violemment les enfants des femmes qui les élevaient, et en même temps injuste de spéculer sur l'affection des nourriciers pour les obliger à conserver gratuitement des enfants qui ne leur appartenaient pas et de forcer ensuite ceux-ci à servir sans rétribution jusqu'à 21 ans.

Au nom de l'humanité, les commissions hospitalières d'Arras et de Saint-Omer élevèrent de courageuses protestations. Dans des délibérations fortement motivées elles montrèrent tous les inconvénients et les dangers qui pouvaient résulter pour les enfants eux-mêmes de leur déplacement ou de leur échange. Si ceux-ci sont encore en bas-âge, on les enlève à des nourrices éprouvées dont le lait leur conviendra moins ou ne leur conviendra pas du tout; s'ils sont plus avancés en âge, on brise les liens d'affection, des habitudes prises, une éducation commencée; on arrache aux pauvres abandonnés leur seconde famille; on va à l'encontre même du but qu'on poursuit lorsqu'on les recueille.

Ces observations et d'autres encore, dont la principale était que les abus les plus graves dont on poursuivait la répression n'existaient pas dans le service du Pas-de-Calais comme dans certains départements voisins [1], furent présentées à l'inspecteur général envoyé à la fin de l'année 1827 par le ministère de l'intérieur pour faire appliquer les mesures prescrites. Il semble en avoir été tenu compte tout d'abord et les instructions ministérielles ne furent pas mises à exécution. Mais ce n'était qu'un ajournement. Quelques années après, à la suite d'une nouvelle intervention de l'autorité supérieure, le préfet du Pas-de-Calais, M. Nau de Champlouis, prenait l'arrêté ci-après :

« Nous conseiller d'État, préfet du département du Pas-de-Calais,

» Vu le décret du 19 janvier 1811 sur le service des enfans trouvés et abandonnés, l'instruction du 8 février 1823 sur le même objet, et celles

---

[1] C'est ainsi que dans le département du Nord, à Dunkerque notamment, l'inspecteur général du ministère trouva de nombreux enfants abandonnés placés en nourrice par l'administration hospitalière chez leurs mères mêmes.

de M. le Ministre de l'Intérieur des 21 juillet 1827 et 5 juin 1831, relatives aux avantages que présente l'échange de ces enfans entre les hospices dépositaires;

» Considérant que le placement des enfans trouvés et abandonnés dans l'arrondissement même où ils ont été recueillis entraîne des inconvéniens graves, favorise les calculs intéressés de certaines familles, et contribue à accroître, chaque année, les charges que ce service fait peser sur les hospices dépositaires et sur le département;

» Considérant que le déplacement et l'échange des enfans trouvés et abandonnés sont le seul moyen de mettre un terme à ces abus et d'en prévenir le retour;

» Que cette mesure, éprouvée déjà dans un assez grand nombre de départemens, a produit partout de bons résultats;

» Arrêtons :

» Article 1er. — A partir du 1er août prochain, l'échange des enfans trouvés et abandonnés s'effectuera entre les hospices dépositaires des arrondissemens du Pas-de-Calais, et, s'il y a lieu, avec ceux des départemens voisins.

» Art. 2. — Cet échange s'opérera dans l'ordre et en suivant toutes les précautions que nous indiquerons dans les instructions particulières qui seront adressées aux établissemens intéressés.

» Art. 3. — Dans la quinzaine de la réception du présent arrêté, MM. les administrateurs des hospices provoqueront, de la part des nourrices des enfans placés sous leur tutelle, une déclaration portant :

» Soit qu'elles sont disposées à conserver gratuitement l'enfant qui leur est confié, aux conditions stipulées en faveur de l'enfant et consenties par les hospices;

» Soit qu'elles demandent à recevoir un autre enfant du même âge, en échange;

» Soit enfin qu'elles ont l'intention de remettre cet enfant sans se charger d'un autre.

» Des modèles de chacune de ces déclarations seront adressées aux administrations des hospices. Ils devront nous être renvoyés, convenablement remplis pour chaque enfant, avec le compte des dépenses des enfans trouvés et abandonnés, pour le deuxième trimestre de 1835.

» Art 4. — Le déplacement et l'échange des enfans que les personnes à qui ils sont confiés ne voudraient pas garder gratuitement aura lieu conformément à l'article 2 du présent arrêté, et sans que la nourrice qui remettra un enfant et celle qui le recevra en échange du sien puissent se connaître et établir entre elles aucun rapport.

» Art. 5. — Les enfans qui ne seraient réclamés qu'à la suite de leur déplacement ne pourront être remis qu'après remboursement des frais de ce déplacement et du prix de la vêture qui leur aurait été fournie.

» Art. 6. — Il sera tenu, dans chaque hospice dépositaire, un registre spécial des échanges et déplacements effectués.

» Les commissions administratives ne permettront la communication des renseignements portés sur ce registre et ne feront connaître la résidence des enfans qu'aux personnes qui justifieraient y avoir intérêt, qui présenteraient un certificat de bonnes vie et mœurs, délivré par le maire de leur commune, et qui prendraient, par écrit, l'engagement de retirer ces enfans et de rembourser en totalité ou en partie, suivant leurs facultés, la dépense des mois de nourrice et pension

» Hors ce cas, toute communication des registres est interdite.

» Art. 7. — Le présent arrêté sera, à la diligence de MM. les maires, publié dans toutes les communes du département, et inséré au *Recueil des Actes de la Préfecture*.

» Arras, le 5 juin 1835.

» *Signé :* N. DE CHAMPLOUIS. »

Conformément au vœu exprimé par les commissions hospitalières, les échanges ne semblent s'être effectués qu'entre les différents hospices dépositaires du département et non avec les départements voisins. Des enfants de l'hospice de Saint-Omer furent envoyés dans les arrondissements d'Arras ou de Boulogne et réciproquement. Ces échanges durèrent jusqu'en 1837. Suivant le rapport adressé au roi par M. de Gasparin, ministre de l'Intérieur, le nombre des enfants ainsi déplacés dans le Pas-de-Calais fut de 1541. D'autre part 469 enfants furent repris par les parents mis dans l'alternative d'en perdre la trace ou de les retirer pour les élever eux-mêmes, et le montant des économies réalisées par suite de ces mesures fut évalué à 29.000 francs. Le rapport ne dit pas le nombre de décès qu'elles occasionnèrent.

Les déplacements administratifs des enfants trouvés, qui se firent dans 60 départements, furent diversement appréciés en France. Approuvés par les uns, ils furent vivement blâmés par les autres. Lamartine fit entendre sa voix. Il montra les nourrices allant chez les maires, de là à la préfecture, pour faire révoquer l'ordre inflexible, prenant l'engagement de conserver gratuitement l'enfant ou, après l'avoir livré au conducteur des convois, courant à pied pour le redemander et le rapportant dans leurs bras. L'opinion publique s'émut, et le Gouvernement finit par renoncer à l'application des rigoureuses mesures qu'il avait prescrites. Après 1838, il n'y eut plus d'échange d'enfants.

§ III. — La question des Tours. — Fermetures successives. — Le Tour et le Conseil général.

Bien que le tour fût institué légalement, le dépôt d'un enfant dans le tour n'en était pas moins considéré comme un délit. Les instructions ministérielles le rappelèrent à diverses reprises. Dès l'année 1815, la commission hospitalière de Saint-Omer fait insérer à ce sujet un avis dans le journal de la localité.

Le tour, même à l'origine, parut donc toujours un pis-aller, un mal nécessaire, toléré pour combler les vides que d'incessantes guerres avaient faits dans la population. Mais les abus auquel il ne tarda pas à donner lieu, les conséquences déplorables qu'il entraîna à tant de points de vue : encouragement au vice, à l'immoralité et à l'abandon, population des enfants trouvés doublée dans une période de vingt ans et, par suite, augmentation énorme dans le chiffre des dépenses, enfin et surtout, mortalité considérable des enfants qu'on y déposait, devaient fatalement provoquer contre l'institution un mouvement irrésistible et amener peu à peu sa suppression.

Le tour, cette bouche constamment béante où chaque année l'on engouffrait tant de petites victimes; le tour, aveugle, muet et sourd, comme il a été qualifié, avait surtout deux immenses inconvénients : il brisait le lien de la maternité; il portait dans la société la plus funeste perturbation qui puisse y être jetée en enlevant à l'enfant le droit et la place qu'il devait avoir, en lui ravissant son état-civil et ses droits de famille, c'est-à-dire tout ce qui tient le plus au cœur de l'homme [1]. Ces inconvénients furent éloquemment dénoncés par la

---

(1) Un homme de ferme bon sens, et dont le nom fait toujours autorité en matière d'assistance, a condamné il y a plus de cinquante ans le tour dans des termes qu'on peut encore rappeler aujourd'hui :

« L'administration publique ne peut, ne doit point admettre les enfants sans condition et sans limites ; elle ne doit ni favoriser, ni même tolérer, en ce qui dépend d'elle, le mystère absolu dans le dépôt des enfants délaissés ; elle doit, au contraire, exercer sur l'origine des enfants toutes les investigations qui dépendent d'elles, toutefois avec une discrétion convenable. Cette règle, c'est l'application du principe fondamental qui préside au système entier des secours publics, comme à l'action de la charité privée, à savoir que l'assistance doit toujours être éclairée; qu'elle ne doit être accordée qu'avec discernement; en un mot que nul n'est admis à invoquer le secours, s'il ne justifie du besoin qu'il en a.

« Cette vérité emporte avec elle la condamnation des tours ; car les tours sont pour les enfants ce que l'aumône donnée aux mendiants est pour les valides; c'est un secours donné les yeux fermés ; c'est l'exercice d'une bien-

grande commission d'enquête de 1849, dont la majorité se prononça pour la suppression des tours.

L'institution, néanmoins, garda ses partisans convaincus et aujourd'hui encore des hommes les mieux intentionnés du monde demandent le rétablissement des tours qu'ils considèrent comme nécessaires pour assurer et sauvegarder le secret des familles, et dont la suppression, disent-ils, augmente les infanticides et les avortements. Tels sont bien, en effet, les principaux arguments invoqués à l'appui de leur thèse.

Cette grave question étant toujours d'actualité, nous ne pouvons pas ne pas en dire deux mots, mais sans avoir la prétention de la traiter à fond et avec les développements qu'elle comporte dans une simple étude d'un caractère avant tout rétrospectif.

Qu'il nous soit permis seulement de constater que, dans l'effectif des pupilles de l'assistance, le nombre des enfants exposés ou trouvés, c'est-à-dire de ceux dont on cherche à cacher la naissance et l'abandon, est aujourd'hui des plus minimes et ne constitue qu'une rare exception en France. A Paris, sur 3.621 enfants recueillis en 1890 par l'Assistance publique, il n'était que de 32. Dans les départements il est moindre encore. Sur un effectif de près de 1.200 pupilles, le service du Pas-de-Calais ne compte que 3 enfants trouvés.

Pour un nombre si restreint d'enfants, faut-il rétablir les tours et favoriser l'abandon de tant d'autres enfants par des parents dénaturés, incités à cet abandon par sa facilité même; faut-il vulgariser dans le peuple l'opinion déjà trop accréditée que l'Etat est une sorte de père universel qui doit, à un moment donné, dispenser de tout effort et de toute prévoyance ?

Le bureau d'abandon ne suffit-il pas ? C'est l'opinion du ministère de l'Intérieur dans le projet déposé par lui en 1892 sur le service

---

faisance apparente, mais de la bienfaisance la plus dangereuse parce qu'elle se prodigue à l'inconnu. Qu'est-ce qu'un tour ? C'est l'avis donné au public, une affiche apposée dans la rue et portant : *quiconque veut se débarrasser du soin d'élever son enfant pour en donner la charge à la société est invité à le déposer ici et sera dispensé de toute justification*. Il importe au contraire qu'on dise au public : *Toute personne qui est réellement hors d'état d'élever son enfant peut entrer ici, justifier de la nécessité où elle se trouve en se confiant dans l'équité et dans la discrétion de l'administration hospitalière*. C'est le bureau d'admission. » (DE GERANDO, *de la Bienfaisance publique*, tome II, page 301).

des enfants assistés et dont nous ne saurions mieux faire que de reproduire ici les termes :

« Assurément le tour, si l'on suppose, ce que l'évènement a démenti, qu'il puisse fonctionner sans aucune ingérence policière, garantit le secret : c'est sa raison d'être ; c'est son avantage. Il offre, par contre, des inconvénients graves. Sans insister sur ce qu'il ne rejette rien, confondant en une même absorption les vivants, les mourants et les morts, assurant l'impunité du crime, méritant le nom dont il a été flétri de « boîte aux infanticides, » nous résumerons d'un mot notre principal grief contre lui : il est préventif du secours temporaire. Aujourd'hui l'effectif des services départementaux comprend 40.960 enfants secourus; 40.960 enfants ont été gardés par leur mère, à la suite des instances de l'Administration, et grâce au secours temporaire. Qui peut affirmer que ces enfants n'eussent pas été livrés au tour, si le tour eût existé ? Et qui peut soutenir que ce n'est pas un bien pour ces enfants d'avoir été gardés par leur mère, au lieu d'être jetés dans le tour ?

« N'est-il pas possible à la fois de garantir le secret de la mère et de conserver à l'enfant le bienfait éventuel du secours ? »

L'admission à bureau ouvert, telle qu'elle fonctionne actuellement à Paris, c'est-à-dire l'admission sans témoins, sans formalités, sans production obligatoire du bulletin de naissance, sans enquête ultérieure, avec le secret professionnel imposé, satisfait à cette double exigence. C'est le tour sans le nom, le tour avec ses avantages, sans ses dangers et ses immenses inconvénients.

Ce système généralisé par toute la France et complété par l'organisation d'un service d'assistance maternelle gratuite pour les femmes enceintes dénuées de ressources, comportant, suivant les circonstances, des secours à domicile, ou l'hospitalisation dans des maternités départementales, des asiles-ouvroirs ou des maternités secrètes, nous paraît répondre à tous les desiderata des partisans du rétablissement des tours [1].

---

[1] Sous le titre : « Protection de la mère et de l'enfant nouveau-né » un important projet de loi vient d'être déposé à ce sujet par M. Constant Dulau, député des Landes. Il y a quelques années encore procureur de la République à Béthune, dans notre département, l'honorable député, tout d'abord partisan du rétablissement des tours, s'est rallié au système d'admission à bureau ouvert, tel qu'il a été présenté par le Gouvernement en 1892. Il a adopté également, en les introduisant sous forme d'articles dans son projet de loi, les conclusions du remarquable rapport adressé au Conseil supérieur de l'Assistance publique par M. l'inspecteur général Drouineau sur l'assistance maternelle.

Nous avons dit plus haut que les tours avaient été successivement supprimés à Boulogne et à Montreuil en même temps que les hospices dépositaires, qu'ils n'avaient jamais été ouverts à Béthune ni à Saint-Pol, et qu'à Arras et à Saint-Omer ils furent définitivement fermés en 1846.

La commission hospitalière de Saint-Omer réclama, non sans raison, au sujet de l'augmentation considérable du nombre d'enfants abandonnés et par suite des charges que lui valut la suppression des dépôts et des tours de Boulogne et de Montreuil [1]. A plusieurs reprises elle demanda leur réouverture ; mais ses doléances devaient rester sans résultats. Il en fut de même des protestations de la commission hospitalière d'Arras contre le non-fonctionnement du tour à Béthune et à Saint-Pol.

Pour compléter cet historique, nous ajouterons que la question des Tours fut plusieurs fois l'objet des délibérations du conseil général.

En 1835, à l'occasion de la publication d'un mémoire de M. de Bondy, préfet de l'Yonne, sur la *nécessité de réviser la législation concernant les enfants trouvés et abandonnés*, l'assemblée nomma, sur l'invitation du ministre de l'Intérieur, une commission spéciale chargée d'examiner ce travail et de présenter des conclusions. L'institution du tour eut ses adversaires et ses partisans au sein de la commission. Les premiers furent d'avis que le meilleur moyen de diminuer le nombre des enfants trouvés consistait *à supprimer graduellement les tours,* qui favorisaient les abandons des enfants légitimes et dont les abus étaient manifestes. Les seconds répondirent en s'appuyant sur la statistique que le nombre des enfants naturels n'est pas plus considérable dans les communes où des tours sont établis que dans celles où il n'en existe pas, et que l'administration devait s'efforcer de réduire le nombre des enfants trouvés, non en supprimant les tours, *mais en arrêtant la véritable source du mal,* lequel doit principalement *être attribué au défaut de surveillance efficace contre les fraudes et l'habitude croissante*

---

[1] L'effectif des enfants de l'hospice de Saint-Omer fut presque doublé en six mois ; de 271 au 1ᵉʳ janvier 1838, il s'élevait au 1ᵉʳ juillet suivant à 513. Lors de la suppression des hospices dépositaires de Béthune et de Saint-Pol, l'augmentation d'effectif qui en résulta pour l'hospice dépositaire d'Arras parut moins sensible pour cette raison que, les tours n'ayant jamais fonctionné à Béthune et à Saint-Pol, la plupart des enfants abandonnés provenant de ces arrondissements étaient depuis longtemps déjà portés au tour d'Arras.

des expositions simulées. En présence de cette divergence d'appréciations, la commission, tout en estimant qu'il n'y avait rien à changer à la législation existante, ne crut pas devoir présenter de conclusions spéciales sur la question de suppression des tours.

En 1842 le conseil général émit un vœu tendant à la suppression des tours d'Arras et de Saint-Omer, les seuls qui restaient dans le département, et à l'ouverture d'un tour unique « sur un point plus central et plus éloigné de la côte, ainsi que du département du Nord, qui font affluer sur Saint-Omer une masse d'enfants trouvés. » Ce vœu ne fut pas suivi d'effet, et lorsque, quelques années après, les tours furent supprimés à Arras et à Saint-Omer par un arrêté préfectoral de la fin de décembre 1845, ils ne furent pas remplacés.

Dans tous les autres départements ils disparaissaient également peu à peu et, lors de la grande enquête de 1860, il n'en restait plus dans la France entière que 25 plus ou moins surveillés, qui furent fermés depuis.

Comme on le verra dans notre troisième partie, lorsqu'en 1878 les conseils généraux furent appelés à se prononcer sur la proposition Bérenger, tendant au rétablissement des tours avec restitution aux hospices du service des enfants assistés, sept départements seulement se montrèrent entièrement favorables, et le Pas-de-Calais fut du nombre. Les vœux qu'ils émirent devaient d'ailleurs rester purement platoniques.

CHAPITRE II

SITUATION ET ORGANISATION DU SERVICE

§ Ier. — Admission des enfants.

Dans quelle forme et par quels agents était-il pourvu à l'admission des enfants dans les hospices dépositaires ? Le service du tour fut d'abord, semble-t-il, confié à des religieuses ou à des employés dont la surveillance devait s'exercer le jour et la nuit. Cette surveillance était parfois en défaut et une délibération de la commission hospitalière d'Arras du 30 juillet 1823 nous apprend que « la sœur B... fermant le tour « pendant la nuit, il est arrivé que deux enfants ont été exposés « dans la rue. La sœur fut remerciée et remplacée par le préposé « aux enfants trouvés, directeur de la crèche. »

Plus tard, lorsqu'on commença à fermer les tours, le service des admissions fut l'objet d'une règlementation sérieuse et les enfants furent généralement reçus à l'hospice dépositaire par un bureau d'admission, composé de plusieurs membres parmi lesquels siégeaient, suivant les localités, les administrateurs de l'établissement dépositaire et du bureau de bienfaisance, l'inspecteur départemental, le préposé du service, un ecclésiastique, la supérieure de la maison ou une religieuse déléguée par elle.

Après l'enquête de 1860, le mode du bureau d'admission finit par tomber lui-même en désuétude. Le préfet se réserva de statuer personnellement et sans intermédiaire. Une instruction administrative confiée aux soins de l'inspecteur, des maires et des officiers de police, précède dans tous les cas sa décision. — Ce système, encore actuellement en vigueur, présente plusieurs avantages. L'administration n'est plus réduite à régulariser souvent, comme autrefois, des admissions qui étaient l'œuvre d'agents subalternes et qui, une fois autorisées à titre provisoire, devenaient presque forcément définitives. En outre, la présentation des enfants à l'hospice n'étant plus indispensable, on leur épargne ainsi un déplacement inutile et l'administration réussit assez souvent, par ses exhortations et ses offres de secours, à prévenir les abandons.

Mais ce mode d'admission, possible aujourd'hui, ne l'aurait guère été à l'époque où les tours existaient, où florissait l'industrie des intermédiaires salariés, sages-femmes, accoucheurs et autres individus qui faisaient métier d'exposer et abandonner les enfants. Les abus, longtemps impunis, devinrent tels que l'administration dut intervenir.

Dans une circulaire en date du 16 septembre 1842, le préfet du Pas-de-Calais, M. Desmousseaux de Givré, les dénonça aux maires du département, en les invitant à porter particulièrement leur surveillance sur les établissements « où des sages-femmes, des accoucheurs, auraient coutume de recevoir des femmes grosses, ainsi que sur les maisons désignées dans l'art. 4, titre 3, de la loi du 20 septembre 1802. »

« Il faudrait aussi, disait-il, rechercher si des individus ne se livreraient pas habituellement à l'exposition des enfants, délit prévu par les articles 348 et suivants du code pénal. Il est quelquefois arrivé que des mères, après avoir fait exposer leurs enfants nouveau-nés, sont parvenues à se les faire confier par les hospices et ont ainsi touché les mois de nourrice et pension. Quant aux abandons, vous n'ignorez pas que des parents qui veulent se défaire d'un enfant prennent le parti de disparaître pour quelques jours de leur domicile et y reviennent aussitôt que l'administration leur a fait donner un asile; souvent même ils se mettent en relation avec la nourrice.....

« Ce n'est pas seulement sous le rapport de la morale publique, c'est encore sous celui de l'intérêt du département et des communes appelés à concourir à la dépense que nous devons porter notre attention la plus sévère sur ces actes et ces manœuvres coupables. Je vous prie donc de les rechercher et de me les signaler avec impartialité.....

« A l'avenir l'admission des enfants abandonnés n'aura lieu que sur la production rigoureuse des pièces suivantes : 1° l'acte de naissance de l'enfant ; 2° acte de notoriété du juge-de-paix constatant la disparition et l'absence des père et mère ; 3° dans le cas de détention, expédition des jugements correctionnels ou criminels qui le prive de l'assistance de ses parents, ou avis de M. le procureur du roi près le tribunal de l'arrondissement, indiquant la date du jugement, l'époque de la détention et sa durée ; 4° certificat de carence délivré par le percepteur et visé par le maire pour constater l'état de dénuement de l'enfant et de sa famille, notamment de ceux qui, à défaut de père et mère, lui devraient des aliments. »

En terminant le préfet prescrivait de faire dresser par arrondissement les listes des enfants abandonnés de chaque hospice dépositaire, en portant dans la colonne des observations les renseignements que l'on aurait pu recueillir relativement au domicile des parents et à leurs moyens d'existence.

Quelques mois plus tard, ces mesures étaient complétées par l'important arrêté du 9 décembre 1812, dont les dispositions principales nous paraissent devoir être reproduites :

« Nous, préfet du département du Pas-de-Calais . . . .

» Considérant que l'exposition des enfants par leurs parents est un acte improuvé par la loi ;

» Que les enfants délaissés aux tours sont soumis à une *mortalité double de celle que subissent les enfants élevés par leurs mères ;*

» Que l'administration, par un sentiment de morale et d'humanité comme dans l'intérêt financier du département, doit faire tout ce qui dépend d'elle pour déterminer les mères à nourrir leurs enfants et à ne pas les priver de leur nom et de leur état ;

» Qu'il est constant que des enfants provenant des départements limitrophes et même des royaumes de Belgique et d'Angleterre sont apportés aux tours des hospices d'Arras et de Saint-Omer ;

» Que jusqu'à ce jour les auteurs des expositions aux tours ou sur la voie publique n'ont été l'objet d'aucune recherche, et que ce défaut de surveillance a eu pour résultat de multiplier les abandons et de mettre à la charge du département et des communes un grand nombre d'enfants qui auraient pu être conservés et élevés dans leurs familles ;

» Qu'un des moyens d'obvier à l'avenir à l'abus des expositions frauduleuses est d'organiser un contrôle journalier et permanent des admissions des enfants trouvés.

» Arrêtons :

» Article 1er. — A partir du 1er janvier 1843, les enfants exposés dans les tours établis près des hospices ne seront reçus que provisoirement dans ces établissements; ils seront immédiatement placés en nourrice; mais leur admission définitive au rang des enfants trouvés n'aura lieu qu'en vertu de notre autorisation spéciale.

» Art. 2. — Il sera dressé pour chaque enfant exposé un bulletin de renseignements indiquant le numéro d'inscription au registre du tour, le jour et l'heure de l'exposition, le sexe de l'enfant, son âge apparent, les vêtures qui l'enveloppaient et le texte des écrits trouvés dans ses langes. Ce bulletin nous sera transmis dans les vingt-quatre heures du dépôt, à la diligence des commissions administratives des hospices dépositaires des enfants trouvés.

» Art. 3. — MM. les maires du département nous adresseront le 1er, le 11 et le 21 de chaque mois des extraits des actes de naissance de tous les enfants naturels qui auront été inscrits les jours précédents sur les registres de l'état-civil. Ces extraits indiqueront les prénoms de l'enfant, la date et l'heure de sa naissance, les noms, prénoms, profession, demeure de la mère et aussi du père, quand l'enfant aura été reconnu; ils feront connaître si l'enfant est né au domicile personnel de la mère ou chez un officier de santé ou une sage-femme. Dans ce dernier cas, le nom de la sage-femme ou de l'officier de santé sera indiqué.

» Art. 4. — Les bulletins et les extraits prescrits par les articles 2 et 3 seront transcrits sur un registre ouvert à cet effet dans nos bureaux. Sur la comparaison des renseignements fournis par ces documents, des recherches seront ordonnées pour découvrir les mères des enfants exposés et, en cas de succès, les enfants leur seront rendus.

» Art. 5. — Conformément à l'article 56 du code civil, les médecins ou sages-femmes qui reçoivent des femmes ou filles enceintes seront tenus de déclarer à l'officier de l'état-civil du lieu de leur domicile, dans le délai prescrit par l'article 55 du même code, la naissance des enfants nés chez eux et d'indiquer les circonstances que doit énoncer l'acte de naissance aux termes de l'article 57. Toute contravention à ces dispositions sera poursuivie selon les prescriptions de l'article 346 du code pénal.

» Art. 6. — La même obligation est imposée aux docteurs, officiers de santé ou autres personnes qui auront assisté à l'accouchement.

» Art. 7. — Les individus qui font métier ou habitude de transporter des enfants au tour seront recherchés et poursuivis devant les tribunaux conformément aux articles 23 du décret du 19 janvier 1811 et 362 du code pénal.

Ces mesures furent mises à exécution avec une rigueur excessive peut-être [1] et les résultats ne se firent pas attendre.

Le nombre des abandons et expositions s'abaissa bientôt dans des proportions considérables, en même temps que la moyenne de la mortalité.

Pendant les trois années qui précédèrent l'application de l'arrêté du 9 décembre 1842, l'effectif des enfants abandonnés et les chiffres des décès avaient été les suivants :

Années	Effectif	Décès	Décès par 1000 enfants
1840	1588	151	95.08
1841	1582	169	106.80
1842	1302	203	155.09

Voici les chiffres correspondants pendant les trois années qui suivirent :

Années	Effectif	Décès	Décès par 1000 enfants
1843	1048	78	74.04
1844	807	47	58.02
1845	842	35	41.05

Le but que poursuivait l'administration était atteint. Après la fermeture des tours d'Arras et de Saint-Omer, les derniers du département qui, comme on le sait, restèrent ouverts jusqu'en 1846, les résultats furent plus concluants encore. Pour l'année 1848,

---

(1) Quelques années plus tard, M. Wartelle, conseiller général d'un des cantons d'Arras et rapporteur du service des enfants trouvés, les appréciait en ces termes :

« Je puis vous affirmer de source certaine que pour l'arrondissement d'Arras la mesure de la remise des enfants a été exécutée avec une excessive rigueur ; pas une exception, quelque motivée qu'elle fût, n'a été admise ; des hommes et des femmes veufs qui subvenaient par leur travail à l'entretien de deux ou trois enfants en avaient abandonné un ou deux en bas-âge qui demandaient des soins continuels et ne leur permettaient pas d'aller gagner au dehors la vie commune. Ils suppliaient que l'on en gardât un ; des âmes charitables dont le cœur saignait à la vue de tant de misères adressaient les sollicitations les plus pressantes à l'administration supérieure ; le préfet était inexorable ; toutes les demandes étaient impitoyablement repoussées et ces malheureux mouraient de faim dans un galetas ou se mettaient à mendier tous ensemble. Les recommandations réitérées de la commission des hospices n'avaient pas plus d'accueil. Je me rappelle une petite fille de 4 ans appartenant à une fille publique, pour laquelle ladite commission a particulièrement insisté ; le préfet a été sourd ; cette enfant est venue mourir à l'hôpital quelques mois après d'une maladie vénérienne qu'elle avait gagnée sur le lit de sa mère et ce n'était pas sa mère qui la lui avait communiquée » (Conseil général, extrait du procès-verbal de la séance du 30 novembre 1848).

l'effectif total des enfants abandonnés tomba à 708 et le chiffre des décès à 17, soit une moyenne de 2.40 pour cent. Dans un rapport spécial sur le service des enfants assistés adressé au ministre de l'Intérieur pour l'année 1859, le préfet constate que, dans une période de dix ans postérieure à la fermeture des tours (de 1849 à 1859), il n'y a eu que deux abandons sur la voie publique et que, d'autre part, le nombre des infanticides n'a pas augmenté dans le département, malgré l'accroissement considérable de la population. Cinq poursuites ont été exercées en 1858 et quatre en 1859 pour des crimes de cette nature qui, fait remarquer ce fonctionnaire, peuvent échapper moins facilement à la vigilance de l'autorité judiciaire depuis la création de commissariats de police et de brigades de gendarmerie dans les cantons ruraux.

§ II. — Les immatriculations.

Les enfants, dès que leur admission à l'hospice était prononcée, recevaient un numéro matricule. Suivant les instructions ministérielles, ils étaient inscrits sur des registres qui devaient contenir tous les détails possibles sur leur existence depuis l'admission jusqu'à l'accomplissement de leur douzième année. L'état de leur santé, leur situation chez les nourriciers, leur conduite, leur intelligence, le degré de leur instruction, tous les faits en un mot qui les intéressaient, toutes les dépenses auxquelles ils donnaient lieu, y faisaient l'objet d'une mention spéciale. Ces registres existent encore aujourd'hui.

Au moment où il était procédé à l'inscription de l'enfant trouvé sur les livres matricules, on lui passait au cou un collier rivé supportant une médaille qui reproduisait le numéro du registre. Ce collier, qui ne devait pas être enlevé avant la septième année, avait pour but d'assurer l'identité de l'enfant et d'empêcher toute tentative de substitution. On a expérimenté aussi le système des boucles d'oreilles. Mais, depuis que la fermeture des tours a réduit considérablement le nombre des enfants trouvés proprement dits, qui ne figurent plus actuellement dans le service qu'à titre d'exception, l'usage des colliers et boucles d'oreilles a disparu dans le Pas-de-Calais.

D'autre part les administrateurs des hospices dépositaires étaient tenus de faire porter les enfants trouvés au bureau de l'état-civil et de les y faire enregistrer en leur donnant un nom « emprunté soit à l'histoire des temps passés, soit aux circonstances particulières à l'enfant, comme sa conformation, ses traits, son teint, le pays, le lieu, l'heure où il a été trouvé. Il faut éviter, disent les instructions ministérielles du 30 juin 1812, toute dénomination indécente, ridicule ou propre à rappeler en toute occasion que celui à qui on la donne est un enfant trouvé. »

Le besoin de ces instructions se faisait vraiment sentir, si l'on en juge par les noms plus que bizarres donnés à un certain nombre d'enfants exposés au tour d'Arras dans les premiers mois de 1812, et que nous avons relevés sur les registres matricules [1].

Parfois on trouvait sur les pauvres enfants abandonnés des billets ou lettres donnant des indications à l'aide desquelles les parents espéraient pouvoir les reconnaître un jour [2].

§ III. — Séjour à l'hospice. — Mise en nourrice.

L'article 7 du décret du 19 janvier 1811 prescrit que les enfants trouvés nouveau-nés *seront mis en nourrice aussitôt que faire se pourra*. Jusque-là ils seront nourris au biberon ou même au moyen de nourrices résidant dans l'établissement. S'ils sont sevrés ou

---

[1] Voici quelques-uns de ces noms : Impératoire Brigitte, Jujubier Amédée, Chanvre Mathilde, Aviculaire Modeste, Egapode Erasme, Persicaire Charles, Alzedarac Constantin, Abutilon Ludger, Adragant Macaire, Uvaria Eutrope, Triacanthos Euphémie, Nabir (et anagrammes de Nabir : Irban, Bruni, Nabri, Biran), Oncard (et anagrammes : Nocard, Racond, Coran, Naroc, Ronac), Marus (et anagrammes : Suram, Ramus, Musar, Ursam), Leboz (et anagrammes : Bloez, Zeblo, Zebol), etc.

[2] Voici, à titre de curiosité, quelques-uns de ces billets trouvés sur des enfants déposés dans le tour de Saint-Omer :
An 1812. Le 9 novembre à 6 heures du soir. — Enf. sexe féminin. — On prie que la porteuse soit appellé Létoil, étante arrivée en ce monde ce jourd'hui assistée de la lumière des étoiles.
An 1813. — Le 8 avril à 7 heures du soir. — Cet enfant est née le jour d'hier, elle se nomme Adel, on prie Madame la supérieure, toujours protectrice des infortunés, de la placer à la campagne et, s'il est possible, chez la femme Bland à Blandec connue pour bonne nourrice ou les parents feront leur possible pour lui faire quelques gratifications.
Fait à Aire le 6 avril 1813. (Il faut la baptiser).
An 1816. — 2 juin à 10 heures du soir, sexe féminin, 1 jour. — Des circonstances impérieuses forcent, avec le plus profond chagrin, une mère à se séparer de son enfant, mais c'est entre les mains de personnes sensibles, généreuses et professant toutes les vertus possibles, qu'elle confie ce dépôt sacré ; c'est sous l'égide de la sagesse qu'elle le place et c'est enfin dans le temple de l'humanité où cette innocente créature recevra non le premier

susceptibles de l'être, ils seront également mis en nourrice ou en sevrage. Les enfants admis à l'hospice ne doivent donc y séjourner que le temps strictement nécessaire et être confiés aussitôt que possible à des femmes de la campagne, moyennant un prix de pension déterminé. La question du choix de la nourrice est d'une grande importance pour l'avenir de l'enfant, dont la situation n'est pas celle d'un nourrisson ordinaire qu'on rend aux parents après le sevrage. Le pupille hospitalier doit, en effet, être élevé, lui, dans la maison où il a été placé; il s'agit de lui constituer une seconde famille pour remplacer celle qu'il a perdue. L'administration a donc le devoir de veiller avec soin au recrutement des nourriciers et de ne choisir que ceux qui présentent les meilleures garanties.

Cette question était, dès 1823, l'objet des préoccupations du conseil général, si nous en jugeons par le passage suivant du compte-rendu de la séance du 14 juin :

« Les nourrices qui dans les villes reçoivent les layettes peuvent en abuser au profit de leurs enfants; les soins qu'elles prennent de ceux qui sont déposés chez elles ayant besoin d'une surveillance active de la part des autorités locales, ne pourrait-on pas prier M. le préfet d'activer cette surveillance en la rappelant aux maires qui, par eux-mêmes ou un membre des bureaux de charité, pourraient vérifier la conduite et la moralité de ces nourrices et pourraient même en rendre compte à des époques fixées et par un mode spécial. »

---

baiser d'une mère, mais les premiers soins que réclame l'enfance. Dignes ministres de la bienfaisance, écoutez la prière d'une mère, accueillez non l'enfant du libertinage, mais celui du malheur. Soyez-lui favorables, la divinité qui vous inspire et qui préside à vos décisions vous en fait une douce loi, au nom de Dieu veillez sur son enfance, un temps plus heureux viendra où cette mère infortunée rentrera dans ses droits et vous prouvera toute la grandeur de sa reconnaissance.

Cet enfant est né le 1er juin 1816, à 11 heures du soir ; c'est une petite fille ; elle a été baptisée sous le nom de *Emma Almenaïde Julie*. Elle porte à son oreille gauche un petit anneau d'argent dont la mère conserve le pareil, et au bras gauche, un ruban blanc sur lequel est écrit Emma Almenaïde Julie née le 1er juin 1816 de J. V. et de c. a. s. i. g. p. r. d. — Le double de cet écrit reste entre les mains de sa mère.

An 1822. — 1er septembre à 9 h. du soir, sexe masculin — 8 à 10 mois. — Aire, le 30 août 1822. Abandonnés à l'hôpital des enfants de Sint-Omer un garson nommés Louis, âgés de 11 mois, batisés à Aire le 21 avril 1822 portant de sur lui une camisol brune et un bonet rouge dont j'ai l'espoire de retrouver un jour mon enfant par cette remarque. Je vous prie mes chers coeurs dans navoir soin. Je le mes entre les mains de Dieu et des votre, le pauvre petits es de grand apétis prené soin de lui je pri Dieu pour qui conserves vos jours est comble de bonheur sa norice. Adieu ma cher cœur le petit bois encore le sins.

Cette idée de surveillance locale ne fut, comme nous le verrons, organisée officiellement que beaucoup plus tard, lors de l'institution des comités de patronage, par l'arrêté préfectoral du 29 avril 1863.

Le recrutement des nourriciers présenta parfois des difficultés dont nous trouvons la preuve dans une délibération de la commission hospitalière d'Arras du 3 septembre 1847, une année après la suppression du tour ..... « Avec le prix de pension actuel, y est-il dit, et le prix du blé, il devient presque impossible de trouver des nourriciers convenables disposés à se charger des enfants. Ces difficultés n'existaient pas lorsque les tours étaient ouverts ; l'admission des enfants avait lieu presque généralement pour les nouveau-nés, et alors on trouvait facilement des nourriciers qui, en s'attachant à leurs élèves, les conservaient avec désintéressement jusqu'à l'âge de 12 ans et souvent au-delà ; tandis qu'aujourd'hui les abandons s'opèrent à l'égard des enfants âgés le plus souvent de 8 à 11 ans ; que ces enfants d'abord fort mal élevés, sont déjà vicieux et disposés au vagabondage et qu'il est bien difficile de trouver d'honnêtes familles qui consentent à en prendre soin. Il est encore plus difficile de replacer ceux signalés comme étant malsoignés par leurs nourrices, puisque ce défaut de soin n'a fait que développer chez ces enfants leurs mauvaises dispositions. Il résulte donc de ce triste état de choses que les communes rurales sont infestées d'une population composée en partie d'êtres paresseux, mendiants et même voleurs ; les archives des tribunaux correctionnels ne constatent que trop souvent ces déplorables résultats. »

L'admission dans le service des enfants moralement abandonnés par application de la loi du 24 juillet 1880 pourrait donc aujourd'hui plus que jamais justifier ces doléances et leur donner un regain d'actualité. Mais n'anticipons pas.

§ IV. — Instruction primaire.

Le premier acte administratif que l'on rencontre à ce sujet, après 1789, est le règlement du Directoire, du 30 ventôse an V, sur la manière dont les enfants abandonnés seraient élevés, et décidant (art. 4) que les nourrices seront tenues « d'envoyer les enfants aux écoles pour y participer à l'instruction donnée aux autres enfants de la commune ou du canton. »

Le décret du 10 janvier 1811, si complet à divers points de vue et dont le titre IV est pourtant consacré spécialement « à l'éducation des enfants trouvés, abandonnés et orphelins pauvres, » ne dit pas un mot de cette obligation. Une telle lacune peut paraître étrange au premier abord; elle ne saurait étonner ceux qui savent combien peu, au fond, l'Empire se souciait de développer l'instruction populaire. Le premier des Napoléons tenait en assez piètre estime ceux qu'on appellerait aujourd'hui des intellectuels. Il n'aimait guère les écrivains et les philosophes qu'il traitait d'idéologues et son despotisme jaloux s'accommodait mal de la liberté de penser et d'écrire. Mme de Staël et Châteaubriand envoyés en exil, les œuvres de Rousseau et de Voltaire proscrites sous son règne ne témoignent que trop de ses sentiments à cet égard. Pourvu que des enfants trouvés on pût faire des recrues pour combler les vides incessants de ses armées de terre ou les mettre à la disposition de son ministre de la marine [1], cela lui suffisait; leur instruction ne l'intéressait guère.

Si pendant les premières années de la Restauration l'instruction populaire n'était pas aussi complètement sacrifiée, on considérait néanmoins qu'il fallait la réduire à un strict minimum. Dans sa séance du 11 juin 1816, le conseil général du Pas-de-Calais exprimait le vœu qu'elle fût confiée aux frères de la Doctrine chrétienne, « de saints hommes aux cheveux gras, aux gras chapeaux, disait la
» délibération, qui n'ont aucune rétribution, qui instruisent les
» pauvres pour l'amour de Dieu, qui n'apprennent aux enfants qu'à
» louer Dieu, à aimer le roi, à lire, à écrire, à compter, ne formeront
» pas des sujets pour être généraux et académiciens. Mais quelle
» nécessité y a-t-il que le fils d'un paysan ou d'un artisan apprenne
» ce qu'il faut savoir pour être tout cela. Le peuple n'a besoin que
» de connaissances bornées; celles qui sont indispensables à sa
» profession sont les seules qui sont de mise pour lui. Le strict
» nécessaire en science est tout ce qu'il est bon de lui montrer; le
» reste est toujours superflu et souvent dangereux. Pour cela, il
» n'est pas besoin de recteurs, de professeurs, et des frères de la
» Doctrine chrétienne sont les seuls maîtres dont aient besoin les
» neuf dixièmes de la France. »

Quel chemin parcouru depuis cette époque lointaine! Nos consei-

---

[1] L'article 9 du décret de 1811 prescrivait qu'à l'âge de douze ans les enfants mâles en état de servir devaient être mis à la disposition du Ministre de la marine.

lers généraux de 1816, s'ils pouvaient revenir sur terre, ne seraient pas médiocrement surpris, j'imagine, de voir leurs successeurs d'aujourd'hui si diamétralement opposés à leurs idées et, loin de considérer l'instruction populaire comme un épouvantail, s'attacher autant à la développer qu'eux-mêmes autrefois mettaient d'ardeur à la restreindre.

Nous avons trouvé peu de documents relatifs à l'instruction des enfants abandonnés dans la première période du service. Une délibération de la commission hospitalière d'Arras en date du 31 octobre 1821 nous apprend que l'effectif des enfants vivant à l'hospice étant alors de 84, « le nombre des instituteurs sera réduit à trois : un directeur, un sous-directeur et un instituteur pour la lecture, l'écriture et l'arithmétique, de 6 à 8 heures du soir. »

Par décision de la commission du 14 octobre 1837, le traitement du sieur Izambart, instituteur à l'hospice des orphelins, est porté de 400 à 600 francs « attendu la bonne direction donnée à l'instruction des orphelins et que les progrès des élèves ont permis d'introduire, indépendamment de l'enseignement de la lecture, de l'écriture et du calcul, des notions de géographie, de dessin linéaire, de géométrie et d'arpentage. »

L'instruction donnée aux enfants placés à la campagne laissait fort à désirer, si nous en jugeons par une délibération du 19 octobre 1834 où la même commission, « considérant le peu de progrès que font dans les écoles les enfants trouvés par la faute des instituteurs qui ne voient en eux que les moyens de percevoir la rétribution accordée : 1° supprime la rétribution annuelle et décide qu'une indemnité proportionnelle aux progrès constatés des enfants sera seulement accordée aux instituteurs qui l'auront méritée. »

Plus tard, en vertu de la décision ministérielle du 17 mars 1843, les enfants trouvés eurent droit gratuitement à l'instruction primaire. Mais les fournitures scolaires ne leur étaient pas régulièrement délivrées. La circulaire du 12 février 1856 mit fin à cette situation, en décidant qu'elles seraient désormais livrées par les instituteurs moyennant un abonnement dont le taux fut d'abord de 50 centimes par mois pour les élèves de six à huit ans et de 75 centimes pour ceux plus âgés [1]. En outre, dans le Pas-de-Calais,

---

(1) L'indemnité fut augmentée plus tard. Elle est actuellement de 75 centimes par mois pour les élèves au-dessous de 9 ans, et de 1 franc pour ceux de 9 à 13 ans.

comme dans quelques rares départements, des primes spéciales d'encouragement étaient déjà accordées chaque année aux nourriciers qui envoyaient exactement les élèves à l'école. Le commissaire visiteur des enfants de l'hospice dépositaire d'Arras constate dans son rapport pour l'année 1855 [1] qu'elles produisirent les plus heureux résultats en contribuant à rendre la fréquentation beaucoup plus régulière que précédemment. Ces primes ont toujours été continuées jusqu'aujourd'hui.

Quelles que fussent leurs aptitudes, les enfants parvenus à leur douzième année quittaient l'école pour apprendre un métier manuel ou être placés en domesticité. Cette règle ne souffrait aucune exception. Dans son rapport de 1862, l'inspecteur constate qu'un élève de l'hospice de Saint-Omer, très-bien doué, a dû néanmoins cesser de fréquenter l'école et rentrer à l'hospice à douze ans et « malgré sa médaille d'honneur, ses sept prix et son aptitude, qui est telle qu'il reproduit le lendemain par écrit un discours assez long qu'il a entendu la veille, on en a fait un *mailleur*. »

On verra dans notre troisième partie qu'il n'en est plus de même aujourd'hui. Le pupille particulièrement bien doué est, grâce à la libéralité du conseil général, l'objet d'une pension exceptionnelle qui lui permet de continuer ses études même au-delà de la treizième année et de prétendre à une situation en rapport avec ses facultés.

§ V. — Service médical.

L'administration des hospices dépositaires devait pourvoir au service médical des enfants abandonnés placés sous leur tutelle. Pour les pupilles de l'hospice d'Arras, ce service était assuré déjà dès le commencement du siècle, même avant l'application du décret du 19 janvier 1811. Nous avons vu dans la première partie de ce travail qu'en 1806 la commission fixait le chiffre du traitement annuel d'un de ses médecins de la campagne, M. Poiteau, à Bienvillers-au-Bois.

Le 20 septembre 1817 elle accordait au même « une indemnité extraordinaire de 20 fr. pour soins donnés pendant six mois à une

---

[1] D'après ce document, sur 129 enfants, âgés de 6 à 14 ans, 119 ont fréquenté les écoles communales pendant une grande partie de l'année. Parmi eux, 37 savent épeler ; 7 savent lire ; 50 savent lire et écrire ; 25 ont en outre des notions de calcul.

nourrice atteinte de maladie vénérienne, ainsi que son fils, du fait d'un enfant trouvé mort de cette maladie. » En 1834 ce praticien était remplacé par son fils, chargé, moyennant un abonnement annuel de 3 fr. « par enfant malade ou bien portant, » de donner ses soins ainsi que les médicaments aux enfants placés dans sa circonscription.

Dans sa séance du 19 octobre 1834, la commission procédait à une organisation complète du service médical en établissant huit circonscriptions pour ses 734 enfants répartis dans 99 communes ou hameaux [1].

Nous n'avons pas trouvé trace de pareille organisation pour les enfants des autres hospices dépositaires du département.

Lorsque, par l'arrêté préfectoral du 29 mars 1856, un service médical gratuit fut institué en faveur des indigents, les enfants assistés furent admis à en bénéficier. Aux termes de l'art. 3, les médecins de bienfaisance furent tenus « d'exercer dans leurs circonscriptions respectives une surveillance morale et médicale » sur les enfants trouvés ou abandonnés et sur les orphelins pauvres, placés au compte du département chez des particuliers, de les vacciner et de leur donner, en cas de maladie, tous les soins nécessaires.

Ces dispositions furent confirmés par l'arrêté réglementaire du 30 novembre 1861 dont le chapitre VIII est tout entier consacré au service médical des enfants assistés, et plus tard par le règlement du 17 décembre 1894, établi par le conseil général pour assurer dans le département l'exécution de la loi du 15 juillet 1893 sur l'assistance médicale gratuite. Nous aurons l'occasion d'y revenir dans la troisième partie de ce travail. Dans le Pas-de-Calais, le département subvenait aux frais funéraires de ceux des enfants qui décédaient chez des nourriciers. Il n'en était pas ainsi partout et l'enquête de 1860 établit, qu'à cette époque, dans la moitié des départements les nourriciers avaient à supporter cette charge.

(1. Les médecins désignés pour desservir ces circonscriptions étaient alors :
MM. Bident, à Monchy-au-Bois (11 communes 214 enfants.)
Poiteau, à Bienvillers (5 — 71 — .)
François, à Rivière (7 — 57 — .)
Bidart, à Pas-en-Artois (13 — 143 — .)
Averlan, à Duisans (16 — 95 — .)
Derville, à Mont-St-Eloy 17 — 51 — .)
Lequette, à Gavrelle (15 — 47 — .)
Dhamelincourt, à Boyelles (15 — 56 — .)
La somme totale des émoluments payés à ces huit médecins par l'administration hospitalière s'élevait alors annuellement à 1.850 francs.

§ VI. — Inspection et surveillance. — Règlement de 1861.

La première idée de l'inspection des enfants assistés appartient au législateur de 1811. L'article 14 du décret du 19 janvier porte que « les commissions administratives des hospices feront visiter au moins deux fois par année chaque enfant, soit par un commissaire spécial, soit par des médecins ou chirurgiens vaccinateurs. »

D'après l'enquête de 1860, cette disposition resta presque partout inexécutée. Dans le Pas-de-Calais elle fut appliquée, dès 1823, à Saint-Omer, où M. Cuvelier, chirurgien vaccinateur, fut chargé par la commission des hospices « de faire la première revue » de tous les enfants trouvés et abandonnés placés en nourrice. Cette inspection faite avec soin montra qu'un certain nombre d'enfants étaient placés dans des conditions défectueuses et donna lieu à plusieurs déplacements. Le rapport de l'inspecteur fut communiqué tout d'abord à la directrice des enfants trouvés, afin que dorénavant elle prît « plus de renseignements sur les capacité et moralité des nourrices », et ensuite au préfet lui-même qui en témoigna sa satisfaction. L'année suivante, la commission invita M. Cuvelier à faire le plus tôt possible une deuxième revue et à visiter également « les enfants trouvés au-dessus de 12 ans, mis en apprentissage, soit en ville, soit à la campagne. »

Une délibération de la commission hospitalière d'Arras du 10 octobre 1834 nous apprend que « le sieur Deladérière Paul, âgé de 30 ans, est nommé commissaire visiteur des enfants trouvés et abandonnés en remplacement du sieur Bossu, qui ne peut remplir plus longtemps les fonctions qui lui ont été confiées. »

M. Deladérière était encore en exercice en 1858. Nous avons lu plusieurs de ses rapports, qui témoignent généralement d'un optimisme que ne semblait pas toujours partager la commission dont il était l'agent. « L'inspection, dit en effet, une délibération du 3 septembre 1847, n'est pas faite avec tous les soins désirables : 1° en ce sens que les rapports de l'inspecteur à la commission des hospices ne sont pas assez fréquents; 2° les tournées sont faites sans les précautions nécessaires pour surprendre à l'improviste les nourriciers les plus douteux; 3° l'inspecteur ne s'enquiert pas auprès des nourriciers s'ils conserveront leurs élèves à l'âge de 12 ans et n'indique pas les moyens de remplacement, en cas de nécessité de changement de nourrice; il ne s'occupe nullement si les enfants placés en apprentissage ou conservés par leurs nourriciers reçoivent les soins qui leur sont dûs. » La commission conclut en demandant que les revues de l'inspecteur soient plus efficaces et en exigeant de ce préposé qu'il remplisse plus complètement les devoirs que sa charge lui impose ou que le préfet lui adjoigne un ou plusieurs auxiliaires.

Le service d'inspection fut donc loin d'être tout d'abord ce qu'il est devenu depuis. Les commissaires spéciaux n'étaient que des agents des hospices relevant uniquement des commissions administratives et n'ayant à rendre compte qu'à ces assemblées du résultat de leurs tournées. Mais une notable partie des dépenses des enfants assistés ayant été mise à la charge des départements et de l'État, l'administration supérieure voyant grandir sa responsabilité en arriva, peu à peu, partout, à faire exercer le contrôle du service par des agents nommés par elle. Elle y fut encouragée par les circulaires ministérielles du 12 mars 1839 et surtout du 30 avril 1856. En vertu de cette dernière circulaire, les inspecteurs départementaux furent autorisés désormais à partager avec les commissions hospitalières les lourdes charges de la tutelle des enfants dont la loi du 15 pluviôse an XIII avait investi ces commissions, mais que seules elles ne pouvaient qu'imparfaitement remplir. Les attributions de l'inspecteur, le rôle qu'il doit exercer, sont éloquemment définis par les éminents rédacteurs de la commission générale d'enquête de 1860 [1] :

« Placé sous l'autorité immédiate du préfet, recevant de lui seul ses instructions, ce fonctionnaire est auprès des commissions administratives le représentant de l'autorité départementale. Le service des admissions et des placements lui est ordinairement confié. Une correspondance de tous les jours avec les maires, les curés, les instituteurs, les médecins, les comités de patronage; la tenue des registres d'inscription et de tutelle ; la rédaction des comptes-rendus annuels au conseil général et au ministre; des rapports incessants avec le public ; le contrôle et quelquefois la direction de la partie comptable du service ; telles sont, en abrégé, les occupations sédentaires de l'inspecteur. Mais là ne se bornent ni ses attributions, ni

---

[1] Cette commission était composée de : MM. de Watteville, Romand, Claveau et Bucquet, inspecteurs généraux des établissements de bienfaisance, et Durangel, chef des services administratifs au ministère de l'Intérieur.

ses devoirs. Des tournées presque continuelles peuvent seules mettre l'inspecteur départemental en rapport intime avec ses pupilles. Si ceux-ci appartiennent encore au premier âge, il faut visiter les nourrices, les surveiller, s'assurer qu'elles accordent à l'enfant tous les soins nécessaires. L'habitation est-elle salubre? L'enfant vacciné? Ne détourne-t-on pas de leur destination les layettes de l'hospice? Plus tard, l'enfant a-t-il de bons exemples sous les yeux? Suit-il régulièrement l'école? Ne l'applique-t-on pas à des travaux excessifs? S'occupe-t-on de lui préparer un état? de rechercher ses aptitudes? En un mot le placement offre-t-il des garanties sérieuses ou faut-il recourir à d'autres nourriciers? Autant de points que doit scruter personnellement, sur les lieux mêmes, l'inspecteur départemental.

» A mesure que les enfants avancent en âge, sa responsabilité s'accroît. A lui de préparer, de passer les contrats d'apprentissage, d'en surveiller l'exécution, d'ordonner les rentrées à l'hospice, d'en faire sortir, au contraire, les jeunes gens que n'y retiendrait pas une raison majeure; d'instruire les réclamations des familles; d'assurer, en matière de recrutement militaire, l'inscription des élèves des hospices sur les tableaux de recensement de la commune où ils résident; de concerter, avec les commissions administratives, toutes les questions litigieuses qui exigent l'intervention du tuteur légal, etc., etc. Sa mission ne cesse qu'au jour de la majorité ou de l'émancipation du pupille. Et lorsqu'on songe que l'action tutélaire de l'inspection s'étend quelquefois sur 5.000 mineurs qui tous doivent recevoir, une fois au moins chaque année, sa visite; qu'à tout instant une circonstance extraordinaire peut l'appeler sur tel ou tel point du département; que les nourriciers et les patrons, résidant rarement au chef lieu de la commune, se trouvent disséminés dans une multitude de petits hameaux très distants les uns des autres, où souvent on ne peut parvenir qu'à pied. ... on doit reconnaître tout ce qu'il faut de zèle, de dévouement, d'activité, pour satisfaire à des obligations si diverses, si pénibles, quelquefois si délicates.....

» L'inspection départementale est la clef de voûte de tout le service. »

La citation est un peu longue; mais elle caractérise d'une manière saisissante les obligations multiples de l'inspecteur départemental, l'importance du rôle qu'il était appelé désormais à exercer. Lorsque, quelques années après, affranchissant définitivement les hospices de toute participation aux dépenses des enfants assistés et transférant cette charge aux budgets des départements et de l'État, la loi du 5 mai 1869 décida que les frais d'inspection et de surveillance seraient supportés par l'État dont, par suite, l'inspecteur devint un fonctionnaire, lorsque, plus tard, ce dernier fut chargé du service de la Protection des enfants du premier âge institué par la loi du 23 décembre 1874, lorsque surtout la loi du 24 juillet 1889 lui confia, à lui seul, la tutelle des enfants moralement abandonnés, ses attributions et sa responsabilité, déjà si lourdes, s'en trouvèrent, on le verra, véritablement doublées. Nous aurons l'occasion de revenir sur ce sujet dans la troisième partie de ce travail.

D'après l'enquête de 1860, l'inspection départementale aurait été créée dans le Pas-de-Calais en 1842. Le renseignement est inexact, ainsi que nos recherches dans les archives administratives nous ont permis de nous en convaincre. Ce n'est que bien plus tard que, par arrêté de M. le préfet de Tanlay, en date du 10 janvier 1859, M. Chatelain, professeur au collège d'Arras, fut, le premier, nommé inspecteur du service des enfants assistés pour tout le département, remplaçant les deux agents des hospices d'Arras et de Saint-Omer, MM. Deladérière et Dewismes, dont les emplois furent supprimés. Quelques années après, un arrêté du 31 octobre 1864 chargea, en outre, M. Chatelain de l'inspection des hospices, des bureaux de bienfaisance et de tous les établissements charitables sous le rapport de l'administration et de la comptabilité.

La création de l'inspection départementale, qui marque une date importante dans l'histoire des enfants assistés du Pas-de-Calais, fut suivie quelques années après de la publication de l'arrêté règlementaire du 30 novembre 1861, rédigé, comme dans la plupart des départements, d'après le règlement-modèle de l'enquête générale de 1860 et où sont réunies dans un seul document, après avoir été complétées, les diverses dispositions applicables au service que contiennent l'arrêté du 30 ventôse an V, la loi du 15 pluviôse an XIII et le décret du 19 janvier 1811. Ces deux faits devaient produire les conséquences les plus favorables. Soumis à des règles précises et clairement formulées, dirigé par un homme consciencieux et absolument dévoué à ses devoirs professionnels, le service fonctionna désormais avec une parfaite régularité. Depuis la création de l'inspection, les enfants, mieux placés, reçurent de meilleurs soins et furent l'objet d'une surveillance plus grande; leur instruction fut plus développée; malades, ils obtinrent une assistance immédiate; le nombre des abandons s'est réduit notablement; les élèves de 12 à 21 ans, qui échappaient jadis à toute surveillance, furent désormais visités, protégés et suivis jusqu'à leur majorité ou leur émancipation; l'inspection a permis de centraliser toutes les indications utiles; elle a mis sur la trace d'améliorations importantes et, substituant à des efforts lents ou mal combinés un esprit d'ensemble et une direction unique, elle a triomphé de beaucoup d'abus et réalisé des progrès inespérés.

M. Chatelain exerça ses fonctions jusqu'en 1883, et lorsqu'il fut admis à la retraite, après vingt-quatre ans de bons et loyaux services, il fut nommé inspecteur honoraire et se retira en emportant l'estime générale. Nous sommes heureux de rendre ici ce témoignage à la mémoire de notre vénéré prédécesseur.

§ VII. — Placement des enfants à leur douzième année.

Les pensions payées pour les enfants admis à l'hospice devant cesser à la douzième année, il fallait, à partir de cet âge, pourvoir à leur avenir. Le décret du 30 ventôse an V prescrivait que deux indemnités de 50 francs seraient accordées, l'une, à titre de récompense aux nourriciers qui auraient conservé les enfants depuis leur première année « en les préservant d'accidents provenant du défaut de soins, » l'autre destinée à favoriser le placement des pupilles « chez des cultivateurs, artistes ou manufacturiers, » où ils devaient rester jusqu'à leur majorité pour y apprendre un métier ou profession conforme à leurs goûts et à leurs facultés.

Ces sages prescriptions furent modifiées profondément par le décret du 19 janvier 1811 mettant entièrement les enfants à la disposition de l'État, et principalement du ministre de la marine. Ce n'est que si l'État n'en a pas autrement disposé, dit l'article 17, qu'ils pourront être placés en apprentissage ; et dans ce cas les contrats, dit l'article 18, ne stipuleront aucune somme en faveur ni du maître ni de l'apprenti ; mais ils garantiront au maître les *services gratuits* de l'apprenti jusqu'à un âge qui ne pourra excéder *25 ans* et à l'apprenti la nourriture, l'entretien et le logement.

Est-il besoin de dire combien de telles mesures lésaient les intérêts des pupilles ? Mais on avait alors bien d'autres soucis. Continuellement en guerre avec toutes les puissances de l'Europe, l'Empire faisait chaque année une effroyable consommation d'hommes ; les hommes ne suffisant pas, comme le minotaure antique il dévorait les enfants.

Il se peut que les dispositions draconiennes du décret de 1811 n'aient pas reçu partout leur application. Dans le Pas-de-Calais, département maritime, l'État usa du droit de mainmise sur les enfants trouvés qu'il s'était donné. Le 25 octobre 1811, le commissaire de la marine de Boulogne écrivait à son collègue de Calais :

« Mon cher commissaire, le contre-amiral Baste vient d'inviter le préfet maritime à lui procurer sept mousses pour le 12° équipage de flottille. Je lui ai répondu que j'avais épuisé les ressources de Boulogne pour les autres équipages..... Il m'a chargé de vous prier de tirer ces sept enfants de l'hospice de Calais..... »

Et le commissaire de Calais s'empressait, bien entendu, de répondre au désir du contre-amiral Baste en désignant les sept enfants exigés.

Le ministère de la Guerre, de son côté, demandait à son collègue de l'Intérieur, qui ne les lui refusait pas, les jeunes gens dont il avait besoin pour former le corps des pupilles de la garde impériale. Le Pas-de-Calais comptait 54 pupilles au-dessus de 15 ans et n'ayant pas subi la conscription. 50 furent examinés ; on en prit 26 choisis sur place par M. le général-préfet [1] lui-même qui s'y connaissait. On ignore ce qu'ils sont devenus. Il est vrai qu'en les recueillant l'État pouvait dire qu'il les avait sauvés d'une mort certaine, et qu'en les prenant ensuite pour ses armées, il leur laissait encore quelques chances de vivre [2].

Lorsqu'après la chute de l'Empire le pays rentra dans le calme, le corps des pupilles de la garde fut dissous [3]. Il ne fut plus question d'appliquer les dispositions du décret de 1811 et on en revint à ces principes plus humains du règlement de ventôse :

1° A la cessation de la pension, les élèves seront maintenus autant que possible à la campagne, et ils ne pourront être ramenés

---

(1) M. le baron de la Chaise.

(2) Il résulte d'une délibération de la commission des hospices d'Arras que même avant le décret de 1811 des enfants avaient été enrôlés dans l'armée. C'est ainsi que, le 30 juin 1810, le colonel du 46° régiment de ligne en garnison à Arras demande que des enfants abandonnés lui soient remis pour être enrôlés comme fifres, tambours et musiciens. 17 élèves de bonne volonté se présentèrent et furent autorisés à s'engager.

(3) D'après l'*Annuaire du Pas-de-Calais* pour l'année 1814, le nombre total des enfants trouvés et abandonnés dont le Gouvernement a disposé pour le service des armées a été de 113, tirés des hospices ci-après :
Arras, 51 ; Béthune, 1 ; Boulogne, 2 ; Calais, 6 ; Montreuil, 6 ; Aire, 16 ; Saint-Omer, 31.

dans les hospices qu'en cas de maladie ou d'infirmité ; 2° les commissions hospitalières feront des transactions particulières avec ceux qui se chargeront de ces enfants.

En principe le pupille devait donc à douze ans travailler assez pour gagner au moins son entretien [1]. Bien des enfants de cet âge étant encore trop faibles pour se suffire par eux-mêmes, le Pas-de-Calais, lors de l'enquête de 1860, demanda avec quelques autres départements que la pension fût prolongée d'un an pour les garçons. Il ne devait être donné satisfaction à ce vœu que beaucoup plus tard par la loi bienfaisante du 28 mars 1882, qui, en rendant l'instruction primaire obligatoire jusqu'à la treizième année, obligea par suite les départements à continuer la pension jusqu'à cet âge pour tous les enfants sans distinction de sexe.

Des premiers rapports de l'inspecteur départemental il résulte que l'administration internait autrefois un grand nombre de pupilles de 12 à 21 ans dans des orphelinats privés, ce qui était plus commode pour elle, mais moins avantageux pour les pupilles qui n'y réalisaient généralement pas d'économies. En 1860 sur un effectif de 445 pupilles, 230, soit plus de la moitié, étaient placés dans ces conditions. La situation est aujourd'hui complètement modifiée. Le placement individuel, avec traité déterminant sur le montant des gages annuels, la part des frais d'entretien et celle de la réserve pour la caisse d'épargne, est la règle universellement suivie. Ce n'est qu'à titre purement exceptionnel que quelques pupilles arriérés ou infirmes sont internés dans des établissements privés.

En 1869, comme aujourd'hui, les deux tiers environ des élèves de 12 à 21 ans étaient dirigés vers les travaux agricoles. Leur situation était généralement assez bonne, dit l'inspecteur. Il s'établissait fréquemment des rapports d'affection entre eux et leurs patrons, aux enfants desquels ils donnaient les noms de frères et de sœurs. — Quelques exemples touchants méritent d'être particulièrement mentionnés. Un pupille est exonéré par son patron du service militaire. Un autre reçoit en legs de son ancien nourricier la nue-propriété d'un immeuble d'une valeur de 8.000 francs. Un troisième épouse la fille unique de son patron, dont la fortune est estimée

---

[1] Il était cependant des cas particuliers où les commissions hospitalières continuaient de payer une pension même au-delà de la douzième année. C'est ainsi que nous avons trouvé dans les archives de Béthune un modèle de traité stipulant une pension jusqu'à la quinzième année de l'enfant.

80.000 fr. Arrivés à la douzième année, un certain nombre d'enfants étaient maintenus chez leurs nourriciers. Il n'y avait pas d'adoption dans le sens légal du mot. Mais, dans l'esprit des populations, l'engagement que les nourriciers prenaient était synonyme d'adoption. C'est l'expression qu'ils employaient et qu'ils emploient encore fréquemment aujourd'hui.

Tutelle.

« Les enfants admis dans les hospices, à quelque titre et sous quelque dénomination que ce soit, seront sous la tutelle des commissions administratives de ces maisons, lesquelles désigneront un de leurs membres pour exercer, le cas advenant, les fonctions de tuteur et les autres formeront le conseil de famille. La tutelle durera jusqu'à la majorité des enfants ou à leur émancipation par le mariage ou autrement. »

Ces dispositions de la loi du 15 pluviôse an XIII ont été confirmées par le décret de 1811. Suivant le rapporteur de la loi au Corps législatif, elles créent pour les enfants abandonnés, à la place des parents qu'ils ne connurent jamais ou qu'ils ont perdus, « une *paternité sociale* qui exerce tous les *droits, toute la puissance de la paternité naturelle*, et qui en supplée les soins, la vigilance et la protection. »

Les enfants une fois immatriculés n'ont donc plus de famille. Il en résulte que les commissions hospitalières (1) ont à leur égard les droits de garde et de correction, d'émancipation, de consentement au mariage et aux engagements militaires et d'administration des biens, en un mot, tous les droits que le code civil donne au père sur ses enfants.

Mais, en fait, soit défaut d'organisation, soit manque de vigilance, la plupart des commissions administratives ne remplissaient que d'une manière fort incomplète leurs devoirs de tutrices. Le plus souvent leur intervention se réduisait aux cas spéciaux où le consentement et l'assistance du tuteur légal étaient absolument nécessaires. On ne pouvait d'ailleurs raisonnablement demander à leurs

---

(1) Par dérogation à cette règle, le directeur de l'Assistance publique de la Seine a la tutelle des enfants assistés de ce département (loi du 10 janvier 1849).

membres de surveiller personnellement tous les pupilles placés à la campagne, surtout ceux qui avaient dépassé la douzième année, de se rendre compte des avis qu'ils reçoivent, de l'observation des conditions du placement, d'entrer dans les multiples détails que comporte une active surveillance.

C'est ainsi qu'on en arriva, presque partout, conformément aux instructions ministérielles, mais en dehors de toutes dispositions légales, à modifier l'exercice de la tutelle dont la partie la plus importante peut-être, relative au recrutement des nourriciers, au placement et au déplacement des enfants, à la préparation et à la signature des contrats de louage et d'apprentissage, etc., fut attribuée à l'inspecteur départemental. Nous avons montré précédemment les avantages qui en résultèrent, au point de vue de l'intérêt des pupilles, et aussi de la bonne marche du service dont l'inspecteur était appelé désormais à prendre la direction.

Mais cette division des attributions de la tutelle en deux parts: l'une administrative, l'autre légale, devait aussi fatalement avoir ses inconvénients. Elle était de nature à amener des difficultés, qui se produisirent parfois.

C'est ainsi qu'en 1863 un conflit s'éleva entre la commission administrative de Saint-Omer et l'inspecteur départemental au sujet du placement des pupilles arrivés à la douzième année. A la fin de l'année 1862 on n'en comptait pas moins de 88 en séjour à l'hospice dépositaire, qu'ils encombraient, et ce, contrairement aux instructions ministérielles du 1er avril 1861, qui prescrivaient de les placer à la campagne. Une telle situation était aussi fâcheuse pour les pupilles que pour l'hospice lui-même. Suivant l'inspecteur, la commission administrative aurait pu l'éviter en continuant, comme on le faisait à Arras, de payer la pension, aux lieu et place du département, jusqu'à la treizième ou quatorzième année, pour un certain nombre de pupilles dont le développement physique ou intellectuel laissait à désirer. La commission, de son côté, prétendait que l'origine du mal provenait de ce que trop d'enfants en bas âge étaient confiés à des nourriciers de la ville même de Saint-Omer; que, parvenus à leur douzième année, il était impossible de leur trouver des placements agricoles et que, d'ailleurs, aux termes de l'arrêté réglementaire du 30 novembre 1861 (article 87), l'inspecteur étant chargé de la partie de la tutelle relative aux placements et déplacements des pupilles, elle déclinait toute responsabilité à cet égard. Une correspondance assez vive fut échangée, et les esprits s'échauffèrent à tel point que l'inspecteur en arriva à proposer, pour remédier au mal, de supprimer l'hospice dépositaire de Saint-Omer et de centraliser tout le service des enfants assistés à Arras, où la commission hospitalière « ne soulevait ou ne rencontrait pas les mêmes difficultés. » Le préfet trouva, et avec raison, semble-t-il, le remède trop radical et crut devoir en écrire longuement au ministère pour démontrer les inconvénients multiples que pourrait entraîner une si grave mesure. L'idée n'eut pas d'autre suite. Mais, deux ans après, la commission de Saint-Omer demandait à son tour, dans une délibération fortement motivée, la nomination d'un inspecteur spécial pour les enfants de l'hospice dépositaire de cette ville. Ce vœu ne devait recevoir satisfaction que beaucoup plus tard, lorsque, les agents de l'inspection étant devenus fonctionnaires de l'État, le ministère créa en 1893 un poste de deuxième sous-inspecteur dont le titulaire fut détaché à Saint-Omer. Jusque-là les placements des pupilles à la campagne étaient toujours restés difficiles dans la circonscription. Mais, à partir de cette époque, la situation s'est heureusement modifiée.

**

Pupilles vicieux ou indisciplinés. — Le règlement du 30 novembre 1861 dispose (art. 70) que les pupilles qui, « à raison d'insubordination ou d'inclinations vicieuses, ne peuvent être maintenus en apprentissage, seront ramenés à l'hospice, séparés des autres enfants et soumis à une ferme discipline. Ils pourront aussi être envoyés dans des établissements spéciaux aux frais du budget départemental. »

Ces dispositions sont la reproduction presque textuelle des termes de l'article 17 de l'arrêté du 30 ventôse an V, dont nous avons déjà eu plus d'une fois l'occasion de louer les sages prescriptions relatives à la manière d'élever les enfants abandonnés et auquel il faut toujours revenir en pareille matière.

D'un rapport sur le service adressé en 1860 par le préfet au ministre de l'Intérieur il résulte qu'à cette époque, comme aujourd'hui encore, les filles vicieuses ou indociles étaient placées dans les maisons dites du Bon-Pasteur d'Arras et de Saint-Omer. Quant aux garçons indisciplinés, à Saint-Omer, ils étaient retenus à l'hospice pour y travailler dans des ateliers organisés à cet effet. A Arras, ils étaient placés chez des ouvriers mineurs ou envoyés, par mesure de correction, dans l'établissement fondé par l'abbé Halluin « pour la moralisation des enfants de familles pauvres. » Puis, ajoute le préfet, « quand les pupilles ont été ramenés à de meilleurs sentiments, on les renvoie à leurs patrons s'ils consentent à les reprendre, ou bien on les replace ailleurs. Ces dispositions toutes paternelles me paraissent bonnes et préférables à des mesures de rigueur qui, au lieu d'amender l'enfant, ne font le plus souvent que l'aigrir et le pousser à persévérer dans une voie dangereuse pour son avenir. »

Quelques pupilles furent aussi placés à la colonie agricole de Mettray. En 1842, quatre se trouvaient dans cet établissement auquel le conseil général votait une subvention de 300 francs.

§ VIII. — Contrats d'apprentissage. Salaires. — Epargne.

Nous avons vu que les enfants parvenus à leur douzième année cessaient d'être à la charge du budget départemental. « Par les soins réunis du tuteur et de l'inspecteur, dit l'art. 64 du règlement de 1801, qui reproduit à peu près les dispositions du règlement du 30 ventôse an V, ils sont placés comme domestiques ou apprentis chez les cultivateurs, et, à défaut, chez des artisans. A conditions égales, ils sont laissés chez les personnes qui les ont élevés. »

Aux termes des articles 67 et 68, le placement des pupilles doit être l'objet d'un contrat écrit, préparé par l'inspecteur, et soumis à l'approbation du tuteur et du préfet, déterminant les obligations réciproques de l'administration et du patron. Ce contrat ne peut engager l'enfant au-delà de la seizième année. A l'expiration, il en est passé un nouveau, lequel stipule en faveur du pupille des avantages en rapport avec l'âge auquel il est parvenu et les services qu'il est désormais à même de rendre. Les salaires résultant de ces contrats sont touchés à l'époque convenue, et la portion desdits salaires qui n'est pas nécessaire aux besoins des enfants est placée, à leur nom, à la caisse d'épargne la plus voisine.

Ces sages dispositions sont en opposition formelle avec l'art. 18 du décret de 1811, qui interdit toute rétribution en faveur de l'une ou de l'autre des deux parties figurant au contrat : l'apprenti devait au maître ses services jusqu'à 25 ans, terme maximum, sans rien recevoir hors la nourriture, l'entretien et le logement. Un tel système, en privant l'enfant abandonné d'un bénéfice légitime, en le plaçant dans une condition matérielle inférieure à celle de ses camarades, en rendant ainsi plus visible la tache de son origine, était contraire à la justice et au bon sens et ne pouvait que tomber en désuétude.

La vérité nous oblige à constater toutefois qu'il eut longtemps des partisans. Les premiers rapports de l'inspecteur départemental sur le fonctionnement du service nous montrent ce fonctionnaire opposé en principe à la stipulation dans le contrat de placement d'un salaire en faveur de ses pupilles. « Par la stipulation d'un salaire, dit-il (rapport de 1862), le nourricier ne voit dans l'enfant qu'un mercenaire dont il se chargera seulement lorsqu'il verra la possibilité d'en tirer parti. Un grand nombre de nourriciers de la campagne m'ont déclaré qu'ils ne passeraient pas de contrats. — Comment voulez-vous, disent-ils, que nous assurions un salaire aux enfants assistés lorsque nous n'en donnons pas à nos propres enfants, attendu que nous sommes obligés d'économiser pendant la saison des travaux pour l'époque où ils sont suspendus. »

Comme si l'on pouvait assimiler la situation de l'élève des hospices placé en domesticité à celle du fils du patron qui l'emploie ! On croit rêver en lisant de pareilles choses. L'inspecteur était de bonne foi, assurément, et l'on ne saurait mettre en doute son dévouement à ses pupilles ; mais il avait, sur ce point, on en conviendra, une bien fausse conception de leurs intérêts.

Dans un autre rapport (année 1863), nous trouvons le passage suivant sur la même question : « Il est à craindre que cette mesure (l'obligation du salaire) ne nuise considérablement au placement des enfants à la campagne... Je ne sais trop ce que ces nouvelles prescriptions produiront pour l'avenir. Pour le présent elles n'ont eu d'autre résultat que de rendre les déplacements plus nombreux et les placements plus difficiles... Elles ont affaibli l'autorité des nourriciers sur les enfants, ce qui ne peut amener rien de bon. »

Et, par une contradiction singulière, l'année suivante, comme vaincu par l'évidence, l'inspecteur en vient à se réfuter lui-même lorsqu'il écrit à propos des contrats à gages [1] : « Ces enfants se trouveront ainsi à leur majorité en possession d'une certaine somme qui facilitera leur établissement ou leur permettra de se procurer des métiers ou instruments nécessaires à l'exercice de leur profession. »

Le montant des économies réalisées par les pupilles et placées à la caisse d'épargne s'élevait, d'après les rapports, à 3.500 fr. en 1862, 3.510 fr. en 1863, 3.885 fr. en 1868, et à 3.955 fr. en 1869 pour 192 déposants.

Pendant longtemps, la situation devait rester stationnaire ou ne se modifier que faiblement. En 1883, lorsque notre prédécesseur prit sa retraite, le nombre des pupilles dont le placement était l'objet d'un contrat écrit avec stipulation de salaire était encore assez restreint. La plupart étaient placés sans contrat. Pendant des années il nous fallut lutter contre ce préjugé, si fortement enraciné dans l'esprit des populations des campagnes, que les enfants assistés ne devaient, suivant l'expression usitée, que « gagner la vie, l'habit. » Nous avons fini par en triompher après de longs et persévérants efforts. Tous les patrons comprennent aujourd'hui que nos pupilles ne doivent plus être considérés comme des parias, et que, lorsqu'ils se trouvent dans des conditions normales de santé et de conduite, il n'y a aucune raison valable de les moins rétribuer que les autres travailleurs. On verra dans la troisième partie de ce travail les importants résultats obtenus pendant ces dernières années au point de vue des salaires et des économies réalisées.

§ IX. — Comités de Patronage.

Dès 1823, le conseil général exprimait le vœu que, dans les communes où ils étaient placés, les pupilles des hospices fussent l'objet d'une surveillance active de la part des autorités locales. Ce vœu ne devait être réalisé que beaucoup plus tard. Les circulaires du ministre de l'Intérieur en date du 1er avril 1861 et 2 novembre 1862, confirmées quelques années après par celle du 3 août 1869, insistent sur l'utilité de créer « dans les centres de placement des comités de patronage chargés de visiter les pupilles de l'assistance

---

[1] Rapport année 1854, page 15.

et de renseigner le préfet sur leur situation. Bien compris ils assurent à l'enfant une protection efficace, parce que leur surveillance est de toutes les heures et qu'elle s'exerce à côté même du nourricier ou du maître d'apprentissage. »

Dans le Pas-de-Calais, M. le préfet de Tanlay, après s'être montré tout d'abord peu partisan de l'institution [1] que la surveillance de l'inspecteur, secondé par les maires et les desservants, lui semblait rendre inutile, changea d'idée trois ans après. Par son arrêté du 29 avril 1863, il organisa des comités de patronage pour les enfants assistés de toute catégorie dans chaque commune du département. Ces comités composés du maire, président, du curé ou desservant, du médecin de bienfaisance, de l'instituteur ou de l'institutrice et du juge-de-paix dans les communes chefs-lieux de canton seulement « peuvent s'adjoindre, au besoin, des notables de l'un ou de l'autre sexe en position de prêter à cette œuvre de bienfaisance un utile concours. Ils entrent de plein droit en fonctions dès qu'il existe dans la commune un élève des hospices dépositaires ou un enfant secouru temporairement. Ils doivent les visiter fréquemment, particulièrement ceux qui sont en apprentissage, s'assurer si les nourriciers et les patrons observent fidèlement les contrats par eux souscrits; donner aux uns et aux autres les conseils, les encouragements, les avertissements nécessaires et porter à la connaissance du préfet, des commissions hospitalières ou de l'inspecteur, suivant le cas, tout ce qui importe au bien-être physique et moral des enfants assistés. Sur la convocation du président, ils se réunissent en séance quatre fois par an. Ils doivent toujours s'assembler à l'époque du passage de l'inspecteur, dont le président est à l'avance prévenu..... Tous les trois mois ce dernier adresse à l'inspecteur départemental, sous le couvert du préfet, un bulletin de renseignements concernant chaque patronné et conforme à un modèle déterminé. Sauf les cas exceptionnels, il ne doit correspondre qu'avec ce fonctionnaire, lequel, à son tour, centralise les communications des comités et, après y avoir répondu, s'il y a lieu, en mentionne la substance sur les registres de placement ou de tutelle, et les classe pour les résumer ensuite dans son rapport annuel. »

L'utilité des comités de patronage est incontestable. Pendant les premières années de leur création ils fonctionnèrent régulièrement;

---

[1] Rapport du 23 août 1860 au ministre de l'Intérieur.

puis, pour des causes diverses, ils finirent par disparaître à peu près partout. Dans le Pas-de-Calais, l'institution s'est maintenue. Mais le rôle des comités se borne le plus souvent à remplir des bulletins de renseignements sur la situation des pupilles, qui leur sont adressés périodiquement dans l'intervalle des tournées d'inspection, et qui contiennent parfois des indications intéressantes.

CHAPITRE III

EFFECTIF ET MORTALITÉ

STATISTIQUES DIVERSES

La statistique bien établie est l'un des premiers et des plus indispensables besoins de l'administration. Sans elle, on ne marche que d'une manière brisée, au milieu du hasard et du chaos des faits. Mais si la statistique est devenue aujourd'hui une science ayant sa méthode et ses lois, il n'en était pas encore ainsi au commencement du siècle, où elle n'avait ni l'importance ni la précision qu'elle a acquises depuis.

Au point de vue de l'effectif et de la mortalité des enfants abandonnés du Pas-de-Calais, nous avons trouvé tout d'abord dans les tableaux annexes de la grande enquête de 1849 des chiffres qui peuvent ne pas être toujours d'une exactitude rigoureuse. Ils diffèrent parfois des renseignements que fournissent sur le service les comptes-rendus sommaires du conseil général. Cette statistique ne peut donc avoir qu'une valeur relative ; quelque imparfaite qu'elle soit, elle n'en est pas moins instructive toutefois et contient des indications intéressantes.

Des tableaux I et II de l'enquête nous avons extrait le tableau ci-après sur le mouvement des enfants des hospices dépositaires du département, donnant les existences, les admissions et les sorties depuis 1807 jusqu'à 1841.

Mouvement des enfants trouvés indiquant les existences, les admissions et les sorties depuis 1807 jusqu'à 1841.

Années	Existant au 1er Janvier	Admissions	Total des existences et des admissions	Sorties causes diverses	Décédés	Totaux des radiations	Restant à la fin de l'année
1807	616	239	855	87	57	144	711
1808	711	281	992	240	73	313	679
1809	679	292	971	141	73	214	757
1810	757	278	1035	150	115	265	770
1811	(1) 792	247	1039	153	94	247	792
1812	(1) 848	804	1652	115	217	332	1320
1813	1320	447	1767	134	193	327	1440
1814	1440	434	1874	297	189	486	1388
1815	1388	458	1846	167	211	378	1468
1816	1468	589	2057	128	285	413	1644
1817	1644	607	2251	153	350	503	1748
1818	1748	404	2152	234	275	509	1643
1819	1643	424	2067	220	255	475	1592
1820	1592	499	2091	191	234	425	1666
1821	1666	513	2179	177	329	506	1673
1822	1673	447	2120	272	281	553	1567
1823	1567	255	1822	273	205	478	1344
1824	1344	404	1748	161	225	386	1362
1825	1362	403	1765	171	234	405	1360
1826	1360	371	1731	167	212	379	1352
1827	1352	391	1743	247	216	463	1280
1828	1280	474	1754	159	255	414	1340
1829	1340	496	1836	127	289	416	1420
1830	1420	485	1905	117	276	393	1512
1831	1512	502	2014	189	250	439	1575
1832	1575	569	2144	127	318	445	1699
1833	1699	428	2127	161	251	412	1715
1834	1715	568	2283	80	281	361	1922
1835	1922	707	2629	1140	192	1332	1297
1836	1297	507	1804	363	244	607	1197
1837	1197	453	1650	107	298	405	1245
1838	1245	291	1536	103	185	288	1248
1839	1248	494	1742	381	194	575	1167
1840	1167	421	1588	225	151	376	1212
1841	1212	370	1582	151	169	320	1262

(1) Les différences d'une année à l'autre proviennent de la création de nouveaux hospices, disent les auteurs de ces tableaux.

Ce tableau permet tout d'abord de constater l'énorme augmentation dans l'effectif des enfants abandonnés et aussi dans les décès qui se produisit aussitôt après l'application du décret de 1811 instituant les tours.

En 1807, première année pour laquelle des renseignements sont fournis, le nombre des enfants existant au 1er janvier est de 616. — Sont admis pendant l'année : 239. — Total des existences et admissions : 855.

Sorties : par décès : 57; par suite de causes diverses (limite d'âge ou remise aux parents) : 87; restant à la fin de l'année : 711.

En 1811, existant au 1er janvier : 792; admis pendant l'année : 247; total des existences : 1.039.

Sorties : par décès : 94; par suite de causes diverses : 153; restant à la fin de l'année : 792.

Voici d'autre part les chiffres pour 1812, année qui suivit l'ouverture des tours : admissions pendant l'année : 804; total des existences : 1.652; sorties : par décès : 217; par suite d'autres causes : 115; restant à la fin de l'année : 1.320;

Soit, d'une année à l'autre, le chiffre des admissions plus que triplé, et celui des décès plus que doublé.

Résultats pour quelques autres années :

En 1820, admissions : 499; décès : 234; total des existences : 2.091.
En 1824, admissions : 401; décès : 225; total des existences : 1.748 [1].
En 1830, admissions : 485; décès : 276; total des existences : 1.905.
En 1835, admissions : 707; décès : 192; total des existences : 2.629.

Après 1835, il y eut dans les effectifs une diminution sensible, que la suppression de la plupart des hospices dépositaires et des tours du département [2] vint accentuer.

En 1840, admissions : 421; décès : 151; total des existences : 1.588.
En 1842, admissions : 301; décès : 203; total des existences : 1.302.

C'est en 1842 que le préfet, M. Desmousseaux de Givré, prit l'initiative de l'ensemble de mesures dont nous avons parlé au chapitre des « admissions » contre l'industrie des intermédiaires

---

(1) D'après le rapport du préfet au conseil général (session de 1825), le nombre des enfants trouvés en 1824 est à celui des naissances de tout le département dans la proportion du cinquantième. La proportion était du quarante-sixième en 1823. Leur mortalité était d'environ 13 %, c'est-à-dire un peu plus du huitième de leur nombre.

(2) Les hospices dépositaires de Boulogne, Montreuil, Béthune et Saint-Pol furent supprimés en 1839.

salariés, sages-femmes, accoucheurs et autres individus qui faisaient métier d'exposer et d'abandonner les enfants et que, dans le but de réprimer l'abus des expositions frauduleuses, il organisa par son arrêté du 9 décembre un contrôle rigoureux des admissions des enfants trouvés.

Les effets en furent aussi rapides que décisifs, et les chiffres de 1843 comparés à ceux de 1842 sont des plus significatifs :

Admissions (en 1843) : 75 au lieu de 304 (en 1842), soit en moins 229; décès : 78 au lieu de 203, soit en moins 125; effectif : 1.048 au lieu de 1.302, soit en en moins 254.

Les mesures administratives de 1842 opérèrent une véritable révolution dans le service des enfants trouvés du Pas-de-Calais. Les résultats en furent d'autant plus durables qu'elles furent suivies quelques années après (en 1846) de la suppression des tours d'Arras et de Saint-Omer, les derniers du département. L'état ci-après, que nous avons extrait du tableau V de l'enquête de 1849, permet d'apprécier toute leur importance au point de vue de la diminution de l'effectif et de la mortalité.

Effectif et mortalité de 1831 à 1849
Tableau V.

Années	Effectif	Décès	Décès par 1.000 enfants	Observations.
1831	2014	250	124.1	
1832	2144	318	148.3	
1833	2127	251	118.»	
1834	2283	281	123.1	
1835	2629	192	73.»	
1836	1801	244	135.3	Suppression du tour de Boulogne.
1837	1650	298	180.6	
1838	1536	185	120.4	Suppression du tour de Montreuil.
1839	1742	194	111.4	
1840	1588	151	95.1	
1841	1582	169	106.80	
1842	1302	203	155.9	
1843	1048	78	74.4	
1844	807	47	58.2	
1845	842	35	41.5	
1846	814	35	41.5	Suppression des tours d'Arras et de Saint-Omer.
1847	781	48	61.5	
1848	708	17	24.»	

De ce tableau il résulte que la moyenne générale de la mortalité qui, avant la suppression des tours, était généralement de 11 à 13 % (en 1837 elle dépassait 18 %), fut réduite de plus de moitié après leur suppression. A partir de 1843 elle s'abaisse à 7 %, 5 %, 4 % ; en 1848 elle tomba même à moins de 3 %.

De 1849 à 1859, nous n'avons trouvé, au point de vue de l'effectif et de la mortalité, que des renseignements incomplets.

De 1859 à 1869, voici quelques chiffres relevés dans l'enquête de 1860 et dans les rapports du préfet :

En 1859 : assistés au-dessous de 12 ans : 287 (sur lesquels 75 admis dans l'année); assistés de 12 à 21 ans : 390; enfants secourus [1] : 53 (sur lesquels 10 admis dans l'année) ; effectif général : 730.

La population du Pas-de-Calais était alors, d'après le dénombrement quinquennal de 1856, de 712.846 habitants. Le chiffre des élèves des hospices au-dessous de 12 ans s'élevant à 287, il en résulte que, au point de vue du rapport de ces enfants à la population, le département comptait un enfant hospitalisé sur 2.483 habitants. Il occupait le 84° rang dans la liste des départements classés suivant le nombre décroissant des élèves comparé à la population [2].

Année 1866. — Existant au 1er janvier : 439 ; admissions : 178 (dont 110 admis à l'hospice et 68 secourus) ; total des existences : 617 (y compris les secourus) ; sorties pour causes diverses : 144 ; sorties par décès : 21 ; mortalité : 4,30 %.

Année 1868. — Existant au 1er janvier : 527 ; admissions : 161 (dont 70 admis à l'hospice et 91 secourus) ; total des existences : 688 ; sorties pour causes diverses : 123 ; sorties par décès : 6 ; mortalité : 1,12 %.

L'année 1868 fut, comme on le voit, exceptionnellement favorable au point de vue de la mortalité. Mais l'effectif tendant à s'accroître, l'inspecteur en recherche les causes qu'il attribue surtout au relâchement des liens de famille, « relâchement surexcité, dit-il, par « les dépenses faites au cabaret et facilité par *le développement*

---

(1) Voir le chapitre spécial que nous consacrons plus loin aux enfants secourus.

(2) Enquête de 1860 (comparaison du nombre des élèves des hospices au-dessous de 12 ans avec la population de chaque département en 1859).

« *des voies ferrées*. Il est à craindre, poursuit-il, que cette dernière
« cause, aussi affligeante au point de vue moral que *sous le rapport*
« *économique*, ne tende sans cesse à augmenter le nombre des
« enfants qui tombent à la charge du département. » L'observation
est bien curieuse, n'est-il pas vrai ? L'inspecteur n'était pas plus
partisan des chemins de fer qu'il ne l'était des traités de placement
avec stipulation de gages en faveur des pupilles. Les uns et les
autres lui inspiraient la même défiance. Ses intentions étaient
excellentes assurément ; mais combien surannées nous paraissent
aujourd'hui de telles opinions !

Statistiques diverses

L'enquête générale de 1860 contient, sous le rapport de la
statistique, des documents intéressants que nous croyons devoir
reproduire ici en ce qui concerne le Pas-de-Calais.

MORTALITÉ du premier âge en 1828, 1858 et 1860
(de 1 jour à 1 an). — En 1828 (sous le régime des tours) : Enfants
admis avant un an, 277 ; enfants décédés avant un an, 134 ; proportion
de la mortalité, 48.37 %.

En 1858 (après la fermeture des tours) : Enfants admis avant
un an, 9 ; enfants décédés avant un an, 5 ; proportion de la mortalité, 55.55 %.

Le tour, le fait paraît incontestable, exerçait une influence
fâcheuse au point de vue de la mortalité, par suite des changements
répétés de nourrice et des déplacements souvent considérables
auxquels l'enfant était exposé dans les premiers jours de la naissance et quelquefois par un temps très-rigoureux. Il y a donc lieu
de s'étonner, au premier abord, que la moyenne de la mortalité soit
plus élevée en 1858, après la suppression des tours, qu'en 1828
avant cette suppression. Mais les rédacteurs de l'enquête font observer
qu'en 1858 des épidémies meurtrières d'angine, de rougeole et de
dyssenterie sévirent en France et décimèrent surtout les enfants
entassés dans les crèches hospitalières. Il convient de remarquer,
d'autre part, que pour le Pas-de-Calais les éléments de comparaison
diffèrent absolument, la moyenne de la mortalité n'étant calculée en

1853 que sur 9 enfants au lieu de 277 en 1828, ce qui ne permet pas d'asseoir une statistique sérieuse.

En 1860 : enfants admis avant un an, 14; enfants décédés avant un an, 4; proportion de la mortalité, 28.57 %.

D'après l'enquête, la moyenne générale de la mortalité parmi les enfants admis avant l'âge d'un an, dans les 19 départements où fonctionnait encore l'institution du tour en 1858, était de 59. 63 %.

Dans les 67 autres départements (dont le Pas-de-Calais) où le tour était supprimé, la moyenne de la mortalité parmi les enfants de la même catégorie était de 54.01 %, soit une différence en moins de 5.62 %.

∗

NATALITÉ. — On s'est demandé quelle avait pu être l'influence du tour et plus tard celle de sa suppression sur le chiffre des naissances (augmentation ou diminution) pendant les années qui ont précédé et celles qui ont suivi l'année de la fermeture du tour.

Nous croyons devoir reproduire à ce sujet le tableau suivant d'après l'enquête faite par les inspecteurs généraux de l'assistance publique en 1877, époque à laquelle la question du rétablissement des tours était posée devant l'opinion publique :

Années	Naissances légitimes	Naissances illégitimes	Total des naissances	Population du Pas-de-Calais	Proportion p. %
1811	17.823	1.953	19.776	664.654	2.97 %
1812	17.787	1.834	19.621	664.654	2.95 %
1814	17.946	1.810	19.756	685.021	2.88 %
1815	18.176	1.665	19.841	685.021	2.89 %
1817	17.247	1.653	18.900	685.021	2.75 %
1819	17.321	1.773	19.094	685.021	2.78 %
1868	20.253	2.181	22.434	751.792	2.99 %
1869	20.215	2.108	22.323	751.792	2.99 %
1875	22.544	2.045	24.589	761.158	3.40 %
1876	22.438	2.333	24.771	761.158	3.25 %

Ce tableau montre que l'existence ou la suppression des tours ne paraît pas avoir exercé une influence décisive sur les naissances. S'il y a eu, en 1814, 1815, 1817 et 1848, une très-légère diminution sur 1841 et 1842, elle a été bien compensée les années suivantes. Il y a d'autres causes plus puissantes de l'arrêt dans le mouvement de la population.

*_**

MATERNITÉS. — Salles d'accouchement. — Lors de l'enquête de 1860, 30 départements étaient dépourvus d'un service spécial de maternité et le Pas-de-Calais était du nombre. Toutefois, les hospices recevaient les femmes enceintes sans avoir, à proprement parler, de salles qui leur fussent régulièrement affectées.

Le service fut organisé un peu plus tard. Lors de l'enquête de 1877, il y avait deux salles d'accouchement dans le département : l'une à l'hôpital Saint-Jean, à Arras; l'autre, à l'hôpital Saint-Louis, à Saint-Omer. Un seul cours d'accouchement était fait à Arras.

Ce service fonctionne encore aujourd'hui. Les mères sont tenues, en principe, d'emporter leur enfant à leur sortie de l'établissement. Mais quand leur situation ne leur permet pas de l'élever, même moyennant un secours temporaire, et qu'elles déclarent l'abandonner, l'admission à l'hospice est prononcée, après enquête, sur la proposition de l'inspecteur départemental.

*_**

CRIMINALITÉ. — Comparaison des avortements et des infanticides en 1828 et 1858. — Quelle relation de cause à effet existe-t-il entre la suppression des tours et le nombre des accusations d'avortement et d'infanticide ? Aucune qui soit bien apparente, si l'on en juge par les renseignements statistiques ci-après :

En 1828 (avant la suppression des tours). — Population du département, 642.069 ; total des naissances, 10,357 ; naissances d'enfants naturels, 1.780 ; tours ouverts [1], 4.

---

[1] A Arras, Saint-Omer, Boulogne et Montreuil.

Pas de poursuites pour avortements et infanticides.

En 1858 (après la suppression des tours). — Population, 712,846; total des naissances, 21.795; naissances d'enfants naturels, 2.014; tours ouverts, 0; condamnations pour infanticides, 3.

**

CONTINGENT qu'apportent les élèves des hospices à la population pénitentiaire (en 1859). — C'était autrefois une opinion généralement accréditée que les enfants assistés devenus adultes entraient pour une large part dans la population des détenus et dans celle plus triste encore qui se livre à la prostitution publique. Les chiffres ci-dessous montrent combien elle était exagérée.

Sur un nombre total de 857 détenus dans le département, on compte 17 élèves des hospices, dont 13 majeurs et 4 mineurs.

Sur 52.595 détenus pour toute la France, on comptait 1 206 élèves des hospices (dont 801 majeurs et 405 mineurs), soit une proportion de 2.23 % seulement.

**

CONTINGENT qu'apportent les filles des hospices à la prostitution. — Sur un total de 214 filles soumises (dont 111 en maison et 103 hors maison), on comptait dans le département 8 élèves des hospices (dont 3 en maison et 5 hors maison).

Sur 14.211 filles soumises pour toute la France, on comptait 537 élèves des hospices, soit une proportion de 3.77 %.

**

RECRUTEMENT MILITAIRE (classe de 1858). — Total des jeunes gens des familles pour le département, 6.150; ont été déclarés bons pour le service 2.533 soit 41.12 %; ont été libérés par leur numéro de tirage au sort, 1.087; ont été exemptés pour défaut de taille ou faiblesse de constitution, 1.296, soit, 21.04 %.

Dans le contingent général figuraient, comme élèves des hospices, 17; parmi lesquels ont été déclarés bons pour le service, 4, soit 23.52 %; ont été libérés par leur numéro, 4; ont été exemptés pour défaut de taille ou faiblesse de constitution, 9, soit 52.93 %.

De ces chiffres il résulte, qu'au point de vue physique — et l'on ne saurait s'en étonner — les élèves des hospices se trouvaient, par rapport aux enfants des familles, dans des conditions d'infériorité marquée.

CHAPITRE IV.

DES DÉPENSES

Dépenses extérieures et intérieures. — Mois de nourrice et pensions. — Layettes et vêtures. — Dépenses générales du service. — Ce que coûtait à diverses époques l'enfant abandonné. — Ressources du service.

E service des enfants assistés comprenait sous le régime hospitalier deux ordres de dépenses : les dépenses extérieures supportées par le département et les communes; les dépenses intérieures qui restaient à la charge exclusive des hospices dépositaires.

Nous nous occuperons d'abord du service extérieur.

Dépenses extérieures.

Mois de nourrice et pensions. — Au premier rang figurent les salaires des nourriciers, qui constituent la partie la plus lourde de la dépense.

Les tarifs étaient loin d'être les mêmes dans tous les départements. Ils variaient suivant les habitudes et les exigences locales et s'élevaient d'autant plus que les nourrices étaient plus recherchées ou plus rares ou que l'influence des grands centres de population se faisait plus vivement sentir. Généralement le prix en décroissait à mesure que les enfants avançaient en âge.

Les premiers tarifs de pension, établis dans le Pas-de-Calais par l'arrêté préfectoral du 30 novembre 1811, étaient les suivants :

Hospice d'Arras. — 1re année, 7 fr. 50 par mois. — De 2 à 6 ans, 6 francs par mois. — De 6 à 12 ans, 5 francs par mois.

Hospice de Saint-Omer. — 1re année : 8 fr. 50 par mois. — De 2 à 6 ans : 7 fr. 65 par mois. — De 6 à 12 ans : 5 fr. 10 par mois.

D'après l'enquête générale de 1860, les tarifs étaient alors :

Hospice de Saint-Omer. — 1re année : 9 fr. 50 par mois pour les garçons et filles, soit 114 francs par an. — De 2 à 12 ans : 9 francs par mois pour les garçons et filles, soit 108 francs par an.

Soit, pour la période duodécennale de l'éducation, une somme totale de 1,302 francs.

Hospice d'Arras. — *Garçons* de 1 à 12 ans : 10 francs par mois, soit 120 francs par an. — Soit pour la période duodécennale une somme totale de 1.440 francs par an. – *Filles* de 1 à 12 ans : 8 francs par mois, soit 96 francs par an. - Soit pour la période duodécennale une somme totale de 1.152 francs.

Pour l'ensemble de tous les départements, le tarif moyen de pension par enfant était en 1860 de : 6 fr. 41 par mois; 76 fr. 98 par an; 923 fr. 78 pour la période duodécennale.

32 départements allouaient aux nourrissons, pendant la période duodécennale, une somme supérieure à 1.000 francs. Dans 45, le total des salaires duodécennaux variait de 1.000 à 700 francs. Dans les 9 autres départements, il s'abaissait de 696 francs jusqu'à 576 francs. Le Pas-de-Calais occupait alors, à ce point de vue, le sommet de l'échelle avec le département d'Eure-et-Loir

Les tarifs ci-dessus restèrent les mêmes jusqu'en 1873, où on commença à les augmenter comme nous le verrons dans la troisième partie de ce travail.

Indemnités réglementaires — Il ne suffirait pas d'allouer aux nourriciers un prix de pension, toujours restreint, quoi qu'on fasse. A côté du salaire il faut placer l'encouragement. Ainsi l'a sagement jugé l'arrêté du 30 ventôse an V, qui a institué les trois indemnités de ce nom : la première, applicable aux neuf premiers mois de la vie de l'enfant, est de 18 francs et se paye de trois mois en trois mois ; la deuxième, fixée à 50 francs, revient aux nourriciers qui, ayant conservé jusqu'à douze ans un pupille de l'assistance publique, l'ont préservé de tout accident provenant de défaut de soins. Ainsi que nous l'avons déjà vu, les cultivateurs ou manufacturiers chez lesquels sont placés des enfants de douze ans, ou ceux qui les ayant élevés jusqu'à cet âge se chargent de leur éducation professionnelle, reçoivent, à titre de frais de trousseau, la troisième indemnité, dont le chiffre, comme pour la seconde, est de 50 francs.

Ces rémunérations n'étaient pas partout régulièrement allouées en 1860 ; dans certains départements elle ne l'étaient même pas du tout. Le Pas-de-Calais les accordait toutes les trois.

Dépenses accessoires. — Dans les dépenses extérieures figuraient encore :

Les frais scolaires (fournitures classiques, primes aux nourriciers pour encourager la fréquentation de l'école) et les frais médicaux. Nous en avons parlé sous les rubriques spéciales : « instruction primaire » et « service médical » ;

Les frais d'inhumation qui étaient de 5 francs (la moitié environ des départements y subvenaient en 1860 ; les nourriciers en restaient chargés dans le reste du territoire) ;

Les frais de déplacement des nourrices et des enfants (0,10 cent. par kilomètre à l'aller et au retour) ;

Les frais d'inspection (en 1860, traitement fixe de l'inspecteur : 2.000 francs, frais de tournée : 1.000 francs).

Dépenses intérieures.

Les dépenses intérieures ou hospitalières se divisaient en deux catégories : les frais de séjour à l'hospice auxquels se rattachaient des articles accessoires qui constituaient les frais de bureau et les frais de layettes et de vêtures. En cette matière nous trouvons encore dans l'Enquête de 1860, qui portait sur tous les départements, d'intéressants renseignements en ce qui concerne le Pas-de-Calais.

Frais de séjour à l'hospice. — Régulièrement le séjour à l'hospice ne doit être qu'un accident, une exception dans la vie de l'enfant assisté. Sur ce point, dès lors, l'évaluation devait résulter non pas d'un tarif, mais d'un simple calcul de moyenne. En ce qui touche les layettes et les vêtures, la commission d'enquête a pensé qu'il convenait, au contraire, de prendre pour base d'appréciation la dépense réglementaire.

Pour établir les moyennes des frais de séjour, la commission a pris : d'une part, les déboursés réels opérés en 1859 ; d'autre part, le nombre des enfants assistés pendant cette même année, sans distinction de pupilles placés à la campagne ou aux hospices. Divisant par ce dernier nombre le chiffre des dépenses et multipliant les quotients par 12, elle a constaté que, pour l'ensemble de tous les départements, la moyenne générale de la dépense des frais de séjour d'un enfant assisté, du jour de sa naissance à 12 ans révolus, était de 160 fr. 84. Le calcul n'ayant pu être fait que pour un seul exercice, ce résultat n'a qu'une valeur approximative, mais il n'en donne pas moins une idée d'une importante partie des charges hospitalières.

En principe, les enfants abandonnés devant être placés en nourrice aussitôt que possible, conformément aux dispositions du décret de 1811, et ne séjourner qu'accidentellement à l'hospice, où leur maintien prolongé présente de graves inconvénients à divers points de vue, il en résulte que généralement une moyenne faible de frais de séjour est un indice de bonne administration, et qu'une moyenne élevée est considérée, au contraire, comme le symptôme d'une situation ou d'habitudes fâcheuses.

Cette remarque faite, le travail de la commission d'enquête sur les frais de séjour dans l'ensemble des départements peut se résumer de la manière suivante :

La moyenne des frais pour une éducation complète est supérieure à 500 francs dans trois départements. Elle s'élève de 400 à 500 francs dans six ; de 300 à 400 francs dans six ; de 200 à 300 francs dans dix ; de 150 à 200 francs dans sept ; de 100 à 150 francs dans quatorze ; de 50 à 100 francs dans dix-sept. Elle demeure inférieure à 50 francs dans vingt-deux départements.

Le Pas-de-Calais fait partie de cette dernière catégorie ; la moyenne y est seulement de 19 fr. 07; et parmi tous les départements il vient avec le n° 76 dans la série décroissante des moyennes. Il se classe donc dans les premiers rangs à ce point de vue comme pour l'importance des prix de pension aux nourriciers.

Layettes et vêtures. — Il ne venait pas en moins bon rang pour la composition et le nombre des layettes et des vêtures. Sous le régime hospitalier, les commissions administratives en subordonnaient souvent la distribution à la situation de leurs finances, et les préfets, en présence des charges considérables qu'avaient à supporter les hospices dépositaires, se voyaient souvent forcés de tolérer des habitudes restrictives qui, toutes regrettables qu'elles étaient, échappaient cependant au reproche de parcimonie. C'est ainsi qu'en 1860 les vêtures n'étaient délivrées jusqu'à 12 ans que dans 40 départements. Dans un certain nombre de départements, elles n'étaient plus distribuées après l'âge de 10 ans, 9, 8, 7, 6, 5 ans et même d'un an. Dans quelques-uns même on n'en délivrait que d'une manière exceptionnelle ou pas du tout. Les nourrices devaient y pourvoir.

D'après les dires de l'Enquête, la moyenne générale des frais de layettes et de vêtures était en 1860 de 160 fr. 16 pour la période duodécennale de l'éducation, chiffre jugé bien insuffisant par la commission et qui devait, d'après elle, rendre nécessaire une augmentation dans la plupart des départements.

En ce qui concerne le Pas-de-Calais, l'évaluation réglementaire des layettes et vêtures pour la même période duodécennale fut la suivante : hospice d'Arras : 329 fr. 91; hospice de Saint-Omer : 238 fr. 85. Le vestiaire comprenait la distribution d'une layette et de onze vêtures jusqu'à l'âge de 12 ans.

Après la publication de l'arrêté réglementaire de 1861, une vêture en plus fut délivrée par chacun des deux hospices dépositaires et la valeur estimative des fournitures distribuées par l'hospice de Saint-Omer fut l'objet d'une augmentation de 18 fr. 07.

Les vêtures étaient fournies en nature et toutes confectionnées par l'administration des hospices. — Suivant les rapports de l'inspecteur départemental, elles ne laissaient rien à désirer.

Concours du département aux dépenses intérieures. — Les charges que le service des enfants abandonnés imposait aux hospices dépositaires étaient souvent hors de proportion avec les ressources de ces établissements. Force était alors de faire appel au budget départemental. C'est ainsi qu'en 1859, 41 conseils généraux devaient voter des subventions représentant une moyenne d'environ 10 % du total des dépenses intérieures.

Dans la plupart de ces départements les fonds accordés avaient plutôt le caractère d'une subvention à forfait qu'ils n'étaient destinés à rembourser un article spécial de dépenses. Il en était ainsi dans le Pas-de-Calais, où le crédit voté en 1859 était de 8.000 francs pour une dépense intérieure totale de 9,328 fr. 27, soit une part proportionnelle de 86 % supportée par le département.

On aurait pu éviter de mettre ainsi les départements à contribution si on avait voulu recourir à une mesure que les motifs les plus puissants de logique et d'équité recommandaient : celle de répartir les dépenses intérieures entre tous les hospices sans distinction. Le gouvernement, mû par des considérations qu'il était seul maître d'apprécier, désignait tel ou tel établissement comme hospice dépositaire. Mais parce qu'un hospice était dans une situation topographique plus convenable, parce qu'il satisfaisait d'une manière plus complète à des conditions meilleures d'installation ou d'aménagement, fallait-il l'accabler seul d'un fardeau dont se trouvaient exonérés des établissements peut-être plus largement dotés que lui ? C'est là pourtant ce qui avait lieu. Un tel système souleva à diverses époques les protestations les plus justifiées. Dès 1844, le conseil général du Pas-de-Calais émettait le vœu (séance du 3 septembre) « que les dépenses intérieures des hospices dépositaires ne fussent plus exclusivement à la charge de ces derniers, mais bien de tous les hospices du département sans distinction. » La commission d'enquête de 1860 formulait énergiquement une demande dans le même sens, en faisant valoir que, seulement après la réalisation de ce desideratum, les hospices pourraient apporter dans le vestiaire et autres parties du service toutes les améliorations voulues. Ces réclamations si légitimes ne furent pas entendues. La situation resta la même jusqu'au vote de la loi du 5 mai 1869, qui, au point de vue financier, modifia de fond en comble l'ancien état de choses en exonérant de leurs charges les hospices dépositaires et en rendant le service des enfants assistés complètement départemental.

Renseignements divers sur les dépenses des Enfants assistés dans le Pas-de-Calais avant 1869.

Ainsi que pour l'effectif et la mortalité, des renseignements complets et précis sur l'ensemble des dépenses du service des enfants assistés depuis l'origine jusqu'en 1869 nous font défaut. Les chiffres que nous avons relevés dans les différents documents : enquêtes de 1849 et de 1860, rapports ministériels, rapports du préfet et de l'inspecteur, ne concordent pas toujours exactement entre eux, et il serait difficile, sinon impossible, de les contrôler aujourd'hui. Malgré les obscurités et les lacunes constatées, il nous paraît intéressant néanmoins de les donner à titre d'indication.

En 1810. — D'après un état du ministère de l'Intérieur, reproduit dans le travail de la commission d'enquête de 1849 sur les enfants trouvés (tome II, page 103), le nombre total des enfants trouvés ou abandonnés dans les 130 départements de l'Empire français en 1810 était de 70.558 pour une population de 38.316.200 habitants.

La dépense annuelle était de 6.717.000 fr.; fonds alloués aux budgets départementaux de 1809 : 4.112.090; excédent de dépenses, 2.604.961; taux moyen de la dépense par enfant et par année, 95 fr.

Pour le Pas-de-Calais les chiffres étaient les suivants :

Population, 570.338 habitants; nombre d'enfants abandonnés, 457 [1]; dépenses annuelles, y compris layettes et vêtures, 32.000 fr.; fonds alloués au budget départemental de 1809, 20.000 fr.; excédent de dépenses, 12.000 fr.; taux moyen de la dépense annuelle par enfant, 70 fr.

De 1810 à 1824, les chiffres nous font défaut malheureusement. Il n'est pas douteux toutefois que l'ouverture des tours institués par le décret du 19 janvier 1811, en augmentant dans des proportions considérables l'effectif des enfants trouvés, n'ait par suite entraîné un énorme surcroît de dépenses. Pendant plusieurs années les

---

[1] Ce chiffre diffère sensiblement de celui qui figure au tableau des pupilles de 1807 à 1840 que nous avons reproduit au chapitre « Effectif et Mortalité » d'après la même enquête de 1849.

hospices du département furent surchargés et leur détresse fut extrême. Nous trouvons l'écho de leurs doléances dans les procès-verbaux du conseil général de cette époque.

« Le gouvernement s'est chargé d'une partie de la dépense pour
» élever les enfants trouvés, est-il dit dans la délibération du
» 25 octobre 1814. Il serait à désirer qu'il voulût s'en charger en
» totalité. »

Deux ans après, la situation s'était aggravée et la délibération du 9 juin 1816 est des plus significatives à cet égard :

« Les hospices de ce département sont réduits à la dernière extrémité; le service va manquer.....

» Le conseil général conjure le gouvernement de sortir de cette sécheresse administrative qui décide de tout le compas à la main ; qu'il fasse une sainte exception de la dette arriérée en faveur des hospices..... Qu'il soit décidé que leur dette sera acquittée le plus promptement possible. »

Aux termes de la délibération du 4 mai 1817, les dettes des hospices du département s'élèvent au chiffre de 405.823 francs. « Nous avons la triste certitude, dit le rapporteur, que l'année 1817 verra encore s'accroître le nombre des enfants trouvés livrés à leurs soins et dans quel moment ! lorsque toutes les ressources nous manquent à la fois,...., M. le préfet a pensé qu'une somme de 117.530 francs serait indispensable pour assurer le service de cette année ; mais le conseil ne peut disposer d'une somme aussi considérable sans nuire aux autres services, et il alloue une somme de 73.607 francs. Il restera un déficit de 43.923 francs que les communes où les hospices sont situés supporteront sur leurs octrois. »

Le procès-verbal de la séance du 11 août 1819 constate que « la mendicité, ce fléau de la société, continue à exercer ses ravages dans le département. Il a bravé toutes les mesures, franchi toutes les barrières que l'administration lui avait opposées jusqu'à ce jour. »

A partir de 1820 la situation des hospices s'améliore sensiblement. « Aux abus qui s'étaient introduits dans ces établissements, dit la délibération du 9 août, ont succédé l'ordre et l'économie. Des réductions importantes ont été faites. M. le préfet nous en laisse pressentir d'autres. Tout nous fait espérer de nouveaux succès. »

Dans sa séance du 9 septembre 1822, le conseil général, tout en constatant que l'état des hospices est généralement satisfaisant, croit devoir néanmoins appeler l'attention du Gouvernement sur les charges excessives que le service des enfants trouvés impose aux hospices dépositaires. Il estime que le décret de 1811 leur est funeste ainsi qu'aux enfants eux-mêmes et « il invite le gouvernement à prendre des mesures qui fassent cesser cet état de choses. » Cette demande lui paraît d'autant mieux fondée que plusieurs articles du décret de 1811 ne sont plus en rapport avec la situation actuelle. Tel l'article 9, qui porte que les enfants mâles qui auront atteint l'âge de 10 ans seront mis à la disposition du ministre de la marine. Cette disposition ayant été rapportée, ils restent à la charge de l'hospice jusqu'à ce qu'un âge plus avancé leur permette de pourvoir à leur subsistance. Il en est de même de l'article 12, suivant lequel l'Etat accorde une somme de quatre millions aux hospices. Ces deux articles n'étant pas exécutés, il en résulte une surcharge que les hospices des arrondissements ne sauraient supporter.....

Ces doléances ne furent pas entendues. Le vœu du conseil général ne fut pas plus rempli alors que celui qu'il exprimait le 3 septembre 1844 en demandant que les dépenses intérieures ne fussent plus à la charge des seuls hospices dépositaires, mais de tous les hospices du département sans distinction. Comme nous l'avons dit déjà, la situation ne devait être modifiée que bien longtemps après par la loi financière du 5 mai 1869 qui exonéra les hospices de leurs charges et rendit le service des Enfants assistés départemental.

De 1824 à 1833. — Le rapport au roi présenté en 1837 par M. de Gasparin, ministre de l'Intérieur, contient un tableau du nombre moyen des enfants abandonnés par département et des dépenses totales et moyennes faites pour leur entretien de 1824 à 1833 (tome II, page 310 de l'Enquête de 1849). Nous en extrayons les chiffres ci-après en ce qui concerne le Pas-de-Calais :

ANNÉES	Nombre moyen d'enfants trouvés	Dépense totale	Dépense moyenne par enfant
1824	1,363	155,564 f. 76	114 f. 13
1825	1,323	156,939 12	118 62
1826	1,324	153,715 05	116 09
1827	1,338	155,958 87	116 56
1828	1,273	144,651 » »	113 63
1829	1,342	150,316 31	112 » »
1830	1,419	153,312 57	108 04
1831	1,478	160,839 01	108 83
1832	1,585	169,503 11	106 94
1833	1,642	170,668 73	103 93

De 1834 à 1841. — L'enquête de 1849 (tome II, tableaux II et III) nous fournit également les renseignements ci-après sur les dépenses de 1834 à 1841 :

Années	Dépense totale	Moyenne par enfant	RESSOURCES				
			Sommes inscrites au budget	Contingent des hospices	Produit des amendes	Contingents communaux et autres ressources	Total des ressources
1834	170.675	105.16	120.000	40.009	3.028	»	163.037
1835	198.903	201.72	114.471	84.432	»	»	198.903
1836	163.315	135.01	77.796	83.730	1.789	»	163.315
1837	162.165	139.08	73.663	»	4.832	83.669	162.164
1838	158.443	131.93	76.054	57.205	1.545	»	134.804
1839	160.567	136.65	71.919	60.745	3.293	25.000	160.958
1840	138.506	119.71	49.503	44.903	1.727	»	116.198
1841	142.470	118.43	73.749	60.811	2.528	»	137.121

Dépenses en 1842, en 1845 et en 1869. — D'une enquête faite en 1877 par les inspecteurs généraux des établissements de bienfaisance nous avons extrait les chiffres ci-dessous pour les trois années 1842, 1845 (année qui précéda la fermeture des tours d'Arras et de Saint-Omer) et 1869.

	En 1812	En 1845	En 1869
Dépenses intérieures	24.441 30	13.777 80	23.722 05
Dépenses extérieures	78.348 72	50.768 14	60.983 75
Total . , . .	102.790 02	64.545 94	84.705 80
Dépense moyenne annuelle d'un élève au-dessous de 12 ans . .	105 57	116 45	182 34
Dépense moyenne annuelle d'un élève de 12 à 21 ans (1). . . .	32 97	24 74	70 55
Moyenne générale . .	138 54	141 19	252 89

(1) Frais de séjour d'enfants infirmes, indisciplinés, malades, etc.

*_**

Dépenses générales du service en 1828 et en 1858.

Les membres de la commission d'enquête de 1860 se sont livrés à une intéressante étude comparative des dépenses du service en 1828 et en 1858, à trente ans d'intervalle. Sans prétendre donner des chiffres d'une exactitude absolue, indiscutable, en ce qui concerne l'année 1828, les soins qu'ils ont apportés à leur travail leur permet d'affirmer néanmoins, disent-ils, qu'il se rapproche de la vérité plus que tout autre.

De ce travail il résulte que :

En 1828, pour un nombre moyen de 112 730 enfants abandonnés pour toute la France, la dépense totale a été de 9.794.737 fr. 42, soit une dépense moyenne annuelle par enfant de 86 fr. 88;

Et en 1858, pour un nombre moyen de 80.894 enfants, la dépense totale s'est élevée à 9.281.080 fr. 55 [1], soit une dépense moyenne annuelle par enfant de 114 fr. 74.

Pour le Pas-de-Calais les chiffres étaient les suivants :

(1) Ce total ne comprend pas la dépense des enfants secourus, qui s'est élevée en 1858 à 841.875 fr. 58.

En 1828 (1). — Dépenses intérieures, 48.750 fr.; dépenses extérieures, 104.024 fr.; total, 152.774 fr.

Nombre moyen d'enfants, 1.250; dépense moyenne par enfant, 122 fr. 21.

En 1858. — *1° Élèves des hospices.* — Dépenses intérieures, 8.712 fr. 55; dépenses extérieures, 48.901 fr. 63; total, 57.614 fr. 18.

Nombre moyen d'enfants, 348; dépense moyenne par enfant, 165 fr. 55.

2° Enfants secourus. — Dépenses du service, 3.859 fr. 82; nombre d'enfants secourus, 79; dépense par enfant, 48 fr. 85.

Comme on le voit par les chiffres ci-dessus, la moyenne de la dépense des enfants abandonnés, en 1828 aussi bien qu'en 1858, dépasse sensiblement dans le Pas-de-Calais la moyenne générale.

**

Ce que coûtait à diverses époques l'enfant abandonné.

Du temps de saint Vincent-de-Paul, l'enfant coûtait à peine 30 livres par an.

En 1792, d'après le compte-rendu du ministre Roland, le prix que payait l'administration pour chaque *enfant de la patrie* était de 75 fr.

En 1810, le taux moyen de la dépense annuelle était, suivant l'état du ministre de l'intérieur dont nous avons parlé plus haut, de 95 fr. dans l'ensemble des départements et de 70 fr. dans le Pas-de-Calais.

---

(1) Il y a lieu de remarquer ici que les chiffres relatifs à 1828, d'après l'enquête de 1860, ne sont pas les mêmes que ceux que nous avons donnés plus haut pour la même année d'après le rapport de M. de Gasparin. La différence, au point de vue de la dépense, provient, disent les auteurs de l'enquête de 1860, de ce que le relevé de M. de Gasparin ne comprend pas une partie des frais intérieurs. Il y a aussi un écart, mais peu important, dans le nombre moyen des enfants donné par chacun de ces documents.

Il s'élevait : en 1828, à 80 fr. 88, et dans le Pas-de-Calais, à 122 fr. 21 ; en 1858, à 114 fr. 74, et dans le Pas-de-Calais, à 105 fr. 55 ; en 1869, il était dans le Pas-de-Calais, pour les enfants au-dessous de 12 ans, de 182 fr. 34, et la moyenne générale, pour les enfants de la naissance à 21 ans, s'élevait à 252 fr. 89 [1].

**

En résumé, l'étude qui précède du côté financier du service des enfants assistés dans le Pas-de-Calais avant 1870 nous conduit à ces conclusions : 1° à la suite des mesures administratives prises en 1842 (contrôle sévère des admissions à l'hospice) et bientôt après de la suppression des tours, qui ont eu pour effet de réduire l'effectif des enfants abandonnés, les dépenses générales du service ont sensiblement diminué à partir de cette époque ; 2° par contre, la moyenne de la dépense annuelle par enfant, qui déjà, avant cette même époque, tendait à s'accroître, n'a pas cessé de s'élever graduellement depuis lors, ce qui montre que la condition de chaque enfant individuellement s'est de plus en plus améliorée.

Ces heureux résultats se sont encore accentués après 1870.

Ressources du service.

Suivant le décret du 19 janvier 1811 (article 11), les hospices désignés comme dépositaires étaient chargés des dépenses intérieures (frais de séjour, layettes et vêtures), un crédit de quatre millions étant ouvert au budget de l'Etat pour parfaire les dépenses nécessitées par l'entretien des enfants trouvés, abandonnés et orphelins. L'article 12 ajoutait que « s'il arrivait, après la répartition de cette somme, qu'il y eût insuffisance, il y serait pourvu « par les hospices au moyen de leurs revenus ou d'allocations sur « les fonds des communes. »

Mais l'Etat ne remplit pas longtemps ses obligations. A dater de 1817, les sommes allouées par lui tombent à la charge des départements, la loi de finances du 25 mars de ladite année stipulant que,

---

[1] Nous n'avons trouvé dans aucun document officiel le taux moyen de la dépense annuelle par enfant en 1869 pour l'ensemble des départements.

sur les centimes additionnels à la contribution foncière, il serait prélevé quatorze centimes pour les dépenses départementales, notamment celles *des enfants trouvés et abandonnés*.

Contingent des communes.

C'est dans la même loi qu'il est aussi pour la première fois question du concours des communes. D'après les instructions ministérielles de 1817 à 1819, ce concours ne devait être considéré que comme accessoire et destiné seulement à remédier à l'insuffisance que pourraient présenter les revenus des hospices appelés à recueillir les enfants et les fonds départementaux. Les circulaires des 21 août 1839 et 3 août 1840 réglementant cette question indiquent comme limite extrême du concours des budgets communaux le cinquième des dépenses extérieures.

Quant à la répartition à opérer, le ministre, sans prescrire de règle uniforme pour tous les départements, recommande comme la meilleure base à prendre celle du revenu ordinaire de chaque commune combiné avec le chiffre de la population. Par le chiffre de la population, dit-il, on fait en effet contribuer la commune à raison du nombre probable des enfants abandonnés qu'elle produit, et, par le chiffre du revenu ordinaire, on ne lui impose qu'un sacrifice proportionné aux moyens qu'elle a de le supporter.

Par sa délibération du 2 septembre 1840, le conseil général du Pas-de-Calais adopta ce mode de répartition et décida en même temps d'exempter de tout concours les communes dont les revenus ne s'élèvent pas à 1.000 francs (le revenu ordinaire combiné avec le chiffre de la population).

Dans les ressources du service figurent deux autres produits dont il nous reste à dire quelques mots.

Produit des amendes de police correctionnelle

Le 25 floréal an VIII (14 mai 1800), un arrêté consulaire affecta au paiement des mois de nourrice des enfants trouvés les portions d'amendes et de confiscations attribuées antérieurement « aux hôpitaux, aux maisons de secours et aux pauvres. »

Le produit de ces amendes est peu important. Comme on a pu le voir au tableau des dépenses de 1834 à 1841, que nous avons reproduit plus haut, il variait alors annuellement dans le Pas-de-Calais de 1.500 francs à 5.000 francs environ)[1].

Produit des fondations, dons et legs.

Les revenus des fondations, dons et legs en faveur du service des enfants assistés étaient également fort minimes, contrairement à ce qu'on pourrait supposer. Alors que la charité privée s'exerçait au profit des hôpitaux, hospices, bureaux de bienfaisance, qu'elle dotait généreusement, elle faisait peu de chose pour les malheureux enfants abandonnés, si dignes d'intérêt pourtant à tous les titres. Comment expliquer cette différence ? Par la raison, sans doute, que l'Etat, les départements, les communes étant obligés par la loi de pourvoir à la dépense de ce service il n'y avait pas lieu de s'en préoccuper, tandis que les établissements de bienfaisance ne recevaient des pouvoirs publics que peu ou pas de subventions et devaient trouver ailleurs la plus grande partie de leurs ressources.

Quoi qu'il en soit à cet égard, il n'existait en 1869 de fondations en faveur des enfants assistés que dans une trentaine de départements à peine et le produit total n'en dépassait guère la somme de 400,000 francs, dont les deux tiers environ pour le seul département de la Seine.

Dans le Pas-de-Calais, la seule fondation à mentionner est celle de M. Croichez, juge-de-paix à Calais, qui, par son testament en date du 24 septembre 1807, lègue à l'hôpital civil de cette ville une somme de 1.200 francs « pour être employée à faire apprendre un métier aux enfants abandonnés. » Le produit, qui en est de 66 francs, est, aux termes de la loi du 5 mai 1869, encore affecté actuellement aux besoins du service [2].

---

(1) Il est actuellement d'environ 7.000 francs par an.
(2) L'article 45 § 1ᵉʳ du nouveau projet de loi réorganisant le service des enfants assistés, que le Gouvernement a déposé il y a plusieurs années et que le Parlement ne tardera sans doute pas à voter, est ainsi conçu : « Dans chaque département, le service des Enfants assistés est personne civile. Il peut, à ce titre, recevoir des dons et legs dans les conditions prévues par la loi du 10 août 1871. » Cette disposition sera, nous nous plaisons à l'espérer, féconde en heureux résultats et provoquera des libéralités en faveur d'un service qui, plus que tout autre, mérite d'être soutenu et encouragé par la bienfaisance privée aussi bien que par les pouvoirs publics.

CHAPITRE V

ENFANTS SECOURUS TEMPORAIREMENT [1]

§ 1ᵉʳ. — Historique.

C'est de la Convention que date l'idée première des secours aux filles-mères pour prévenir l'abandon des enfants. Sous le régime des tours institués par le décret du 19 janvier 1811, il n'en fut pas question. Mais lorsque les graves abus auxquels ils donnaient lieu commencèrent à provoquer un mouvement de réaction contre les tours dont ils devaient amener peu à peu la suppression successive par tout le territoire, on en revint naturellement à l'idée de la Convention. Dans son célèbre rapport au roi sur le service des enfants trouvés en 1837, M. de Gasparin, ministre de l'Intérieur, recommande en ces termes aux administrations publiques les secours temporaires :

« La débauche peuple sans doute les hospices d'enfants trouvés ; mais la misère est aussi l'une des causes les plus fréquentes des abandons.

---

[1] Les secours temporaires ayant pris dans le service des enfants assistés du Pas-de-Calais une importance considérable, nous avons cru devoir donner des développements assez étendus à ce chapitre qui, bien que figurant dans la deuxième partie de notre travail (de 1811 à 1870), forme ici un tout complet depuis l'origine de l'institution jusqu'à l'époque actuelle. Il nous a semblé que, dans l'intérêt de l'unité du sujet, il valait mieux ne pas le scinder et qu'on saisirait mieux ainsi l'enchaînement des idées et des faits.

» Si la mère pouvait nourrir son enfant, si, au moment de sa naissance, elle n'était pas souvent dépourvue du plus strict nécessaire, elle se déterminerait difficilement à l'abandonner; si la femme véritablement indigente avait l'espoir d'obtenir un secours alimentaire qui lui permettrait d'élever son enfant pendant les premiers temps, elle le garderait et ne s'en séparerait plus.

» Il s'agirait donc de remplacer, par un bon système de secours à domicile pour la mère, les secours que l'on donne aujourd'hui à l'enfant dans l'hospice; il s'agirait de payer à la mère les mois de nourrice qu'on paie actuellement à une nourrice étrangère. »

L'impulsion était donnée, mais l'institution ne se développa qu'assez lentement par suite d'une certaine défaveur qu'elle rencontra d'abord dans d'assez nombreux départements. La circulaire du 27 mai 1856 réagit contre ces préventions :

« Parmi les moyens qu'elle emploie avec le plus de succès pour prévenir les abandons volontaires, dit le ministre de l'Intérieur, l'administration doit placer en première ligne les secours destinés à conserver sa mère à l'enfant indigent. Morale dans son but, efficace dans ses résultats, source d'économie pour le département dont elle diminue les charges en rendant les expositions moins fréquentes, de bien-être pour l'enfant à qui elle assure une affection et des soins que rien ne saurait remplacer, cette mesure a pourtant rencontré des contradicteurs. Cela tient surtout à une erreur qu'a fait naître et que laisse s'accréditer l'expression généralement employée dans la langue administrative : *secours aux filles-mères*. Ce n'est point à la mère; c'est à l'enfant qu'est accordé le secours. L'expression actuelle est donc impropre et il convient de lui substituer celle de « *secours aux enfants nouveau-nés.* »

La dénomination n'a point prévalu. Elle a été remplacée par celle plus logique et plus exacte de *secours temporaires destinés à prévenir ou à faire cesser l'abandon* employée dans la loi du 5 mai 1869, qui vint consacrer définitivement le nouveau mode d'assistance et classa au premier rang des dépenses extérieures les dépenses auxquelles il devait donner lieu. « Appliquée dans la plupart des départements, réglementée par des instructions ministérielles, dit la circulaire du 3 août 1869, cette institution n'avait pas reçu encore la consécration de la loi. Elle vient de l'obtenir et désormais, j'en ai la confiance, aucune entrave n'en ralentira le progrès. ».

Depuis cette époque, l'institution des secours temporaires prit presque partout une grande extension et répondit aux espérances qu'elle avait fait naître. On verra l'importance qu'elle a acquise dans le Pas-de-Calais. Mais il convient d'examiner tout d'abord ce qu'elle y a été à l'origine et avant la loi de 1869. Nos recherches dans les enquêtes de 1860 et de 1877, ainsi que dans les archives du département, nous fournissent à ce sujet des renseignements intéressants.

§ II. — Origine des secours temporaires dans le Pas-de-Calais : leur objet, leur but.

Les premiers secours accordés paraissent remonter à 1843, quelques années après celle où l'on commença à fermer les tours dans le département. [1] Comme on vient de le voir, ces secours devaient, en principe, être réservés, d'après les instructions ministérielles, aux enfants nouveau-nés que les mères, disposées d'abord à les abandonner, se chargeaient d'élever elles-mêmes à l'aide de l'assistance départementale. L'examen d'un certain nombre d'anciens dossiers, retrouvés dans les archives, nous a convaincu que, dès l'origine, ce mode d'assistance fut appliqué d'une manière beaucoup plus large dans le Pas-de-Calais. Les secours étaient accordés, non seulement à des enfants de filles-mères indigentes, mais aussi et bien plus souvent, à des orphelins recueillis par des parents ou des personnes charitables qui en prenaient soin. Ils l'étaient même dans d'autres circonstances et pour des motifs très-divers. C'est ainsi que nous avons relevé dans les dossiers les allocations de secours ci-après :

A la mère, pour l'aider à élever ses enfants pendant que le père purge une condamnation à l'emprisonnement (Enfant P..., décembre 1862);

A une tante, la mère étant décédée et le père, mauvais sujet, ne prenant aucun soin de ses enfants (Enfant S..., de Sainte-Catherine, 1853);

Au bureau de bienfaisance, pour l'aider à subvenir à l'entretien

---

[1] Il ne s'agit ici que des secours accordés par l'administration départementale. Nous avons vu en effet (1re partie) que dans certaines villes telles que Béthune, Saint-Omer, Boulogne, des secours temporaires étaient accordés même avant 1811 par la Bourse commune des pauvres ou par les administrations hospitalières.

des enfants D..., de Wingles, pendant la détention des père et mère (1860);

Au père et à la mère indigents chargés de famille, et dans une situation particulièrement digne d'intérêt (Epoux B..., de Wizernes, 10 enfants dont 2 idiots);

Au bureau de bienfaisance de Wittes (en 1851), 15 francs par mois, afin de l'aider à pourvoir à l'entretien de trois enfants naturels reconnus, dont la mère était indigente et de mauvaise conduite (secours continué pendant huit ans);

Aux enfants L..., de Dannes, recueillis par des parents à la suite de la disparition des père et mère (secours collectif de 8 francs par mois. — 1851).

Il nous a paru intéressant de mentionner ces divers cas qui éclairent la situation et montrent dans quel esprit, dès l'origine, les secours étaient accordés par l'administration du Pas-de-Calais. Prévenir l'abandon des enfants autant que possible, en les maintenant dans les familles aussi souvent que leur intérêt le permettait, tel était avant tout le but poursuivi. C'était l'application, avant la lettre, de la loi du 5 mai 1869 et la mise en pratique de la définition qu'elle donne des secours temporaires. Ces traditions ont toujours été et sont encore actuellement suivies dans le département.

§ III. — Admission. — Durée et quotité des secours. — Layettes et vêtures. — Assistance médicale. — Fréquentation de l'école. — Légitimation. — Mode de paiement des secours. — Secours de premiers besoins. — Prime de survie.

Admission. — De 1843 à 1846, les admissions étaient prononcées (d'après l'enquête de 1877) par les bureaux de bienfaisance d'Arras et de Saint-Omer, et plus particulièrement dans cette dernière ville par la commission hospitalière. Elles le furent ensuite par arrêtés préfectoraux et, à dater de 1860, l'inspecteur départemental fut appelé à donner son avis sur les demandes de secours comme sur les demandes d'admission à l'hospice.

La demande de secours doit être accompagnée d'un extrait de l'acte de naissance de l'enfant, ainsi que d'un certificat du maire attestant que la mère l'a reconnu et qu'elle est indigente; qu'elle en est à sa première faute et que sa conduite est devenue régulière.

Les secours peuvent être suspendus ou supprimés, si la mère voit sa situation s'améliorer ou si elle retombe dans l'inconduite.

Comme il importe qu'ils ne paraissent pas être une prime donnée à l'immoralité, ils ne sont généralement accordés qu'à des enfants de primipares. Mais cette règle n'a pas un caractère absolu et souffre parfois des exceptions dans certaines circonstances dont le préfet reste juge.

Durée. — Pour les enfants de filles-mères, la durée des secours, avant l'enquête de 1860, variait de département à département suivant une échelle dont le degré le plus élevé était de huit ans et le plus bas d'un an. Dans 30 départements — et le Pas-de-Calais était du nombre — il se prolongeait jusqu'à la troisième année inclusivement. Cette fixation était considérée comme exprimant la situation moyenne et régulière et répondant le mieux au but de l'institution. A cet âge, en effet, l'enfant commence à ne plus réclamer des soins incessants; les salles d'asile lui sont ouvertes et la mère peut reprendre sa vie de travail avec quelque liberté. Les auteurs de l'enquête estimaient d'ailleurs que le service des secours, plus que tout autre, doit laisser une grande part à l'appréciation des autorités locales. « Une règle absolue, indifféremment appliquée à toutes les situations, disaient-ils très-justement, blesserait les uns et favoriserait à l'excès les autres. L'inspecteur départemental peut seul se rendre compte des besoins plus ou moins réels, plus ou moins pressants de chacun. On comprend donc que le département se montre plus généreux dans telles circonstances, plus réservé dans telles autres. L'essentiel est de calculer le secours de façon que la mère indigente à qui l'administration l'offrira, n'ait pas d'excuse pour le refuser et abandonner son enfant, et que plus tard elle n'ait pas à regretter sa détermination. »

Après l'enquête, l'arrêté réglementaire du 30 novembre 1861 stipula (art. 10) que pour les enfants de filles-mères indigentes, les secours pourraient être continués dans certains cas jusqu'à la sixième année, et jusqu'à 12 ans pour les enfants abandonnés ou orphelins recueillis par des parents ou personnes charitables [1].

Quotité du secours. — La diversité constatée par l'enquête de 1860, quant à la durée des secours aux filles-mères, se représente à propos de la quotité, en se compliquant d'un élément de plus : l'âge des enfants.

Pour la première année, d'après l'enquête, les tarifs variaient en 1860 de 3 à 15 fr. par mois, et la moyenne du secours pour tous les départements était de 7 fr. 26. Dans le Pas-de-Calais le taux était de 5 fr.

Pour la deuxième année et dans 72 départements seulement (les autres ne continuant plus le secours au-delà de la première année), la moyenne de l'allocation mensuelle ne dépasse pas 6 fr. 38. Dans le Pas-de-Calais, taux : 4 fr.

Pour la troisième année, dans les 55 départements qui continuent le secours jusqu'à cet âge, la moyenne des tarifs était de 5 fr. 77. — — Dans le Pas-de-Calais, taux : 3 fr.

Pour chacune des trois années, le taux du secours payé dans le Pas-de-Calais était donc inférieur à la moyenne générale.

Il fut augmenté à la suite de l'enquête.

L'arrêté règlementaire du 30 novembre 1861 le porta tout d'abord d'une manière générale de 4 à 10 fr. par mois.

Il fut ensuite l'objet des modifications successives ci-après en vertu d'arrêtés préfectoraux postérieurs pris conformément à des délibérations du conseil général :

31 octobre 1873. — Le minimum des secours temporaires est fixé à 6 fr. par mois et le taux moyen porté de 7 à 8 francs.

L'arrêté dispose en outre que des secours pourront être accordés exceptionnellement jusqu'à l'âge de 14 ans aux enfants atteints d'infirmités physiques ou intellectuelles.

Un autre arrêté, du 6 décembre 1875, fixe le taux de ce secours exceptionnel à 12 fr. par mois, les enfants qui en sont l'objet étant maintenus dans leurs communes d'origine.

---

[1] Pour les enfants abandonnés ou orphelins, les secours sont actuellement continués jusqu'à la treizième année, à la condition expresse que les enfants fréquenteront exactement l'école jusqu'à cet âge, suivant les prescriptions de la loi du 28 mars 1882 sur l'instruction primaire obligatoire.

Un dernier arrêté, en date du 17 janvier 1878 porte le taux moyen des secours à 10 fr. par mois (minimum 7 fr., maximum 13 fr.). Il contient en outre l'innovation suivante : « une vêture pourra être délivrée exceptionnellement aux enfants recueillis par des collatéraux ou des bienfaiteurs, lorsque le maire de la commune en exposera l'urgence. L'expédition s'en fera aux frais du destinataire. La quotité du secours à accorder sera alors fixée de manière que, jointe au prix de la vêture, elle n'excède pas la somme de 13 francs, taux maximum des secours. »

Layettes et vêtures. — Les enfants secourus recevaient généralement une layette, soit des sociétés de charité maternelle, soit du département, aux termes de l'article 19 du règlement de 1861.

Il n'en était pas de même pour les vêtures, qui ne pouvaient être délivrées qu'à titre exceptionnel dans les conditions dont nous venons de parler.

L'assistance médicale gratuite était assurée aux enfants secourus par les médecins de bienfaisance comme aux élèves des hospices.

Ecole. — Au même titre que ces derniers, ils bénéficiaient de la gratuité lorsqu'ils fréquentaient l'école. Quant aux fournitures classiques, elles ne leur étaient pas délivrées aux frais du département, mais du bureau de bienfaisance de la commune à laquelle ils appartenaient.

Légitimation. — Afin de favoriser la légitimation des enfants naturels, toute mère qui, pendant la durée du secours, contracte mariage dans les conditions déterminées par l'article 331 du Code civil peut, aux termes de l'article 22 du règlement de 1861, recevoir une allocation de 60 francs, qui lui est payée sur la production d'un extrait de l'acte de mariage constatant la reconnaissance du père.

Jusqu'en ces dernières années l'allocation dont il s'agit mettait fin aux secours temporaires. Mais cette disposition, au lieu de favoriser les mariages, ayant pour effet de les retarder, M. le ministre de l'Intérieur a, par sa circulaire du 22 novembre 1890, demandé aux conseils généraux de décider « qu'à moins de circonstances exceptionnelles dont le préfet serait juge, la prime de légitimation n'entraînerait plus la suppression du secours. » Le conseil général du Pas-de-Calais en a décidé ainsi dans sa session d'août 1891 et depuis lors le secours est continué même après la légitimation de l'enfant.

Cette mesure ne semble pas avoir beaucoup influé jusqu'ici sur le nombre des légitimations, qui varie généralement de 10 à 15 par an.

Mode de paiement des secours. — Secours de premiers besoins. — En règle générale, les secours temporaires sont, aux termes de l'article 21 du règlement, payés trimestriellement, aux mêmes époques et en la même forme que les pensions des élèves des hospices. Il est toutefois, on le comprend, des cas urgents où une assistance immédiate s'impose, et l'article 19 (dernier paragraphe) dispose que l'arrêté peut prescrire le paiement d'avance du premier mois. Dans quelques départements on va plus loin encore et on accorde aux filles-mères, dès leur délivrance, un secours dit de premiers besoins. Cette allocation est d'autant plus utile que la mère, à peine rétablie « dépense plus et travaille moins. » M. le ministre de l'Intérieur l'a recommandée dans sa circulaire du 11 août 1886 et elle est actuellement accordée dans le département chaque fois que les circonstances le commandent

Prime de survie. — Une autre amélioration que le ministère a préconisée dans ces dernières années est l'allocation de la prime dite de survie. Il s'agit de la fille-mère qui bénéficie de l'assistance départementale et dont l'enfant a été placé en nourrice. Suivant la circulaire du 20 février 1889, le secours doit alors être versé directement entre les mains de la personne qui élève l'enfant. Mais, pour encourager la fille-mère au paiement régulier de la portion laissée à sa charge dans le salaire de la nourrice et créer une sanction pour le cas où cette portion demeurerait impayée, M. le ministre est d'avis qu' « il conviendrait de décider qu'à l'expiration de la première année de cette période, la plus dangereuse pour l'enfant, il sera accordé à la mère qui aura payé régulièrement les mois de nourrice, aussi bien qu'à celle qui aura elle-même gardé et nourri son enfant, une sorte de gratification, de prime de survie égale au secours mensuel ; en d'autres termes, que le secours mensuel sera doublé le douzième mois en faveur des filles-mères dont l'enfant sera vivant, et qui auront, au cours de l'année, payé intégralement la nourrice. »

La prime de survie est accordée dans le Pas-de-Calais depuis l'année 1890.

§ IV. — Secours aux enfants légitimes de familles indigentes.

Dans la grande majorité des départements, les secours temporaires étaient réservés aux seuls enfants naturels. Ils n'étaient pas accordés aux enfants légitimes de familles indigentes, pour cette raison que le code civil (art. 203) impose aux parents l'obligation de les nourrir et que ces enfants ne peuvent être légalement abandonnés (suivant un arrêt du Conseil d'Etat du 13 août 1861). Les mesures d'assistance qui leur étaient nécessaires étaient laissées à la charge des communes ou des bureaux de bienfaisance.

Que, théoriquement, les choses doivent se passer ainsi, nous ne le contestons pas. Mais en toutes choses, et surtout en matière d'assistance, il faut compter avec les faits qui viennent souvent détruire les théories les mieux établies.

Tous ceux que leurs fonctions ou leur situation mettent aux prises avec la réalité ne savent que trop, qu'au mépris des prescriptions du code, les enfants légitimes peuvent être et sont abandonnés comme les autres. Ne voyons-nous pas tous les jours des parents poussés par la misère, peu ou pas secourus par une assistance locale insuffisante, disparaître, abandonnant matériellement leurs enfants qu'ils ne peuvent plus nourrir, les laissant à la charge exclusive de l'assistance publique, qui ne saurait se dérober au devoir de les recueillir ?

Au point de vue social comme au point de vue économique, n'eût-il pas mieux valu pour celle-ci chercher à prévenir cet abandon, en accordant un secours temporaire beaucoup moins onéreux pour elle et qui aurait eu l'inappréciable avantage de maintenir les enfants dans la famille ?

En dehors de ces motifs, il en est d'autres encore qu'il est permis d'invoquer. Ils ont été exposés — la question est aujourd'hui pleinement d'actualité — lors de la discussion à la Chambre des députés du budget du ministère de l'Intérieur pour l'exercice 1898, par M. Emile Rey, représentant du Lot, lorsqu'il a émis le vœu que le crédit proposé pour la participation de l'Etat aux dépenses du service des Enfants assistés fût majoré d'une somme de 450.000 francs, à l'effet de venir en aide dans une plus large mesure aux enfants de familles pauvres. Pour justifier son amendement, l'honorable député a présenté notamment les considérations suivantes :

« La situation actuelle est vicieuse et demande à être améliorée. Par suite de la loi de 1869 qui a créé des secours temporaires pour les enfants naturels, des filles-mères se sont vu octroyer des secours pour leurs enfants, tandis que des veuves dans la même situation d'indigence ne recevaient aucune aide pour leurs enfants légitimes.

« Il y avait là une pratique choquante au point de vue de la morale ; aussi quelques départements, profitant de leur autonomie au point de vue de ce service, qui est un service départemental, ont-ils tenu à remédier à ce déplorable état de choses et ont-ils créé des secours pour certains enfants légitimes. Mais, en général, ces secours ne sont distribués qu'aux enfants de veuves. Or, à côté des veuves, il y a les femmes abandonnées par leur mari, les femmes divorcées ou séparées de corps, qui sont dans une situation aussi digne d'intérêt.

« Il peut y en avoir aussi dont le mari est paralysé ou infirme et dans l'impossibilité de travailler. Ne sont-elles pas encore plus malheureuses que les premières, car, outre la charge de leurs enfants, elles ont encore celle de leur mari ? »

M. le ministre de l'Intérieur, sans pouvoir, pour des raisons d'ordre budgétaire, donner à cette proposition une satisfaction immédiate, a répondu que le Gouvernement ne se refusait pas à examiner la question et, conformément aux conclusions d'un rapport présenté à ce sujet par M. le directeur de l'Assistance et de l'Hygiène publiques, l'étude du vœu de M. Rey a été renvoyée à l'examen du conseil supérieur de l'assistance publique.

Dans le Pas-de-Calais, nous sommes heureux de le constater, l'administration départementale, d'accord avec le conseil général, a devancé la législation et le vœu de l'honorable député du Lot est depuis longtemps rempli.

L'art. 23 du règlement de 1861 est ainsi conçu :

« Des secours semblables *(à ceux dont bénéficient les filles-mères)* pourront être accordés aux femmes veuves indigentes et surchargées d'enfants, dès qu'un crédit spécial aura été voté à cet effet par le conseil général. »

Le crédit dont il s'agit a-t-il été voté et à quelle date ? Malgré nos recherches, nous n'en avons pas trouvé trace dans les procès-verbaux du conseil général. Il semble donc que les secours aux enfants légitimes de familles pauvres aient été accordés par suite d'un accord tacite entre l'administration et l'assemblée départementale, et en dehors de toute délibération spéciale. Les conditions exigées d'abord étaient que la mère (ou le père) fût indigente avec trois enfants au moins au-dessous de 12 ans. L'insuffisance des ressources de la commune et du bureau de bienfaisance constituait d'autre part un important élément d'appréciation. Les secours se sont étendus depuis même à des enfants de femmes délaissées, divorcées ou séparées, dont le mari est soldat ou se trouve, par suite d'infirmité, dans l'impossibilité de travailler.

Des renseignements statistiques contenus dans l'enquête faite en 1877 par les Inspecteurs généraux des établissements de bienfaisance il résulte que, dès 1868, sur 91 demandes de secours accueillies, 58 concernent des enfants naturels et 33 des enfants légitimes.

En 1869, sur 100 enfants admis aux secours temporaires, 67 sont légitimes et 33 naturels.

Depuis lors le nombre des admissions d'enfants légitimes n'a cessé de s'accroître et il a toujours été supérieur à celui des admissions d'enfants naturels.

Nous avons relevé les chiffres ci-après pour un certain nombre d'années qui suivent :

En 1875. — Admis 157 enfants, dont 57 naturels et 100 légitimes.
En 1876. — Admis 181 enfants, dont 58 naturels et 123 légitimes.
En 1883. — Admis 186 enfants, dont 63 enfants de filles-mères, 25 enfants abandonnés et 98 orphelins et enfants de veufs (ou veuves) indigents.

En 1892. — Admis 278 enfants, dont 86 enfants de filles-mères, 87 orphelins ou abandonnés et 105 enfants de veufs (ou veuves) indigents.

En 1897. — Admis 369 enfants, dont 103 enfants de filles-mères, 161 orphelins ou abandonnés et 105 enfants de veufs (ou veuves) indigents.

§ V. — Effets des secours temporaires.

Les secours temporaires aux filles-mères produisent-ils de bons effets sous le rapport du mariage de la mère, de son retour à une meilleure conduite, de la diminution des expositions publiques et des abandons, de la mortalité et de la dépense ? En un mot, l'institution a-t-elle répondu aux espérances qu'elle avait fait naître ?

La question ayant donné lieu à des appréciations diverses, nous ne pouvons pas la passer sous silence.

Les inspecteurs généraux chargés de la grande enquête de 1860 se prononcent nettement pour l'affirmative et consacrent à ce sujet une importante partie de leur travail. Ils ont à cœur de démontrer tout d'abord que l'éducation de l'enfant par la mère, en attachant celle-ci à ses devoirs, a pour conséquence directe de constituer souvent et de resserrer toujours les liens de la famille. De leurs recherches il résulte que le nombre des mariages déterminés par la présence de l'enfant s'élevait en 1860 dans la plupart des départements où l'institution fonctionnait à environ 10 %. La légitimation des enfants était dans tous ces cas la conséquence du mariage, et la reconnaissance, tout au moins, l'effet de la conservation.

D'autre part, la diminution des abandons et des expositions était d'environ 50 %.

Au point de vue de la mortalité, les résultats étaient aussi satisfaisants. Alors qu'elle constatait que pour les enfants des hospices âgés de moins d'un an la mortalité minimum dépassait 56,09 % dans l'ensemble des départements, l'enquête établissait que pour les enfants secourus elle n'atteignait pas 29,56 %.

Enfin, lorsque les calculs budgétaires démontraient que tout enfant des hospices coûtait en moyenne 1.403 fr. 30 pour la période duodéconnale de l'éducation, les mêmes calculs ne faisaient ressortir qu'une dépense de 232 fr. 92 pour la période triennale du secours.

Avantages au point de vue de l'augmentation de la population, avantages moraux, civils, économiques, telle était la supériorité qui résultait de l'application du nouveau mode d'assistance d'après l'enquête de 1860, dont les auteurs résumaient ainsi leurs appréciations : « A quelque point de vue qu'on les envisage, les secours temporaires ont largement répondu aux espérances de l'autorité supérieure. Ils sont un moyen de réparation pour la mère, une sécurité immense pour l'enfant et, sans ajouter aux charges publiques, loin de là, ils réagissent sur la situation des pauvres abandonnés qui ne connaissent pas leur mère. L'enquête l'établit; elle rassurera des scrupules honorables; elle fortifiera des convictions qui sont les nôtres et servira, nous l'espérons, à asseoir définitivement une institution qui peut être mise au rang des progrès les plus considérables de l'administration moderne. »

Les résultats généraux que nous venons d'enregistrer s'appliquaient à l'ensemble des départements où l'institution fonctionnait en 1859. Il nous importait fort, on le comprend, de rechercher quels étaient les résultats particuliers pour le Pas-de-Calais. Mais, contrairement à notre attente, nous n'avons rien trouvé d'intéressant à constater; par une anomalie singulière, l'effectif des enfants secourus n'y était, d'après l'enquête, que de 53, alors que dix ans auparavant, en 1849, il s'élevait à 217. Comment expliquer une telle diminution, alors, semble-t-il, que comme presque partout le contraire eût dû se produire? Pour un nombre si restreint d'enfants quelles conclusions probantes peut-on formuler? Sous le rapport de la mortalité notamment, lorsque les recherches devaient porter sur les enfants décédés dans la première année de leur existence, il était établi que tous les enfants admis aux secours temporaires dans le Pas-de-Calais en 1859 étaient âgés de plus d'un an. A ce point de vue donc, comme aux autres, les résultats de l'application du nouveau mode d'assistance dans le département étaient négatifs, d'après l'enquête de 1860 [1].

---

(1) Les seules constatations intéressantes pour le Pas-de-Calais que l'Enquête de 1860 permette de faire ont trait à la comparaison du nombre des enfants secourus en 1859 avec celui des élèves des hospices et le chiffre de la population.

D'après les tableaux annexes de l'enquête, le nombre des secours étant de 53, et le chiffre de la population de 712.846 habitants, il en résulte qu'on comptait un enfant secouru sur 13.449 habitants, alors que la moyenne générale était d'un enfant sur 2.466 habitants. Le Pas-de-Calais occupait à ce point de vue le 68e rang parmi tous les départements.

D'autre part, si on comparait le chiffre de la population avec le nombre total des élèves des hospices au-dessous de 12 ans et des secourus qui était en 1859 de 340 (53 secourus et 287 élèves des hospices), le rapport était d'un enfant sur 2.096 enfants, et notre département ne venait qu'au 81e rang.

Quel chemin parcouru depuis lors! C'est ainsi qu'en 1897, pour une population de 906.249 habitants, l'effectif total des enfants qui ont participé à l'assistance départementale a été de 2.427 (se décomposant ainsi : pupilles des hospices au-dessous de 13 ans : 489; pupilles de 13 à 21 ans : 521 ; moralement

Si les secours temporaires ont leurs partisans convaincus, ils ont eu longtemps — et ils ont encore aujourd'hui — des adversaires non moins déterminés. Ceux-ci ne se font pas faute de démontrer que les résultats ne sont pas aussi brillants qu'on le prétend.

Pour eux les différences signalées entre la mortalité des élèves des hospices et celle des enfants secourus tiennent en grande partie à ce fait que les deux catégories sont formées d'éléments qu'il n'est pas possible d'assimiler. D'autre part, les secours imposés sans mesure par l'administration en vue de prévenir quand même l'abandon à l'hospice ne seraient pas, autant qu'on l'a dit, une garantie pour la moralité des mères, dont ils favorisent le penchant à la débauche, ni pour l'avenir des enfants, élevés souvent à l'école du vice, destinés à devenir des mauvais sujets et des vagabonds et à faire baisser ainsi le niveau de la moralité publique.

Au point de vue même de la réduction des dépenses, les adversaires des secours temporaires contestent leurs bons effets. A l'origine, disent-ils, les secours, encore peu connus, n'imposaient pas une charge aussi lourde que celle résultant de l'admission à l'hospice. Mais les filles-mères se sont habituées à ce mode d'assistance qu'elles considèrent presque comme un droit. Mieux renseignées et devenues plus exigeantes, elles menacent d'abandonner leur enfant si le secours n'est pas accordé. Le nombre des demandes, de plus en plus recommandées par des notabilités ou personnages politiques, augmente d'année en année, et les charges budgétaires, loin de diminuer de ce fait, tendent au contraire à s'accroître sans cesse.

---

abandonnés : 453; enfants secourus : 1164, soit un enfant assisté sur 373 habitants.

Une dernière constatation intéressante d'après l'enquête de 1860 est la suivante :

Le total des admissions à l'hospice dans le Pas-de-Calais, pour les années 1857, 1858 et 1859 qui ont précédé l'enquête, a été de 198.

Le total des admissions aux secours temporaires pendant le même laps de temps a été de 47.

D'où cette proportion : admissions à l'hospice 80.82 °/₀; admissions aux secours : 19,18 °/₀.

Pour la seule année 1897, le total des admissions à l'hospice a été de 201 (se décomposant ainsi : assistés proprement dits : 141, et moralement abandonnés : 60).

D'autre part, le total des admissions aux secours a été de 369.

D'où cette proportion : admissions à l'hospice : 35.20 °/₀; admissions au secours 64.73 °/₀.

Ces chiffres montrent l'extension considérable prise par le service des enfants assistés pendant ces dernières années, en même temps que la part prépondérante qui y est faite actuellement aux secours temporaires.

Ces diverses critiques nous paraissent fort exagérées.

En toutes choses, sans doute, il y a le bon et le mauvais côté ; il n'est pas de médailles sans revers. Les meilleures institutions — et celle dont nous nous occupons est du nombre — valent surtout par la manière dont elles sont appliquées. Il importe qu'une enquête sérieuse précède toujours l'allocation du secours, qui ne doit jamais être imposé par l'administration en vue d'éviter quand même l'abandon de l'enfant à l'hospice et qui ne sera accordé qu'à bon escient. Comme le dit avec beaucoup de raison un de nos collègues, « le secours temporaire doit être moralisateur et profitable à l'enfant. Il n'est pas dû à toute fille-mère indigente, parce qu'elle est devenue mère. Il ne peut devenir une sorte de prime à l'inconduite et son allocation doit être surbordonnée aux sentiments de la mère pour son enfant. Sachant que la fille-mère ne sera pas secourue par le bureau de bienfaisance, sauf dans des cas exceptionnels, et que la charité privée ne lui viendra pas en aide, le département doit intervenir lorsqu'il se trouve en présence d'une mère qui tient à élever son enfant, qui sait et le veut soigner, qui est laborieuse, honnête et animée du désir de suffire à sa tâche. Dans tous les autres cas, il est préférable que l'enfant aille à l'hospice [1]. »

C'est dans cet esprit que les secours temporaires sont accordés aux filles-mères dans le Pas-de-Calais. En faisant bénéficier de plus en plus largement de ces secours les enfants légitimes de familles indigentes réunissant les conditions dont nous avons parlé, l'administration nous paraît remplir les intentions élevées et généreuses dans lesquelles ils ont été institués et répondre en même temps à la principale critique dont ils ont été l'objet.

§ VI. — Effectif. — Dépenses. — Mortalité.

Nous compléterons le chapitre des enfants secourus temporairement dans le Pas-de-Calais par les quelques renseignements statistiques ci-après sur l'effectif et les dépenses à diverses époques, ainsi que sur la mortalité.

Effectif. — Enfants secourus : en 1844, 28 ; en 1845, 81 ; en 1847, 138 ; en 1849, 217 ; en 1858, 70 ; en 1859, 53 ; en 1868, 258 ;

---

[1] M. le docteur Sellier, Inspecteur des enfants assistés de Seine-et-Oise.

en 1870, 311 ; en 1875, 507 ; en 1883, 677 ; en 1889, 956 ; en 1895, 1.105 ; en 1897, 1.164 ; en 1898, 1.230 [1].

Dépenses. — En 1858, la dépense totale a été de 3.859 fr. 82 pour 79 enfants secourus, soit une dépense par enfant de 48 fr. 85.

Dépenses totales.

En 1870, pour 311 enfants, 15.080 fr. 48, soit par enfant 48 fr. 49.
En 1875, — 507 — 26.082 80, — 51 44.
En 1883, — 677 — 54.061 48, — 79 85.
En 1889, — 956 — 60.021 47, — 62 78.
En 1895, — 1.105 — 74.501 08, — 67 42.
En 1897, — 1.164 — 83.608 19, — 71 82.
En 1898, — 1.230 — 85.473 64, — 69 49.

La dépense par enfant dont il s'agit ici est calculée d'après le chiffre total des enfants qui ont bénéficié de l'assistance départementale pendant tout ou partie de l'année, mais dont un certain nombre ont été l'objet de radiations opérées en cours d'exercice par suite de cessation de secours causée par limite d'âge ou décès.

Quant à la dépense moyenne d'un enfant secouru pendant l'année entière, elle peut être évaluée actuellement à 108 francs (soit 9 francs par mois), somme qui représente la moitié à peine de la dépense moyenne annuelle à laquelle donne lieu un élève des hospices de moins de treize ans.

Mortalité. — Nous n'avons pas trouvé de renseignements statistiques sur la mortalité des enfants secourus avant 1870. Et encore, à partir de cette époque jusqu'en 1883, les rapports de l'Inspection ne donnent que la moyenne de la mortalité pour tous les enfants assistés de moins de douze ans, sans faire de distinction entre les élèves des hospices et les secourus. Il résulte de ces documents que, pour les deux catégories réunies, la moyenne a été de 3,15 % en 1870, 3,52 % en 1875.

A partir de l'année 1883 seulement, il a été possible de comparer la mortalité des élèves des hospices au-dessous de treize ans avec celle des secourus.

---

[1] Ces effectifs comprennent, non pas le nombre des restants au 31 décembre, mais celui des enfants qui ont bénéficié de l'assistance départementale pendant tout ou partie de l'année.

Voici, relevées d'après nos rapports annuels, quelles ont été respectivement les moyennes de mortalité pour l'une et l'autre catégories d'enfants de 1883 à 1898 inclusivement :

Années.	Élèves des hospices.	Enfants secourus.	Années.	Élèves des hospices.	Enfants secourus.
1883	3.96 %	2.06 %	1891	3.00 %	1.49 %
1884	1.18 %	2.40 %	1892	2.01 %	1.60 %
1885	0.84 %	4.08 %	1893	2.16 %	1.91 %
1886	3.75 %	2.29 %	1894	2.79 %	1.31 %
1887	0.57 %	2.02 %	1895	2.12 %	2.08 %
1888	2.80 %	2.19 %	1896	2.21 %	2.75 %
1889	1.72 %	1.56 %	1897	2.24 %	2.66 %
1890	3.07 %	2.78 %	1898	3.52 %	1.62 %

Si, pour l'ensemble de cette période des seize dernières années, on calcule la moyenne générale de la mortalité afférente à l'une et à l'autre catégories on trouve les résultats suivants :

Élèves des hospices au-dessous de 13 ans, moyenne générale 2.40 %.
Enfants secourus — — 2.17 %.

Soit une différence en moins de 0.23 % seulement en faveur des enfants secourus.

On peut donc conclure des chiffres ci-dessus que dans le Pas-de-Calais les chances de survie sont à peu près les mêmes pour les enfants admis dans les hospices que pour les enfants secourus à domicile.

TROISIÈME PARTIE

De 1870 à la fin du XIX° siècle

LE RÉGIME DÉPARTEMENTAL

CHAPITRE PREMIER.

La loi du 5 mai 1869. Ses conséquences financières et autres. Le régime départemental substitué au régime hospitalier. — Le Conseil général du Pas-de-Calais et la proposition Bérenger tendant au rétablissement des tours et du régime hospitalier.

I.

Le décret du 10 janvier 1811 imposait aux hospices dépositaires, nous l'avons vu, de lourdes charges contre lesquelles ils protestèrent à maintes reprises. La loi du 5 mai 1869 vint enfin leur donner satisfaction en introduisant dans les conditions financières du service des Enfants assistés d'importantes modifications. Elle divise les dépenses en trois catégories :

1º Dépenses intérieures qui comprennent les frais occasionnés par le séjour des enfants à l'hospice, les dépenses des nourrices sédentaires et les layettes ;

2º Dépenses extérieures qui comprennent les secours temporaires destinés à prévenir ou à faire cesser l'abandon, les mois de nourrices et pensions, primes, vêtures, frais d'école, de transport, de registres et imprimés de toute nature, de maladie et d'inhumation ;

3º Dépenses d'inspection qui comprennent les traitements et frais de tournées des inspecteurs et sous-inspecteurs, et généralement les frais occasionnés par la surveillance du service.

Les dépenses intérieures et extérieures sont payées dans chaque département sur : 1° le produit des fondations, dons et legs spéciaux faits au profit des enfants assistés ; 2° le produit des amendes de police correctionnelle ; 3° le budget départemental ; 4° le contingent des communes réglé chaque année par le conseil général, et qui ne peut excéder le cinquième des dépenses extérieures ; 5° la subvention de l'Etat égale au cinquième des dépenses intérieures.

Le prix des layettes et les frais de séjour dans les hospices dépositaires sont réglés tous les cinq ans par un arrêté du préfet, sur la proposition des commissions administratives desdits hospices et après avis du conseil général du département.

Les frais d'inspection et de surveillance sont à la charge de l'Etat. Comme conséquence de cette disposition, l'année qui suivit la promulgation de la loi parut un décret, en date du 31 juillet 1870, organisant le service de l'inspection départementale et réservant la nomination du personnel au ministre de l'Intérieur.

Par l'effet de la loi nouvelle les hospices sont donc exonérés de leurs charges. Ils restent seulement des lieux de dépôt pour les enfants recueillis, et ne participent plus aux dépenses du service que dans la faible mesure que comportent l'affectation des locaux et les frais du personnel de surveillance intérieure.

La ressource capitale du service est tirée désormais du budget départemental qui, sauf déduction du produit des legs et des amendes de police, supporte les dépenses dans la proportion des quatre cinquièmes environ. Dans sa circulaire aux préfets en date du 3 août 1869, relative à l'application de la loi, le ministre de l'Intérieur le fait remarquer et insiste sur les conséquences qui doivent résulter de cette modification.

« Les catégories d'enfants établies par le décret du 19 janvier 1811 et l'avis du conseil d'Etat du 20 juillet 1812 sont conservées, dit-il. Il n'est pas innové en ce qui touche le mode de réception, d'assistance, de surveillance des enfants. La tutelle demeure confiée, quant à présent, aux commissions administratives. Mais par cela même que la loi n'impose plus de sacrifices aux hospices dépositaires, que les frais d'inspection et une portion même des dépenses intérieures deviennent une charge de l'Etat, que le contingent départemental est de beaucoup augmenté, l'inspecteur devra être plus étroitement associé à l'exercice de cette tutelle, et les préfets, après délibération du conseil général, auront tout pouvoir pour régler les conditions du séjour des enfants à la maison dépositaire et généralement les relations du département avec l'hospice tuteur. Enfin, bien que la loi du 5 mai ait surtout statué en matière financière, ses dispositions sont destinées à réagir sur le fond même du service, en en concentrant mieux les détails dans vos mains ; elles exerceront une influence facile à prévoir sur le développement des secours temporaires et l'application plus générale des placements à la campagne..... »

De l'ensemble des dispositions de la loi du 5 mai 1869, comme de l'interprétation qui lui est donnée par les instructions ministérielles, il résulte donc que, s'il n'a pas été innové dans les détails de l'organisation même du service des Enfants assistés, un important changement a été néanmoins apporté au point de vue de sa direction. Les hospices, affranchis de leur participation aux dépenses, ont perdu en même temps l'influence prépondérante qu'ils exerçaient précédemment. Le conseil général, aux termes de la loi du 10 août 1871, statue définitivement sur le service des Enfants assistés, dont l'inspecteur, nommé et rétribué par l'Etat, devient réellement le directeur sous l'autorité du préfet. Le régime purement hospitalier, tel qu'il avait été institué par le décret de 1811, a disparu pour faire place au régime départemental.

Le nouveau régime comporte toutefois une anomalie que nous ne saurions passer sous silence. Les commissions hospitalières restent investies, nominalement du moins, de la tutelle des enfants qui leur a été attribuée par la législation antérieure.

S'il était naturel de leur conférer cette tutelle quand elles avaient à subvenir ou à participer dans une large mesure aux dépenses du service, il était anormal de la leur maintenir dès que l'assistance des enfants n'a plus été une charge hospitalière. Comme le constate avec raison le rapporteur du conseil supérieur de l'Assistance publique à propos du dernier projet de loi sur la réorganisation du service, [1] « le bon sens et la loi ne séparent pas les devoirs et les droits qui dérivent de la paternité; de même on ne s'explique pas qu'affranchie de la dépense afférente aux enfants assistés, la commission garde leur tutelle. »

---

(1) Fascicule 38, page 30.

En fait, il est vrai, et longtemps même avant la loi de 1869, l'exercice de cette tutelle, nous l'avons dit déjà [1], était partagé, suivant les instructions ministérielles, avec l'inspecteur départemental qui était chargé de la partie la plus importante : placement et déplacement des pupilles, préparation et signature des contrats de louage et d'apprentissage. Mais cette division, on doit le reconnaître, est contraire aux dispositions de la loi de pluviôse an XIII et du décret de 1811, que des instructions ministérielles ne sauraient suffire à abroger. Comment le préfet peut-il, aux termes de la circulaire du 3 août 1869, « associer étroitement » l'inspecteur à une tutelle dont il n'est pas lui-même investi ?

La situation est illégale et, par conséquent, de nature à créer des difficultés et des conflits, comme il s'en est produit parfois dans notre département [2]. Nous devons dire néanmoins qu'elle est généralement acceptée par les commissions hospitalières et qu'un usage longtemps suivi lui a donné une sorte de consécration et d'apparence de légalité.

Dans le Pas-de-Calais, en particulier, le service n'a plus à en souffrir aujourd'hui. En ce qui nous concerne personnellement, nous n'avons eu pendant ces seize dernières années qu'à nous louer des excellents rapports entretenus avec les commissions hospitalières d'Arras et de Saint-Omer. Le bon accord n'a cessé de régner entre nous, mus uniquement de part et d'autre par une commune préoccupation : l'intérêt des pupilles dont nous avons la charge.

II.

L'historique du service des Enfants assistés dans le Pas-de-Calais pendant le XIX° siècle serait incomplet si nous ne faisions pas ici mention de l'importante proposition de loi déposée au Sénat en 1878 par l'honorable M. Bérenger et plusieurs de ses collègues d'opinions politiques les plus diverses, MM. Taillefert, de Belcastel, Henri Martin, Schœlcher, proposition tendant non-seulement à l'abrogation

---

[1] 2° partie, chapitre II, § VII (Tutelle).
[2] Voir 2° partie, chapitre II, § VII (Tutelle).

de la loi du 5 mai 1869, mais à un retour pur et simple à la législation de 1811, avec rétablissement des tours et restitution complète de la direction du service des enfants abandonnés aux commissions hospitalières.

C'était la réalisation des idées du docteur Brochard qui, par sa campagne retentissante — au lendemain de nos désastres de 1870 — sur la mortalité des enfants du premier âge et le faible mouvement de la population française, avait vivement remué l'opinion publique et croyait trouver dans de telles mesures un remède au mal qu'il signalait.

Quelques années auparavant, l'Assemblée nationale avait voté l'excellente loi du 23 décembre 1874 sur la Protection des enfants placés en nourrice, due à l'initiative d'un autre médecin d'esprit plus pratique, le vénéré M. Théophile Roussel. Le terrain semblait donc bien préparé, et les auteurs de la proposition croyaient pouvoir compter sur le succès.

Le ministre de l'Intérieur soumit le projet Bérenger à tous les conseils généraux, en demandant de faire connaître leur appréciation.

Dans un long et intéressant mémoire, l'inspecteur du Pas-de-Calais (M. Chatelain) se montra résolument opposé au rétablissement des tours, dont il fit ressortir les abus et les funestes effets. A l'appui de ses conclusions il dressa un tableau résumant la situation du service pendant la dernière période décennale (1868-1877), comparée à celle qui avait précédé la suppression effective des tours d'exposition (1833-1842) et contenant des renseignements statistiques aux divers points de vue de l'effectif des enfants de un jour à douze ans, de la mortalité, des dépenses, ainsi que des infanticides et avortements [1].

---

(1) Il nous paraît intéressant de reproduire ici cet important document.

RENSEIGNEMENTS STATISTIQUES

Sur la situation pendant la dernière période décennale, comparée à celle qui a précédé la suppression effective des Tours d'expositions.

1re PÉRIODE. — 1833-1842 (1).							2e PÉRIODE. — 1868-1877 (2).						
ANNÉES	Nombre d'enfants de 1 jour à 12 ans.	MORTALITÉ		DÉPENSES	Infanticides et Avortements		ANNÉES	Nombre d'enfants de 1 jour à 12 ans.	MORTALITÉ		DÉPENSES	Infanticides et Avortements	
		Décès	proportion °/₀		Infanticides	Avortements			Décès	proportion °/₀		Infanticides	Avortements
1833	1.693	244	15.00 °/₀	159.562	»	»	1868	549	6	1.12 °/₀	83.600	1	»
1834	1.563	280	17.90	160.530	1	»	1869	559	21	3.76	81.391	3	»
1835	926	183	19.76	144.139	1	»	1870	576	18	3.15	83.786	»	»
1836	946	212	25.20	122.966	1	»	1871	611	21	3.44	85.051	1	»
1837	722	168	21.88	110.546	2	»	1872	643	15	2.30	87.557	3	2
1838	1.008	172	17.00	105.759	3	»	1873	665	20	2.82	84.652	3	»
1839	919	187	20.00	99.074	1	»	1874	661	36	5.57	88.181	3	1
1840	964	147	15.24	96.890	4	»	1875	675	22	3.52	87.555	3	»
1841	998	166	16.63	100.255	4	»	1876	605	15	2.20	86.391	1	»
1842	973	203	20.85	102.790	1	»	1877	602	22	5.31	88.137	3	»
		Moyenne 18.94 °/₀			Total 18. Moyenne 1.80 °/₀				Moyenne 3.31 °/₀			Total 21. Moyenne 2.10 °/₀	

(1) Régime des Tours. Élèves des Hospices (Enfants trouvés et abandonnés).

(2) Enfants assistés. Élèves des hospices et Enfants secourus à domicile.
 1° Élèves des hospices (Enfants abandonnés ou orphelins). 2° Enfants secourus temporairement ou à domicile (Enfants orphelins ou abandonnés. — Enfants de filles-mères indigentes. — Enfants de veufs indigents chargés de famille).

De cette comparaison il résultait notamment que, sous le régime des tours, la moyenne générale de la mortalité était de 18.04 %, tandis que, dans la période qui avait suivi leur suppression, elle n'était que de 3.31 %. La moyenne des infanticides et avortements, qui était de 1.80 % sous le régime des tours, ne s'élevait qu'à 2.10 % seulement après leur disparition, soit une différence insignifiante de 0.30 % en plus.

L'inspecteur faisait observer, en outre, qu'avec le rétablissement des tours il fallait s'attendre à voir s'accroître dans des proportions considérables l'ensemble des dépenses par suite de l'augmentation certaine non-seulement de l'effectif général des enfants abandonnés, mais aussi des frais occasionnés par l'entretien de chaque élève des hospices individuellement, ces frais s'élevant alors au double de ce qu'ils étaient sous le régime des tours.

Tous ces arguments furent impuissants à convaincre le conseil général, dont le siège était fait à l'avance. M. le docteur Gody, partisan presque enthousiaste du décret de 1811, présenta, au nom de la commission, un rapport de tous points favorable au projet Bérenger, concluant au rétablissement des tours, même non surveillés, et à l'abrogation de la loi du 5 mai 1869. L'admission, la direction, la tutelle et la surveillance des enfants devaient appartenir aux administrations hospitalières, qui auraient eu la charge de leur entretien, l'État, le département et les communes venant en aide à celles-ci par des subventions annuelles en proportion de leurs besoins et du nombre des enfants assistés. Les inspecteurs départementaux seraient choisis désormais dans le corps médical. Deux membres du conseil général seraient délégués pour participer aux délibérations des commissions hospitalières. Enfin il serait créé une direction générale du service des enfants assistés au ministère de l'Intérieur.

Ces conclusions furent votées sans discussion par le conseil général dans sa séance du 24 août 1878.

Le succès de la proposition Bérenger n'en fut pas assuré pour cela. Sur l'ensemble des 86 conseils généraux, 7 seulement se déclarèrent en sa faveur à l'unanimité et sans réticences [1]. 7 autres

---

(1) Pas-de-Calais, Haute-Saône, Seine-et-Marne, Manche, Finistère, Morbihan, Vendée.

l'admirent sous réserves, mais après débats contradictoires, à la majorité des voix [1]. Elle fut repoussée par les autres, soit par la grande majorité des départements français. C'était la condamnation de l'institution surannée de la *ruota*, du tour, qui d'ailleurs a disparu graduellement dans presque tous les pays où elle avait été anciennement établie, et en même temps la consécration pour le service des enfants assistés du régime départemental, substitué définitivement au régime hospitalier. Il n'a pas perdu au change, comme on le verra dans le chapitre qui suit.

---

[1] Meurthe-et-Moselle, Aisne, Ariège, Haute-Garonne, Ardèche, Haute-Loire, Oise.

CHAPITRE II

Principales Réformes et Améliorations réalisées de 1870 à la fin du XIXᵉ Siècle.

Frais de séjour. — Tarifs de pension. — Vêtures. — Service médical. — Instruction. — Inspection. — Épargne. — Pupilles infirmes majeurs.

ANS la première partie de ce travail, nous avons exposé l'organisation complète du service, ainsi que sa situation, à partir de l'application du décret de 1811 jusqu'en 1870. Il nous reste à montrer l'évolution accomplie depuis lors jusqu'à la fin du siècle.

L'organisation générale et ses principaux rouages n'ont pas changé. Le service des enfants assistés a subi pourtant de profondes modifications. Comme un arbre dont le tronc est resté le même, mais qui s'est étendu et a poussé de nouveaux rameaux, il s'est développé considérablement, pendant les dix dernières années surtout, et l'on peut dire, sans exagération, que son importance a plus que doublé. L'application de la loi du 24 juillet 1889 a été le point de départ d'une véritable transformation. Elle n'eut pas seulement pour effet la création d'une nouvelle catégorie de pupilles : les moralement abandonnés, dont nous nous occuperons dans un chapitre spécial ; par une sorte de répercussion sur l'ancien service, elle amena peu à peu une recrudescence d'admissions d'enfants assistés proprement dits, dont le nombre, autrefois presque stationnaire augmente maintenant chaque année d'une manière presque mathématique. Ces effets se font d'autant plus sentir que le département est plus vaste et que sa population, surtout la plus nécessiteuse, tend sans cesse à s'accroître. Avec l'application de la loi de 1889 et sous l'active impulsion donnée par la direction de l'Assistance publique au ministère de l'Intérieur, s'ouvrit, d'autre part, dans le Pas-de-Calais comme dans la plupart des départements, une ère féconde de réformes et d'améliorations. Ainsi qu'on a pu le voir déjà dans le chapitre spécial que nous leur avons consacré, les secours temporaires ont pris une extension considérable et le crédit qui leur est affecté va croissant chaque année. Les tarifs de pension pour les pupilles au-dessous de 13 ans, ainsi que les tarifs pour frais de séjour à l'hospice, ont été sensiblement relevés. Les vêtures des enfants de chaque âge jusqu'à 13 ans ont été révisées à l'effet de les rendre plus complètes et plus confortables. De notables améliorations ont été apportées dans le service médical. L'instruction des enfants a été particulièrement l'objet de la sollicitude de l'administration qui n'a reculé devant aucun sacrifice pour la développer. Les versements à la caisse d'épargne ont été de plus en plus encouragés, et les deniers pupillaires se sont accrus dans des proportions considérables. Le personnel de l'inspection ainsi que la surveillance ont été augmentés. Le service des pupilles infirmes majeurs a été créé. Nous passerons successivement en revue dans ce chapitre chacune des améliorations ou réformes réalisées, ainsi que les principaux résultats obtenus pendant les dernières années.

§ 1. — Frais de séjour, layettes, nourrices sédentaires. Périodes quinquennales de 1870 à 1900.

Aux termes de l'article 5 de la loi du 5 mai 1869, les frais de séjour des enfants assistés dans les hospices dépositaires, de nourrices sédentaires et de layettes, qui constituent les dépenses dites intérieures du service, sont réglés tous les cinq ans par arrêté du préfet, sur la proposition des commissions hospitalières et après avis du conseil général du département.

Voici les tarifs établis pour les six périodes quinquennales qui se sont succédé depuis 1870 jusqu'en 1900 :

Période 1870-1874. — Prix des layettes, 26 francs.

Frais de séjour { pour les enfants au-dessous de 12 ans . 0.50 par jour.
pour les pupilles de 12 à 21 ans . . . 0.70 —

Nourrices sédentaires. — Pensions . . . . . 450 francs.

Période 1875-1879. — Layettes, 26 francs.

Frais de séjour { pour les enfants au-dessous de 12 ans . 0.60 par jour.
pour les pupilles de 12 à 21 ans . . . 0.80 —

Période 1880-1884. — Mêmes prix que pour la précédente.

Période 1885-1889. — Mêmes prix que pour les deux périodes précédentes.

Période 1890-1894. — Layettes, 26 francs.

Frais de séjour { pour les enfants au-dessous de 12 ans . 0.80 par jour.
pour les pupilles de 12 à 21 ans . . . 1 » —

Période 1895-1899. — Layettes, 26 francs.

Frais de séjour { pour les enfants de moins de 12 ans . . 0.80 par jour.
pour les pupilles de 12 à 21 ans . . . 1 » —

Enfants en traitement à l'hôpital pour maladie et quel que soit leur âge, prix de journée, 1 franc.

Il résulte des renseignements ci-dessus que si le prix des layettes n'a pas varié depuis 1870, ce qui peut s'expliquer par la considération que depuis lors la valeur des matières entrant dans leur confection a plutôt diminué qu'augmenté, d'autre part les prix de journée, tant pour les enfants au-dessous de 12 ans que pour les pupilles de 12 à 21 ans, ont subi, notamment à l'époque du renouvellement de la période 1890-1894, une sensible augmentation.

D'après les travaux de la commission législative de 1869 et les instructions ministérielles qui suivirent le vote de la loi, les enfants assistés n'ont jamais été, au point de vue spécial dont nous nous occupons, assimilés aux pensionnaires habituels des hospices, sous la tutelle desquels ils sont encore maintenus. C'est ainsi qu'il a été établi en principe que le prix de journée devait être basé pour les enfants au-dessous de 12 ans sur le taux de la pension des enfants confiés à des nourriciers et, pour les pupilles de 12 à 21 ans, sur la moyenne des pensions exceptionnelles accordées aux enfants infirmes placés à la campagne.

Les tarifs actuels pour frais de séjour sont notablement supérieurs dans le Pas-de-Calais aux prix moyens des pensions payées aux nourriciers, tant pour les enfants au-dessous de douze ans que pour les pupilles infirmes de douze à vingt-et-un ans maintenus à la campagne.

En outre, par une innovation dont on ne trouve pas ailleurs d'exemple, dans les départements voisins tout au moins, le prix de journée payé pour les enfants en traitement à l'hôpital comme malades a été porté au maximum (1 franc), quel que soit leur âge.

La loi du 5 mai 1869 prévoit dans les dépenses intérieures les frais occasionnés par les nourrices sédentaires à l'hospice. Dans le Pas-de-Calais, le nombre très-restreint d'enfants abandonnés en bas-âge ne rend plus depuis longtemps cette dépense nécessaire.

Comme nous l'avons dit déjà précédemment [1], les enfants recueillis par l'assistance publique doivent, s'ils sont valides, être placés au dehors à bref délai chez des nourriciers ou des patrons et séjourner le moins longtemps possible dans les hospices dépositaires où leur maintien trop prolongé présente des inconvénients à divers points de vue. Sous le régime hospitalier, nous l'avons vu, le Pas-de-Calais était un des départements où la moyenne des frais de séjour était la moins élevée, ce qui était considéré généralement comme une preuve de bonne administration.

La situation est restée satisfaisante à ce point de vue, comme on en peut juger par le tableau suivant afférent aux trois derniers exercices :

ANNÉES	NOMBRE TOTAL DES PUPILLES	DÉPENSE TOTALE DU SERVICE	FRAIS DE SÉJOUR A L'HOSPICE
1896	1.150	220.464 fr. 68	6.771 fr. 08
1897	1.263	245.186 80	8.085 49
1898	1.352	262.050 »»	9.285 47

---

(1) 2ᵉ partie, chapitre IV (Dépenses intérieures).

L'effectif des pupilles et par conséquent le chiffre de la dépense totale du service augmentant très-sensiblement chaque année, il en résulte nécessairement que les frais de séjour à l'hospice s'accroissent aussi, mais raisonnablement et dans des proportions relativement modestes.

§ II. — Tarifs de pension.

Nous avons vu précédemment [1] que les tarifs de pension fixés par l'arrêté règlementaire du 30 novembre 1861 étaient les suivants :

Hospice d'Arras. — Garçons de 1 à 12 ans, 10 francs par mois ; filles, de 1 à 12 ans, 8 francs par mois.

Hospice de Saint-Omer. — Première année, 9 fr. 50 par mois pour les deux sexes ; de 2 à 12 ans, 9 francs.

Pendant une période de douze ans, les tarifs ne furent l'objet d'aucune modification. Par arrêté préfectoral du 01 octobre 1873, ils furent fixés :

Pour les enfants des deux sexes de 1 jour à 1 an, 11 francs ; pour les garçons de 1 à 12 ans, 11 francs ; pour les filles de 1 à 12 ans, 9 francs.

L'arrêté du 6 décembre 1875 porta les prix de pension des enfants des deux sexes au-dessous d'un an de 11 à 15 francs.

Une amélioration plus importante est celle que réalisa le conseil général à la suite du vote de la loi du 28 mars 1882 rendant la fréquentation de l'école obligatoire jusqu'à l'âge de treize ans. Avec une spontanéité et un esprit libéral qui l'honorent, il décida, à sa session d'août 1883, que les pensions seraient désormais continuées jusqu'à treize ans sauf pour les enfants qui, par suite de l'obtention du certificat d'études, seraient retirés de l'école avant cet âge. Cette disposition, en mettant les règlements antérieurs en harmonie avec la loi nouvelle, eut pour effet d'assurer à de malheureux enfants, déshérités sous tant de rapports, le bienfait d'une instruction primaire intégrale qui devait les préparer à soutenir plus tard, sinon à armes égales avec tous, mais du moins dans des conditions avantageuses, le dur combat pour l'existence.

---

(1) 2ᵉ partie, chapitre IV (Dépenses).

Quelques années plus tard, l'assemblée départementale devait faire plus encore en augmentant très-sensiblement les tarifs mêmes de pension. Ce fut la première et la plus importante des améliorations apportées dans le service à la suite de l'application de la loi du 24 juillet 1889 sur les moralement abandonnés.

Le conseil général ayant décidé l'assimilation pour la dépense des moralement abandonnés aux enfants assistés proprement dits, la subvention de l'État, qui n'était précédemment que du cinquième des dépenses intérieures, fut, conformément à l'article 25 de la loi nouvelle, portée au cinquième des dépenses intérieures et extérieures, et il en résulta tout d'abord pour le département un important boni dont seul le service fut appelé à profiter.

Les tarifs de pension des enfants au-dessous de 13 ans n'avaient, nous venons de le voir, été augmentés depuis l'arrêté du 30 novembre 1861 que dans une assez faible mesure. « Pour diminuer, disait avec raison M. le ministre de l'Intérieur (circulaire du 16 août 1889), l'effrayante mortalité des pupilles en leur procurant de bonnes nourrices, pour assurer plus tard à ces enfants une alimentation et une hygiène convenables, pour déterminer leurs patrons à les envoyer régulièrement à l'école, il est indispensable d'allouer un prix de pension rémunérateur. Il n'est ni juste de réclamer, ni possible d'obtenir des nourrices, des nourriciers, des patrons, un acte de bienfaisance, un sacrifice en faveur des pupilles. Le salaire payé à ces personnes doit être calculé de telle sorte qu'après l'exécution fidèle des engagements qu'elles contractent, elles réalisent encore un bénéfice. Ce profit n'est pas seulement licite ; il est, au point de vue des nourrices, nourriciers et patrons, la raison d'être du contrat. Les tarifs adoptés sont-ils dans leur ensemble établis de façon à laisser à cette clientèle de l'administration une marge appréciable de bénéfice ? »

Dans le Pas-de-Calais, comme dans la plupart des départements, la négative n'était que trop certaine. Si le taux de 15 francs par mois pour les enfants de moins d'un an, celui de 9 et 11 francs pour les enfants de 1 à 13 ans, soit une moyenne d'un peu moins de 34 centimes par jour, avaient pu autrefois être considérés comme suffisants, ils ne l'étaient plus à une époque où les prix de la plupart des denrées nécessaires à la vie s'étaient accrus dans de notables proportions. Une révision s'imposait donc. A la suite d'un rapport de l'inspecteur départemental, le conseil général adoptait, dans sa session d'août 1890, les tarifs ci-après qui furent appliqués à partir du 1er janvier 1891 :

Enfants de la naissance à un an	au sein 25 fr. par mois. au biberon 20 —	
— de 1 à 3 ans	15	—
— de 3 à 11 ans	12	—
— de 11 à 13 ans	14	—

Le prix de 25 francs pour les enfants au-dessous d'un an est celui exigé généralement par une bonne nourrice au sein. En principe ce mode d'alimentation doit être le seul employé. Mais il arrive qu'en fait on ne peut pas toujours y recourir, les enfants de moins d'un an au moment où ils sont admis à l'hospice ayant déjà été parfois élevés au biberon avant leur abandon et ne voulant plus ensuite prendre le sein. Une distinction de prix, suivant l'une ou l'autre alimentation, a donc paru nécessaire.

On remarquera que, si les tarifs sont réduits pour les pupilles de la deuxième et de la troisième catégories, ils se relèvent pour ceux de la quatrième (de 11 à 13 ans). A cet âge en effet les enfants consomment davantage, et la fréquentation de l'école étant toujours aujourd'hui rigoureusement exigée — alors qu'autrefois les nourriciers usaient souvent de la faculté de les employer à leurs travaux — les placements deviennent plus difficiles.

D'autre part, il n'est plus question de la distinction de prix, pour les garçons et pour les filles, établie par l'arrêté du 30 novembre 1861, et qui n'existait nulle part ailleurs que dans le Pas-de-Calais.

Pour toutes les catégories d'âge, nos tarifs actuels sont supérieurs aux tarifs moyens de l'ensemble des départements dont une circulaire récente de M. le ministre de l'Intérieur [1] contient l'indication ;

---

(1) Circulaire du 21 février 1899. Voici, d'après ce document, quels sont les tarifs moyens pour l'ensemble des départements et, d'autre part, les tarifs de l'Assistance publique de Paris :

Tarifs moyens.		Tarifs de l'Assistance publique de Paris.	
Pupilles de :		Pupilles de :	
Moins d'un an { au sein	20 fr.	Moins d'un an, au sein ou au biberon	25 fr.
au biberon	18 »		
1 à 2 ans	14 »	1 à 2 ans	20 »
2 à 3 ans	11 »	2 à 3 ans	15 »
3 à 6 ans	10 »	3 à 13 ans	13 »
6 à 13 ans	9 »		

ils se rapprochent sensiblement de ceux de l'Assistance publique de Paris, si largement dotée, et qui ne compte pas moins de cinq grandes agences d'enfants dans le Pas-de-Calais. Il en résulte pour nous une concurrence redoutable, qui aurait fini par rendre nos placements difficiles ou tout au moins très-défectueux, si nous étions restés dans le *statu quo*.

§ III. — Vêtures.

Sous le régime hospitalier, les dépenses auxquelles donnaient lieu les vêtures figuraient parmi les dépenses intérieures et les hospices dépositaires en supportaient seuls la charge. La loi du 5 mai 1869 les en exonéra et classa les frais de vêtures parmi les dépenses extérieures à la charge des départements et des communes.

Lors de l'enquête générale de 1860, l'évaluation de la somme totale payée pour les vêtures d'un enfant assisté pendant la période duodécennale de l'éducation *(de la naissance à 12 ans)* était : pour l'hospice d'Arras, de 329 fr. 91, et, pour l'hospice de Saint-Omer, de 238 fr. 85. Le Pas-de-Calais occupait à cet égard, nous l'avons dit, un des premiers rangs parmi les départements français.

Pendant une période de plus de trente ans, peu de modifications furent apportées dans cette partie du service. Les arrêtés du 30 novembre 1861 et du 20 janvier 1870 élevèrent les prix dans une certaine mesure, mais sans changer la composition de chaque vêture. L'arrêté du 29 décembre 1884, au contraire, apporta une légère modification dans la vêture des garçons de l'hospice d'Arras, par l'adjonction de bas ou de chaussettes de laine dont ceux-ci étaient dépourvus précédemment.

Une réforme beaucoup plus importante devait être réalisée quelques années plus tard. A la date du 13 juin 1891, sur la proposition de l'inspecteur départemental, le préfet du Pas-de-Calais adressait la lettre suivante aux commissions hospitalières d'Arras et de Saint-Omer :

Monsieur le Vice-Président,

La composition et le prix des vêtures délivrées aux enfants assistés du département ont été, vous le savez, déterminés par l'arrêté réglementaire du 30 novembre 1861, dont les dispositions ont été modifiées (en ce qui concerne les prix), par l'arrêté du 20 janvier 1870 et une seconde fois, dans une très faible mesure seulement, en ce qui concerne la composition des vêtures de quelques catégories d'élèves de l'hospice d'Arras, par l'arrêté du 29 décembre 1881.

A part les modifications précitées, il n'a été apporté aucun changement depuis trente ans dans cette importante partie du service.

L'administration considère qu'il est de son devoir de ne rien négliger de ce qui peut améliorer, au point de vue matériel comme à tous les autres points de vue, la situation de nos pupilles.

Dans ces dernières années, quelques réformes importantes ont déjà été réalisées.

En 1889, conformément aux propositions des commissions hospitalières, les frais de séjour dans les hospices ont été l'objet d'une augmentation assez sensible.

En 1890, les tarifs des pensions payées pour les élèves au-dessous de 13 ans ont été équitablement révisés dans le but d'assurer un meilleur recrutement des nourrices et de placer nos pupilles dans une condition plus satisfaisante sous le rapport de l'éducation et de l'hygiène.

Il m'a semblé que pour les vêtures il y avait également quelque chose à faire et qu'une révision de cette partie du service pourrait être aujourd'hui utilement opérée.

Si, d'une manière générale, les conditions de l'existence, au point de vue du bien-être et du confortable, ont été améliorées depuis trente ans, n'est-il pas juste que nos pupilles profitent eux aussi dans une certaine mesure de cette amélioration ?

Le surcroît de dépenses peu considérable d'ailleurs, à mon avis, qui pourrait en résulter pour le budget des Enfants assistés sera d'autant plus facilement supporté que l'Etat, en prenant désormais à sa charge le cinquième de toutes les dépenses du service, encourage lui-même, par son généreux concours, les départements à entrer dans cette voie.

Dans la question qui nous occupe, il importe tout d'abord que les étoffes à employer soient de bonne qualité et que les différents objets composant les vêtures de nos pupilles soient confectionnés solidement et bien appropriés à l'âge et au sexe.

D'autre part, au point de vue de la couleur des vêtements et de leurs nuances, une trop grande uniformité doit être évitée, afin de différencier aussi peu que possible les élèves des hospices des autres enfants de la commune où ils sont placés, et de ne pas les désigner, par une sorte de livrée distinctive, à l'attention malveillante ou dédaigneuse d'une partie du public.

S'il est permis d'en juger par les réclamations dont le personnel de l'Inspection, au cours de ses tournées périodiques, est fréquemment saisi par les nourriciers, la composition des vêtures actuellement en usage laisserait à désirer sous le rapport de la quantité de certains objets fournis.

C'est ainsi, pour entrer à ce sujet dans quelques détails, que le nombre de deux chemises et de deux paires de bas par année est généralement considéré comme insuffisant. Une troisième chemise et une troisième paire de bas ou de chaussettes sembleraient pouvoir être ajoutées utilement à la vêture des garçons ainsi qu'à celle des filles.

Plusieurs objets, reconnus aujourd'hui de première nécessité, font absolument défaut à quelques catégories d'enfants : les garçons de sept à treize ans sont dépourvus de mouchoirs de poche et de cravates, filles et garçons manquent de tricots de laine ou de coton pour l'hiver. Un caraco de lainage pourrait être utilement ajouté à la vêture des filles pour cette même saison.

D'autre part, des articles qui entrent actuellement dans la composition des vêtures, tels que des morceaux de toile grise pour draps de lit et paillasses, pourraient, semble-t-il, être supprimés sans inconvénients; car on doit admettre que les nourriciers, en demandant à élever des enfants assistés, sont pourvus de meubles et objets de literie nécessaires à cet usage, comme du logement qui sert à les abriter.

Je signale ces divers *desiderata* à titre d'indication seulement, et sans prétendre nullement énumérer ici toutes les modifications qu'il conviendrait d'apporter dans cette partie du service.

C'est aux commissions hospitalières qu'il appartient surtout d'en faire l'objet d'une étude approfondie.

J'ai donc l'honneur de vous prier, Monsieur le vice-président, de soumettre cette question de révision des vêtures à vos collègues, afin que le Conseil général soit à son tour en mesure d'en délibérer à la session d'août prochain et que la réforme projetée puisse être réalisée à partir de l'année 1892.

La commission voudra bien me présenter ses propositions en indiquant dans un tableau détaillé la future composition des vêtures pour chaque âge et chaque sexe depuis le 10ᵉ mois jusqu'à 13 ans, suivant la disposition adoptée déjà dans l'arrêté règlementaire du 30 novembre 1861 ; ce tableau comporterait cinq colonnes pour la désignation des objets, leur nombre, la dimension ou le poids, la valeur de chaque objet confectionné, la valeur de chaque article.

Afin de mieux se rendre compte des modifications apportées, il conviendrait qu'on regard de chaque vêture nouvelle fût indiqué le prix de chacun des objets composant la vêture ancienne.

Je vous serai très obligé de vouloir bien me faire parvenir les propositions de la Commission hospitalière au plus tard pour la date du 5 juillet 1891.

Agréez, etc.

Le Préfet du Pas-de-Calais,
ALAPETITE.

A la suite de cette communication, l'inspecteur entra en pourparlers avec les commissions hospitalières à l'effet de s'entendre sur la révision projetée. Les principales modifications adoptées furent les suivantes : un tricot de laine pour l'hiver ; une troisième chemise et une troisième paire de bas furent ajoutées à chacune des vêtures des garçons et des filles jusqu'à la 13ᵉ année. Les vêtures des filles furent complétées par un caraco, un bonnet de linge et un troisième tablier ; celle des garçons par l'adjonction de deux cravates et de deux mouchoirs de poche. Suivant les instructions données, les commissions hospitalières s'attachèrent à éviter, au point de vue de la couleur et de la confection des objets fournis, une uniformité qui aurait pu faire distinguer les pupilles de l'assistance des autres enfants de la région dans laquelle ils habitaient.

Le travail, qui était long et minutieux, fut mené à bonne fin dans les derniers jours de l'année. Il se trouve résumé dans l'arrêté préfectoral du 8 janvier 1892, qui détermine la composition de chaque vêture des enfants jusqu'à 13 ans par âge et par sexe, avec le nombre, la dimension ou poids et la valeur de chaque objet dont elle est formée, ainsi que le prix total pour l'un et l'autre des hospices d'Arras et de Saint-Omer.

De la comparaison de l'état de choses actuel avec celui de 1860 il résulte, somme toute, que treize vêtures au lieu de douze sont délivrées à nos pupilles et que l'évaluation de la dépense totale par enfant depuis la naissance jusqu'à treize ans est aujourd'hui :

Pour l'hospice d'Arras, de 538 fr. 45 (au lieu de 329 fr. 91), soit une différence en plus de 208 fr. 54 ;

Pour l'hospice de Saint-Omer, de 472 fr. 22 (au lieu de 238 fr. 85), soit une différence en plus de 233 fr. 37.

L'amélioration apportée dans le service des vêtures vint heureusement compléter celles réalisées les années précédentes au point de vue des frais de séjour dans les hospices et des tarifs de pension.

§ IV. — Service médical.

Les enfants assistés sont les pupilles du département, ses enfants adoptifs, et, à ce titre, le département doit leur assurer les soins médicaux nécessaires. Il y pourvoit actuellement par l'article 3 du règlement du 10 mai 1895 sur l'Assistance médicale gratuite, qui n'a fait en cela que reproduire les dispositions antérieures de l'arrêté du 20 mars 1856 et de l'arrêté réglementaire du 30 novembre 1861, en imposant aux médecins de bienfaisance qu'il subventionne l'obligation « d'exercer sur les enfants trouvés ou abandonnés et sur les orphelins pauvres une surveillance morale et *médicale*, » qui complète celle dont sont déjà chargés les médecins-inspecteurs de la protection du premier âge.

Mais les soins que réclament les pupilles au-dessous de six ans et surtout au-dessous de deux ans exigeant de la part du médecin une attention et une assiduité particulières — n'est-ce pas, en effet, pendant cette première période que leur frêle existence est le plus menacée, a le plus besoin d'être protégée ? — il a paru utile et équitable de rétribuer spécialement les médecins de bienfaisance pour les soins donnés aux enfants de cette catégorie. Le conseil général l'a pensé ainsi et, dans sa session d'août 1896, il a, sur la proposition de M. le préfet, voté le crédit nécessaire à l'effet d'allouer aux médecins une prime annuelle de six francs par enfant de moins de deux ans et de trois francs par enfant de deux à six ans.

Les médecins de bienfaisance sont tenus :

1° De constater l'état des enfants assistés dès leur arrivée dans le lieu de placement ; de les visiter ensuite régulièrement une fois par mois jusqu'à deux ans, une fois par trimestre de deux à six ans, et, de plus, en cas de maladie ou d'accident, aussi souvent que cela sera nécessaire, comme ils doivent le faire d'ailleurs pour les enfants assistés en général, quel que soit leur âge ; et de consigner, séance tenante, au livret de l'enfant, la date de chaque visite, ainsi que le résultat de leurs observations et prescriptions ;

2° De vacciner, dans les trois premiers mois de leur envoi en nourrice les enfants en bas-âge, s'ils n'ont pas encore été vaccinés précédemment ; et de revacciner les pupilles à dix ans et à vingt ans [1].

---

[1] Il est reconnu aujourd'hui, on le sait, que l'immunité procurée par la vaccination contre la variole ne dépasse pas en moyenne une dizaine d'années. De ce fait résulte pour l'administration l'obligation d'ordonner, en faveur des pupilles de l'assistance publique, les mesures de préservation que la science médicale préconise contre une maladie qui fait encore tant de victimes dans notre pays. Il a été décidé en conséquence, suivant les instructions ministérielles du 12 octobre 1891, que les enfants assistés seraient désormais revaccinés à l'âge de dix ans et à l'âge de vingt ans, et, en outre, toutes les fois qu'une épidémie de variole se déclarera dans la région qu'ils habitent.

3° Lorsqu'une épidémie se manifeste dans une commune, de s'y transporter immédiatement pour visiter tous les enfants; de prendre ou de proposer les mesures nécessaires pour les préserver de la maladie et de faire connaître à l'inspecteur, avec le nombre des enfants atteints par la contagion, les dispositions préservatrices qu'il conviendrait d'adopter;

4° D'indiquer au livret de chaque enfant décédé la date et les causes du décès.

Les instructions qui précèdent furent rappelées aux médecins de bienfaisance par la circulaire préfectorale du 30 décembre 1896.

Afin de faciliter leur tâche, il leur est adressé au moment de chaque placement dans leur circonscription une feuille d'avis indiquant les nom et prénoms de l'enfant, la date de sa naissance, le numéro d'immatriculation; les nom et domicile du nourricier ou patron.

Le règlement des honoraires, pour les enfants au-dessous de six ans qui seuls donnent droit à une rétribution, a lieu à l'expiration de chaque semestre sur le renvoi par le médecin de l'avis de placement où doivent être consignées, sommairement, avec les dates des   'es, les observations sur la situation de chaque enfant et les note. sur les nourriciers.

Quant aux médicaments, ils sont fournis, soit par le pharmacien le plus voisin, soit par le médecin lui-même, au prix du tarif établi pour le service de l'Assistance médicale gratuite et payés sur le budget des Enfants assistés.

Pupilles atteints ou menacés de scrofules. Traitement marin. — Parmi tant de fléaux qui déciment la pauvre humanité, la scrofule est un des plus redoutables et on a pu dire avec raison qu'elle fait plus de victimes de nos jours qu'autrefois la peste et le choléra. « Elle saisit l'homme peu de temps après sa naissance, suivant le tableau trop fidèle qu'en traçait dans une cérémonie officielle un orateur autorisé, modifie les traits de son visage, enflamme ses paupières, arrête sa croissance, brise l'harmonie entre les différentes parties de son corps, dévie sa colonne vertébrale, déforme ou ankylose ses membres, les couvre d'ulcérations ou de tumeurs, le rend inapte au service militaire, inapte à tout travail productif, le conduit jusqu'au seuil de la plus terrible, de la plus meurtrière des maladies, la phtisie, et le pénètre si bien que les enfants qui naîtront de lui auront des chances d'être scrofuleux comme lui [1].

Plus que tous autres, hélas ! les pupilles de l'assistance sont atteints ou menacés de scrofules. Parmi ces pupilles, en effet, pour la plupart enfants naturels abandonnés par leur mère, beaucoup sont frappés d'une tare héréditaire ou d'une faiblesse congénitale qui les prédispose au mal ; beaucoup ont souffert pendant la gestation et la période qui s'est écoulée entre leur naissance et leur admission dans le service.

Contre ce fléau de la scrofule, si affligeant pour les infortunés qui en sont atteints, si funeste dans ses conséquences puisqu'il peut empoisonner des générations par l'hérédité, la science n'est pas désarmée. Elle a découvert un moyen bien simple de le combattre efficacement. C'est le traitement marin, le séjour prolongé au bord de la mer. Les premières expériences faites en France l'ont été dans notre Pas-de-Calais, à Berck, où l'Assistance publique de Paris a fondé, il y a quelque trente ans, un grand établissement pour les enfants scrofuleux, où la mémoire des docteurs Cazin et Perrochaud est si en honneur. Les résultats obtenus sont aussi décisifs que consolants, et la moyenne des guérisons ne s'élève pas à moins de 74 à 75 %.

L'administration des Enfants assistés de ce département ne pouvait pas, dès l'origine, ne pas penser à faire bénéficier quelques-uns de ses pupilles d'un moyen si précieux d'améliorer leur situation et qui se trouvait si bien à sa portée. Suivant les rapports de notre prédécesseur, des élèves scrofuleux de l'hospice d'Arras étaient il y a plus de vingt ans envoyés sur les plages voisines de Berck, à Groffliers et à Merlimont, pour y suivre le traitement marin. Le nombre des enfants appelés à en bénéficier, qui était fort restreint tout d'abord, s'est accru peu à peu. Le sanatorium Malingre-Rivet, fondé il y a quelques années, à Berck, ne compte pas actuellement moins d'une quinzaine de nos pupilles, placés dans les conditions les plus

---

(1) M. Henri Monod, directeur de l'Assistance et de l'Hygiène publiques (Discours prononcé à l'inauguration du sanatorium de Banyuls-sur-Mer, 7 octobre 1888).

satisfaisantes au point de vue de l'hygiène et des soins donnés. Le service médical y est dirigé par M. le docteur Calot, dont les belles expériences pour le redressement des bossus atteints du mal de Pott sont universellement connues. La durée du séjour que font nos pupilles dans l'établissement est en moyenne de dix-huit mois. Chaque année trois ou quatre en sortent guéris ou améliorés dans la mesure du possible. Ces résultats montrent que les sacrifices pécuniaires que l'administration s'impose ne sont pas inutiles. Ils sont pour elle un encouragement à recourir de plus en plus pour ses pupilles à un traitement dont l'efficacité n'est plus aujourd'hui contestée par personne.

Comme le dit avec tant de raison M. le ministre de l'Intérieur (circulaire du 19 août 1893), en dehors des considérations supérieures d'humanité et de patriotisme, n'y a-t-il pas pour les départements, surtout depuis la loi du 15 juillet 1893 sur l'assistance médicale gratuite, un véritable intérêt financier à guérir leurs pupilles scrofuleux, à les empêcher de devenir des valétudinaires ou des infirmes, obligés de recourir fréquemment à cette assistance? Celle-ci ne pourra leur être refusée pas plus qu'à aucun Français malade privé de ressources (article 1er de la loi). Faire les frais du traitement des pupilles scrofuleux, c'est donc réaliser une économie sur les prochains budgets de l'assistance médicale.

Enfants teigneux. — Pendant fort longtemps nos pupilles atteints de la teigne ont été confiés à une de nos meilleures gardiennes de la campagne, Mme veuve Cailliéret, de Blairville, qui les soignait avec un dévouement admirable et s'était fait une spécialité du traitement de cette affection aussi rebelle que répugnante. Que d'enfants sortis guéris de ses mains dans une période de plus de quarante ans qu'elle consacra à l'élevage des enfants assistés! Nous croirions manquer à un devoir de reconnaissance en ne rendant pas ici un public hommage à la mémoire de cette brave femme, décédée il y a quelques années à un âge très-avancé, et qui avait obtenu un diplôme de la Société pour l'encouragement au bien.

Nos pupilles teigneux sont aujourd'hui envoyés à l'hôpital-hospice de Fourmont à Frévent, créé spécialement pour les enfants de l'Assistance publique de Paris et inauguré en novembre 1898 sous la présidence de M. le docteur Napias. Les meilleurs soins leur y sont donnés. Sur cinq enfants placés en janvier dernier, quatre sont sortis entièrement guéris après quelques mois de traitement.

Aveugles et sourds-muets. — Nos pupilles aveugles ou sourds-muets sont placés à l'Institut d'Arras où ils reçoivent une instruction spéciale appropriée à leur triste situation et donnée suivant les meilleures méthodes. Deux aveugles s'y trouvent actuellement. Un pupille qui y était entré comme sourd-muet en est sorti il y a quelques années, après avoir appris à parler. Placé comme ouvrier boulanger à l'hôpital-général à Saint-Omer, il y a atteint sa majorité, possesseur d'un pécule de 429 francs provenant des économies réalisées sur le produit de son travail.

Enfants idiots ou épileptiques. — Nos pupilles idiots ou épileptiques sont envoyés à l'asile-hospice de Saint-Venant. Le nombre de ces malheureux, victimes pour la plupart de tares héréditaires, — triste conséquence des progrès de l'alcoolisme, — était assez restreint encore il y a une dizaine d'années. Il s'est accru dans des proportions considérables, surtout depuis l'application de la loi du 24 juillet 1889 sur les moralement abandonnés. On n'en compte pas moins de 25 actuellement. C'est une lourde charge pour le budget du service.

§ V. — Instruction.

Si l'administration a le devoir tout d'abord de chercher à améliorer de plus en plus l'état physique de ses pupilles, les conditions matérielles de leur existence — et nous avons montré qu'elle n'y avait pas manqué, — il importe non moins qu'elle ne néglige rien de ce qui peut contribuer au développement de leur intelligence et de leur instruction. Ce devoir, comme l'autre, a été intégralement rempli par elle, nous osons le dire, pendant la période dont nous nous occupons.

La continuation de la pension des pupilles jusqu'à la treizième année [1] à la suite du vote de la loi du 28 mars 1882 a été une

---

(1) Et aussi des secours temporaires jusqu'à cet âge pour les orphelins ou abandonnés recueillis par des parents.

première mesure que nous avons eu déjà l'occasion de signaler. L'administration fait plus encore aujourd'hui, et un certain nombre de pupilles fréquentent l'école, même après treize ans. C'est le cas surtout de moralement abandonnés recueillis à une époque voisine de cet âge, que leurs parents indignes avaient habitués à une existence de mendicité et de vagabondage, et laissés dans un état d'ignorance absolue. Avant de les placer en condition pour leur faire gagner leur vie par leur travail, nous nous efforçons de combler une lacune si préjudiciable à leur avenir, en leur faisant acquérir, au moyen d'une pension exceptionnelle continuée pendant un an ou deux, les premiers éléments de l'instruction primaire dont ils sont complètement dépourvus.

A la date du 10 novembre 1888, sur la demande de son collègue de l'Intérieur, M. le ministre de l'Instruction publique adressait aux préfets une circulaire à l'effet :

1° D'autoriser les inspecteurs et les sous-inspecteurs des Enfants assistés à constater, au cours de leurs tournées, sur les registres scolaires l'assiduité des pupilles ;

2° D'inviter les instituteurs et les institutrices à fournir verbalement à ces fonctionnaires des indications circonstanciées sur le caractère, la conduite, les aptitudes et les progrès des pupilles ;

3° D'obtenir des instituteurs et des institutrices l'envoi mensuel à la préfecture, par l'intermédiaire du maire, d'un état nominatif des pupilles qui, au cours du mois précédent, auraient manqué l'école quatre fois.

Depuis longtemps, devançant à cet égard les instructions ministérielles, les fonctionnaires de l'inspection du Pas-de-Calais avaient l'habitude déjà, lors de leurs tournées périodiques, de visiter les enfants dans les écoles et de se rendre compte, en les interrogeant personnellement, de leur degré d'instruction.

L'envoi mensuel par les instituteurs et institutrices des états nominatifs des pupilles ayant manqué l'école au moins quatre fois pendant le mois nous permet, dans l'intervalle des tournées, d'être tenus au courant de la véritable situation scolaire de nos pupilles, et notre intervention peut s'exercer ainsi plus efficacement que par le passé. Quand les absences ne sont pas justifiées, les nourriciers reçoivent d'abord un avertissement et s'il n'en est pas tenu compte, les enfants sont déplacés.

Comme on l'a vu dans la deuxième partie de ce travail [1], depuis longtemps des primes annuelles sont accordées aux nourriciers pour les encourager à envoyer exactement les enfants à l'école. Afin de stimuler davantage encore le zèle des uns et des autres, instituteurs et institutrices, nourriciers et enfants, des primes spéciales, dites du certificat d'études primaires, ont été en outre instituées en 1891. Pour chaque certificat obtenu, 20 francs sont alloués à l'instituteur ou institutrice, 20 francs au nourricier et 20 francs à l'enfant, sous forme de livret de caisse d'épargne.

Grâce à ces mesures d'encouragement, ainsi qu'à la surveillance exercée, la fréquentation des écoles par nos enfants est devenue des plus satisfaisantes, et si la loi du 28 mars 1882 sur l'instruction primaire obligatoire n'est pas encore partout observée, nous pouvons dire qu'elle l'est complètement en ce qui concerne les pupilles de l'assistance. Les instituteurs, chez qui nous trouvons le concours le plus dévoué, sont les premiers à reconnaître que ces derniers sont les plus assidus, les plus exacts de leurs élèves. 242 certificats d'études obtenus dans une période de 15 ans (de 1885 à 1899) témoignent des excellents résultats obtenus [2].

En principe les pupilles parvenus à l'âge de treize ans cessent de fréquenter l'école pour être placés en apprentissage ou comme ouvriers dans l'agriculture ou l'industrie. Mais s'il arrive parfois que certains d'entre eux sont assez bien doués pour pouvoir pré-

---

(1) Chapitre II § IV (Instruction primaire.)
(2) Voici, par année, de 1885 à 1900, le nombre de certificats d'études obtenus :

Année 1885	. . .	1	Année 1890	. . .	14	Année 1895	. . .	30
— 1886	. . .	6	— 1891	. . .	9	— 1896	. . .	29
— 1887	. . .	4	— 1892	. . .	13	— 1897	. . .	20
— 1888	. . .	12	— 1893	. . .	21	— 1898	. . .	30
— 1889	. . .	7	— 1894	. . .	18	— 1899	. . .	28

tendre à une situation supérieure, n'est-ce pas, sous notre régime démocratique, un devoir de leur venir en aide et de leur faciliter l'accès de la carrière où ils ont des chances de réussir ? En même temps que les enfants eux-mêmes, la société ne saurait qu'y gagner.

L'administration du Pas-de-Calais l'a compris ainsi et, dans cet ordre d'idées, quelques cas intéressants peuvent être mentionnés. Nous citerons notamment : une pupille qui, après trois années passées comme boursière du département à l'école primaire supérieure de Lille, a obtenu le brevet de capacité en 1895 ; un pupille qui, préparé gratuitement par son dévoué maître, aussi modeste que désintéressé [1], a subi avec succès les examens du brevet de capacité et d'admission à l'école normale des garçons, où il vient d'entrer cette année même après avoir obtenu une indemnité de trousseau du conseil général ; une autre pupille qui continue également ses études en vue du brevet de capacité. Ces cas sont et doivent rester exceptionnels. Mais ils montrent qu'aujourd'hui l'administration ne recule devant aucun sacrifice, quand il s'agit de rendre meilleur le sort de ses pupilles.

§ VI. — Inspection et surveillance.

Nous avons montré déjà toute l'importance du rôle de l'inspection sous le régime hospitalier. Cette importance a plus que doublé sous le régime départemental. De l'énorme augmentation de l'effectif des pupilles ainsi que des enfants secourus, de la création des services nouveaux de la Protection du premier âge *(en exécution de la loi du 23 décembre 1874)* et des Moralement abandonnés, dont l'inspecteur seul est le tuteur conformément à l'article 21 de la loi du 24 juillet 1889, des diverses réformes ou améliorations réalisées, est résulté naturellement pour le personnel de l'inspection un surcroît de responsabilités et aussi de travaux d'autant plus considérables que, dans le Pas-de-Calais, contrairement à ce qui se passe dans bien d'autres départements, toutes les affaires concernant les services des Enfants assistés et de la Protection du premier âge *(instruction des demandes d'admission à l'hospice, de secours*

---

[1] M. Hanne, directeur d'une des écoles communales de Saint-Omer.

temporaires, correspondance avec les maires, les patrons, les nourriciers, les pupilles, enquêtes, rapports, statistiques, préparation des pièces de comptabilité, etc.) sont traitées dans nos bureaux et que ceux de la préfecture y restent étrangers.

En outre de cette extension de la partie administrative du service, les véritables attributions de l'inspection qui, suivant les instructions ministérielles, ont trait à la surveillance des enfants, se sont aussi notablement développées dans ces derniers temps. Les placements qui, autrefois, étaient faits encore en partie par les agents des hospices, sont tous faits directement par elle aujourd'hui. Les pupilles de treize à vingt-et-un ans surtout, dont on s'occupe beaucoup plus que précédemment, donnent lieu à de nombreuses écritures et démarches. C'est l'inspection qui passe tous les contrats avec les patrons, en débat avec ceux-ci les conditions, de manière à les rendre les plus avantageuses pour les pupilles et à augmenter chaque année la somme des prélèvements sur les gages à verser à la caisse d'épargne. C'est elle qui règle tous les comptes et poursuit le recouvrement des gages. Il en résulte un mouvement continu de visiteurs dans les bureaux. Nous ne parlons pas des tournées que l'accroissement constant des effectifs rend plus longues, et plus laborieuses. Pour une tâche si lourde et si complexe, l'inspecteur départemental seul ne pouvait plus suffire. En 1877, M. le ministre de l'Intérieur lui donnait un collaborateur par la création d'un poste de sous-inspecteur [1] et, par suite de l'extension toujours croissante du service, un deuxième sous-inspecteur fut nommé en 1893. Le nouveau fonctionnaire a été détaché spécialement près de l'hospice dépositaire de Saint-Omer, où les admissions d'enfants moralement abandonnés sont les plus nombreuses et où sa présence est le plus utile.

Depuis lors les attributions de l'inspection ont encore été augmentées lorsque la surveillance des crèches lui fut confiée, conformément aux dispositions du décret du 2 mai 1897 relatif à l'organisation de ces établissements [2].

---

(1) M. le docteur Chabanelx a été le premier sous-inspecteur nommé dans le Pas-de-Calais par arrêté ministériel du 5 juillet 1877.

(2) Il existe actuellement 5 crèches dans le Pas-de-Calais ; 3 à Boulogne et 2 à Calais. Une nouvelle crèche doit être créée très-prochainement à Arras, par les soins de la commission des hospices.

§ VII. — Deniers pupillaires. — Epargne.

Les devoirs de l'Assistance publique envers les enfants qu'elle recueille peuvent, semble-t-il, se résumer ainsi : sauvegarder d'abord leur existence, en prenant toutes les mesures de préservation et de protection nécessaires; leur assurer ensuite jusqu'à la 13° année le bienfait d'une bonne éducation et d'une instruction primaire aussi complète qu'il est possible; enfin leur procurer, lorsqu'ils sont valides, un placement qui leur permette de subvenir à leur entretien et d'économiser, en outre, sur le produit de leur travail, un pécule qui leur sera remis à l'époque où, ayant atteint la 21° année ils seront appelés à voler de leurs propres ailes et à soutenir seuls le rude combat pour l'existence.

A ce dernier point de vue, de grands efforts ont été faits et d'importants résultats ont été obtenus dans ces dernières années.

Pendant longtemps, nous l'avons dit déjà, il nous fallut lutter contre ce vieux préjugé qu'en général les élèves des hospices ne devaient pas être assimilés à des ouvriers ordinaires, que les patrons qui les employaient n'avaient pas à leur donner de gages, et qu'il suffisait de leur assurer la nourriture et l'entretien « la vie, l'habit » suivant les termes usités. Ce préjugé, dont l'origine remonte au décret du 19 janvier 1811, était tellement invétéré dans l'esprit des populations du Pas-de-Calais, que de longs et persévérants efforts furent nécessaires pour le déraciner. Nous avons fini pourtant par en triompher. Il y a quinze ans encore, le nombre des pupilles qui faisaient l'objet d'un contrat de placement était des plus restreints. Ce qui n'était alors qu'une exception est devenu la règle aujourd'hui. Tous les pupilles valides et de conduite régulière parvenus à la 13° année sont placés suivant un traité où sont déterminés pour l'année le montant des gages, des frais d'entretien, de la réserve pour la caisse d'épargne et aussi -- en ce qui concerne les garçons d'un certain âge — de la pièce du dimanche.

Voici la formule du contrat de placement actuellement en usage :

SERVICE	DÉPARTEMENT DU PAS-DE-CALAIS	HOSPICE DÉPOSITAIRE
des ENFANTS ASSISTÉS		d.............................
—		
INSPECTION	**TRAITÉ DE PLACEMENT**	
N° Matricule	de l'Élève..	
	né le..	

Entre les soussignés :

L'Inspecteur du Service des Enfants assistés du Pas-de-Calais, demeurant à Arras, M...d'une part ;
Et M.., profession de........................
demeurant à..
d'autre part ;

Il a été convenu ce qui suit :

ARTICLE PREMIER. — L'Inspecteur départemental place chez M..., qui en a fait la demande, comme ....l'enfant assisté ci-dessus désigné, lequel enfant restera chez ledit M.. pendant une année, à partir du .... 189 jusqu'au .... 190 ; le dit traité est renouvelable d'année en année au gré des parties contractantes, après accord *au préalable* sur l'augmentation, s'il y a lieu, des gages stipulés ci-après.

ARTICLE 2. — Le contractant s'engage à remplir, pendant toute la durée du présent traité, les conditions ci-après à l'égard de l'élève sus-nommé, savoir :

1° A le loger, le nourrir, le blanchir et faire raccommoder son linge et ses effets ;

2° A le traiter avec bonté et douceur, comme s'il était son propre enfant, et, par conséquent, à ne pas lui imposer un travail au-dessus de ses forces ;

3° A le soigner en cas de maladie, et à le *ramener à l'Hospice, s'il venait à être atteint d'une maladie grave ou chronique :* dans l'un comme dans l'autre cas, l'Administration ou l'Inspecteur devrait en être immédiatement prévenu pour aviser ;

4° A l'élever dans de bons principes de morale et à veiller à ce que sa conduite soit régulière ;

5° A ne jamais le renvoyer de chez lui ; dans le cas où il aurait à s'en plaindre, il devrait en prévenir l'Inspecteur, pour être autorisé à le ramener à l'Hospice ;

6° A faire, en cas d'*évasion* de l'élève, toutes les démarches nécessaires pour le retrouver, et à en *informer aussitôt le Maire de la commune et l'Inspecteur ;*

7° A ne point le remettre à une autre personne, *pour quelque cause que ce soit*, sans en avoir obtenu l'autorisation préalable de l'Administration ou de l'Inspecteur.

ARTICLE 3. — Le contractant payera pour l'élève................................ comme rémunération de son travail et sans préjudice des profits qui pourraient lui être accordés, la somme totale de ....fr. par mois, représentant ....fr. de gages annuels dont ....fr. approximativement, seront affectés à son entretien, qui comporte l'achat du linge et des vêtements nécessaires et ——————fr. au minimum, réservés pour être versés par le contractant, en deux fois et par semestre, entre les mains de l'Inspecteur, pour que le dépôt en soit fait ensuite à la Caisse d'Épargne au nom du pupille. En outre, une somme de ————fr., soit ———— centimes par dimanche, sera versée directement à l'élève à titre d'allocation hebdomadaire.

Article 4. — M.————————devra pourvoir lui-même, et au mieux des intérêts matériels de l'élève, à tous achats strictement nécessaires à l'entretien de ce dernier; en aucun cas, les dépenses ne devront, à moins d'une autorisation spéciale de l'Inspecteur, dépasser la somme de ————fr. fixée ci-dessus. Si la somme affectée à l'entretien n'était pas entièrement dépensée, ce qui resterait viendrait s'ajouter à la réserve pour la Caisse d'Épargne.

Le contractant aura à tenir note de toutes ses dépenses d'entretien, lesquelles, dûment justifiées au besoin, seront défalquées de l'avoir acquis stipulé ci-dessus, lors du règlement des comptes. Ce règlement aura lieu en fin d'année, à l'expiration du traité, par les soins de l'Inspecteur du service à Arras.

Tout mois commencé sera payé au prorata du nombre de jours pendant lesquels l'élève aura travaillé ou fait son service. A l'époque de l'expiration ou de la résiliation du présent traité, le contractant devra remettre à l'hospice tous les effets, sans exception, appartenant au pupille.

En cas de contestations pour le règlement des comptes, domicile est élu à Arras au siège de l'inspection, à la Préfecture.

Fait double, à Arras, le———————————18

Le Contractant,   *L'Inspecteur du Service,*

Vu par l'Administrateur-tuteur de l'Hospice d————————

Vu et Approuvé :
Arras, le————————18
Pour le Préfet du Pas-de-Calais,
Le Secrétaire général,

En 1869, comme nous l'avons vu, le montant de l'avoir des pupilles placé à la caisse d'épargne était d'environ 4.000 fr. (3.955).

D'après les rapports de notre prédécesseur il s'élevait :

En 1875 à . . . . 5.101 fr. 07
En 1877 à 10.028
En 1878 à 11.524

Par suite d'une anomalie qu'expliquent, dit l'inspecteur, la réduction du nombre des pupilles et la difficulté des placements, il s'abaisse en 1879 au chiffre de 5.662 francs.

Depuis lors jusqu'en 1890, soit pendant une période d'une dizaine d'années, les fluctuations sont relativement peu importantes : 6.207 fr. en 1880; — 8.695 fr. en 1882; — 8.143 fr. 96 en 1884; — 8.850 fr. 02 en 1888.

Le chiffre s'élève à : 12.348 fr. 40 en 1890; à 15.717 fr. 65 en 1891; à 19.168 fr. 87 en 1892.

La progression est constante, on le voit. Elle ne cessera de s'accentuer, et dans des proportions beaucoup plus importantes, pendant les années qui suivent jusqu'en 1899, comme le montre le tableau ci-après où se trouve résumé le mouvement ascendant des versements ainsi que des livrets pour les six derniers exercices.

	Année 1893	Année 1894	Année 1895	Année 1896	Année 1897	Année 1898
Montant des livrets au 1er janvier..	14.118 72	15.403 17	21.154 02	27.345 89	34.966 57	42.824 86
Total des versem. pendant l'année.	5.895 44	9.655 56	12.154 85	13.300 46	18.515 88	18.873 15 (1)
Total de l'avoir au 31 décembre...	20.014 16	25.063 73	33.308 87	40.646 35	53.482 45	61.698 01
Nombre des livrets au 1er janvier..	215	269	316	354	386	405
Nombre des livrets au 31 décembre.	269	316	354	386	405	444

Le nombre total des pupilles de 13 à 21 ans étant à la date du 31 décembre 1898 de 500 (311 assistés proprement dits et 189 moralement abandonnés), et celui des livrets de 444, il ressort tout d'abord du tableau qui précède qu'un dixième environ n'a pas de livret. Ce contingent se compose en grande partie de pupilles infirmes de corps ou d'esprit, arriérés, idiots ou épileptiques, vicieux ou indisciplinés, internés dans des établissements spéciaux, dont le chiffre s'accroît chaque année par suite de l'application de plus en plus fréquente de la loi du 24 juillet 1889 sur les moralement abandonnés [2], et qui sont non-seulement des non-valeurs au sens économique du mot, mais le plus souvent même une charge onéreuse pour le service.

---

(1) Il convient de remarquer que dans le chiffre des versements effectués en 1897 figuraient deux sommes formant un total de 1900 francs versées à titre exceptionnel et ne provenant pas d'économies réalisées. Le même fait ne s'étant pas reproduit en 1898, il s'en suit que pour ce dernier exercice l'augmentation des versements par rapport à 1897 ne paraît pas être aussi importante qu'elle l'est en réalité.

(2) L'application de la loi récente du 19 avril 1898, dont nous nous occupons plus loin, ne pourra, par la suite, que rendre ce contingent plus nombreux encore.

Le tableau ci-dessus donne lieu à d'autres constatations intéressantes.

Au 1er janvier 1893 le total des deniers pupillaires en dépôt à la caisse d'épargne étant de 14.118 fr. 72 et le nombre des livrets de 245, il en résulte que la moyenne par livret était alors de 57 fr. 62.

Au 31 décembre 1898, le total de l'avoir des pupilles restant dans le service étant de 61.698 fr. 01 et le nombre des livrets de 444, la moyenne par livret ressort à 138 fr. 95, soit une augmentation par livret de 81 fr. 33 en six ans.

D'autre part, pendant cette même période de 1893 à 1899, le nombre des livrets s'est accru de plus d'un tiers, et le chiffre des versements annuels ainsi que le total des deniers pupillaires ont plus que triplé.

Si de tels résultats font honneur aux pupilles eux-mêmes, ils ne le font pas moins aux sous-inspecteurs du service qui, dans leurs circonscriptions respectives, ont rivalisé de zèle et contribué pour une large part à les procurer. Le placement dans les meilleures conditions possible des pupilles de 13 à 21 ans est, parmi les diverses attributions de l'inspection, une des plus importantes et des plus difficiles. On ne réussit qu'au prix de persévérants efforts, et le progrès réalisé dans cette partie du service nous paraît être un des plus sûrs critériums qui permette d'apprécier la valeur et le dévouement de ses agents.

Sous cette rubrique « Épargne » il est une innovation qui nous semble devoir être mentionnée. Elle a trait à celles de nos pupilles dont les tendances vicieuses ou le caractère indiscipliné rendent impossible le placement chez des particuliers et qui, par mesure de correction ou de préservation, doivent être internées, à défaut de véritables écoles de réforme, dans les maisons de refuge dites du Bon-Pasteur. Un certain nombre de pupilles sont placées dans les établissements de ce genre qui existent à Arras et à Saint-Omer, moyennant un prix de pension dont le taux est de 12 fr. par mois. Les jeunes filles les plus âgées y sont occupées pour la plupart à des travaux de lingerie et de couture dont le produit profitait autrefois à la maison exclusivement. Il nous a paru qu'il n'était pas juste que des pupilles, dont quelques-unes âgées de 18 à 20 ans, fussent entièrement privées du fruit de leur travail, alors que déjà le département paie une pension pour elles et que la constitution d'un pécule en leur faveur était un résultat désirable et possible à atteindre. Dans le but de corriger ce qu'il était permis de considérer comme un abus, en juin 1887, sur la proposition de l'inspecteur, la lettre suivante était adressée par le préfet à la supérieure de chacune des maisons du Bon-Pasteur d'Arras et de Saint-Omer :

« Madame la Supérieure,

« Depuis longtemps la maison que vous dirigez reçoit des pupilles des hospices dépositaires du département qui y sont placées par l'Administration moyennant une pension dont le taux actuel est de 12 fr. par mois.

« Ces pupilles peuvent être classées en deux catégories, composées : la première, des élèves âgées de moins de 13 ans qui doivent fréquenter régulièrement l'école jusqu'à cet âge pour y recevoir une instruction primaire aussi développée que possible; la seconde, des orphelines de 13 à 21 ans, occupées généralement à des travaux de lingerie et de couture.

» Suivant un principe consacré par les lois et instructions ministérielles concernant cette matière (loi du 16 messidor an VII, circulaire du ministre de l'Intérieur, en date du 31 janvier 1810), le tiers du produit du travail des indigents dans les hospices, ainsi que des *Enfants assistés*, doit être retenu à leur profit.

» Ce principe est appliqué déjà dans plusieurs orphelinats congréganistes de jeunes filles où sont placées des pupilles du département.

» J'ai l'honneur de vous demander, Madame la Supérieure, de vouloir bien l'admettre en faveur de celles de nos orphelines (de 13 à 21 ans) qui vous sont confiées.

» Aussi minime que soit le salaire quotidien accordé — et ce salaire peut varier suivant l'âge des pupilles, leur habileté et l'importance du travail produit — il me paraît de nature à exercer d'heureux résultats.

» La légère rémunération dont bénéficieront nos pupilles sera tout d'abord pour elles un encouragement à bien faire et un élément de moralisation. Les sommes versées périodiquement à la caisse d'épargne produiront, en outre, un petit pécule dont ces enfants si déshéritées pourront se servir plus tard pour améliorer leur situation. Au point de vue de leurs intérêts moraux, comme au point de vue de leurs intérêts matériels, la mesure que j'ai l'honneur de vous proposer serait donc des plus avantageuses. J'ajouterai qu'elle me paraît en même temps très équitable.

» Si, comme je l'espère, vous croyez devoir l'adopter, le compte de chaque pupille serait établi par semestre (à partir du 1er juillet prochain), suivant le modèle ci-dessous :

PUPILLE X...

2ᵉ Semestre de 1887.

	NOMBRE de journées	PRIX de journée	TOTAL du mois	TIERS du produit du travail
Juillet.........	»	»	fr. c. »	»
Août...........	»	»	»	»
Septembre.....	»	»	»	»
Octobre........	»	»	»	»
Novembre......	»	»	»	»
Décembre......	»	»	»	»
		Total des 6 mois..	fr. c.	fr. c.

» Le montant du tiers du produit du travail revenant à chaque pupille serait remis à l'Administration de l'hospice dépositaire, qui se chargerait du versement à la caisse d'épargne.

» Je vous serai obligé de vouloir bien, en m'accusant réception de cette lettre, me faire connaître le plus tôt possible la suite que vous aurez cru devoir donner à la proposition qu'elle contient.

» Agréez, Madame la Supérieure, l'assurance de ma considération très-distinguée.

» *Le Préfet du Pas-de-Calais,*
» Vel-Durand. »

Au Bon-Pasteur d'Arras, ainsi qu'au Bon-Pasteur de Saint-Omer, la proposition faite a été accueillie, et l'administration a tenu la main à ce que les résultats pratiques en fussent assurés. Les versements trimestriels ne sont pas toujours aussi importants que nous le voudrions, mais le principe en a été maintenu jusqu'ici. M. le ministre de l'Intérieur, à qui la question a été soumise, a bien voulu faire connaître qu'il donnait son entier assentiment à l'initiative prise par nous en vue de constituer un pécule au profit des jeunes filles assistées internées au Bon-Pasteur. « C'est à la fois, dit M. le ministre, faire acte de justice à l'égard de ces pupilles et contribuer à les moraliser que de leur conserver une part du produit de leur travail. »

§ VIII. — Assistance des pupilles infirmes majeurs.

Une dernière amélioration réalisée dans le Pas-de-Calais, après celles qui suivirent l'application de la loi du 24 juillet 1889 sur les moralement abandonnés, a été la création du service des pupilles infirmes majeurs.

La tutelle administrative prend fin, on le sait, à la vingt-et-unième année des enfants. Les pupilles sont libres alors et doivent se suffire à eux-mêmes. Quand ils sont valides, rien de mieux. Mais s'ils sont infirmes physiquement ou intellectuellement et incapables par conséquent de gagner leur vie en travaillant, que vont-ils devenir?

L'hospice d'Arras, qui antérieurement à la loi du 5 mai 1869 supportait en partie comme tous les autres hospices déclarés dépositaires la charge des enfants abandonnés dépendant de sa circonscription, continuait de subvenir, au moyen d'une pension exceptionnelle, à l'entretien de ses pupilles infirmes devenus majeurs.

Vint la loi de 1869 qui rendit départemental le service des Enfants assistés, précédemment hospitalier, et exonéra les hospices dépositaires de leurs charges. La commission administrative d'Arras resta néanmoins tout d'abord fidèle à ses généreuses traditions à l'égard de ses élèves infirmes majeurs. Mais, dans ces dernières années voyant ses revenus sensiblement réduits par suite de la diminution des prix de location de ses immeubles en terre, elle s'est trouvée dans la nécessité de restreindre ses libéralités. Elle n'accorde donc plus de pensions nouvelles et se borne à continuer de servir les anciennes qui finiront par s'éteindre dans un temps donné. Il n'en subsiste plus actuellement que trois ou quatre dont les titulaires sont d'âge avancé.

Quant à l'autre hospice dépositaire du département, celui de Saint-Omer, ses ressources moins grandes ne lui ont jamais permis de suivre les généreux errements de l'hospice d'Arras.

Au point de vue légal, la charge d'entretien du pupille infirme devenu majeur devrait incomber à la commune du domicile de secours, l'hospice dépositaire qui n'a recueilli l'enfant qu'en qualité de pensionnaire au compte du département n'ayant pu de ce fait contracter envers lui aucune obligation. Rien n'empêche sans doute qu'il en soit ainsi quand les communes disposent de ressources budgétaires suffisantes. Mais le nombre de ces dernières est fort restreint, et, dans la grande majorité des cas, il y a impossibilité absolue de recourir à l'assistance *locale*. Combien de communes rurales n'ont qu'un bureau de bienfaisance aux revenus des plus minimes et à peine suffisants pour la distribution de quelques maigres secours, ou même n'en ont pas du tout? Le plus souvent donc c'est à l'assistance *départementale* qu'il faudra recourir.

Dans quelques rares départements, la Seine et le Rhône notamment, le service des pupilles infirmes majeurs existe depuis longtemps. Un crédit spécial est voté chaque année par le conseil général, à l'aide duquel, sous des formes diverses, l'assistance est continuée en faveur de ces malheureux.

Le conseil général du Pas-de-Calais, qui ne marchande jamais son généreux concours lorsqu'il s'agit d'améliorations à réaliser, tint à honneur de combler une lacune dans le service des Enfants assistés en votant, lui aussi, à sa session d'août 1891, conformément aux conclusions du rapport de l'inspecteur départemental, un crédit de 2.000 fr. demandé par M. le préfet en faveur des pupilles infirmes majeurs. Ce subside, renouvelé depuis chaque année, a suffi jusqu'ici pour faire face aux nécessités de la situation.

Le mode le plus usité d'assistance — et le meilleur, nous pensons, quand on peut y recourir, — consiste dans l'allocation d'un secours mensuel en argent, dont le taux varie en raison du degré d'infirmité du pupille, et qui permet de le maintenir chez ses précédents nourriciers. Nous n'avons pas à faire valoir les avantages qui en résultent pour ce dernier. Souvent, en effet, une longue cohabitation a formé entre lui et ceux qui l'ont élevé des liens que rien ne saurait rompre. De part et d'autre il existe un véritable attachement. L'ancien pupille fait partie de la famille dans laquelle il a grandi; il est traité comme tel, et il serait cruel de le séparer de ceux au milieu desquels il a passé sa vie et qui le considèrent comme un des leurs.

Ce mode d'assistance, toutefois, n'est pas toujours possible, et il est des circonstances où l'hospitalisation, dans un établissement spécial, est nécessaire. Moyennant la pension payée par le département, l'ancien pupille infirme y trouve un asile qui le met à l'abri du besoin et lui donne la sécurité du lendemain.

Dans tous les cas, et quel que soit le mode d'assistance employé, ce dernier reste placé sous la tutelle officieuse de l'administration. Tous liens entre elle et lui ne sont pas rompus. Dans sa triste existence, il n'est pas abandonné à lui-même et se sent protégé. L'inspecteur des Enfants assistés qu'il connaît, que souvent il considère comme un bienfaiteur et un ami, le visite encore dans ses tournées périodiques, et sa présence le console et le fortifie.

N'y a-t-il pas, comme le disait un de nos anciens collègues, quelque chose de particulièrement touchant à voir ainsi un service public prendre à sa naissance un malheureux déshérité de la famille, de la santé même ou de l'intelligence, l'entourer de sa constante sollicitude et le conduire jusqu'à l'heure où finiront tous ses maux ?

Dans un intérêt d'humanité et de justice, nous voudrions que l'exemple donné par quelques départements seulement fût suivi par tous. A cet effet, lors du deuxième congrès national d'assistance qui a eu lieu à Rouen en juin 1897 sous la présidence de M. le docteur Théophile Roussel, nous avons traité dans la 2ᵉ section (services de l'enfance) de la question d' « assistance des pupilles infirmes majeurs » et proposé d'émettre le vœu :

« 1° Que dans chaque département le vote d'un crédit spécial soit demandé au conseil général afin de continuer l'assistance aux pupilles parvenus à leur vingt-et-unième année, que leur état d'infirmité physique ou intellectuelle rend incapables de pourvoir à leur entretien et de gagner leur vie par le travail ;

« 2° Que ces anciens pupilles soient autant que possible maintenus chez leurs précédents nourriciers au moyen de l'allocation accordée et ne soient hospitalisés dans un établissement spécial que si l'impossibilité est reconnue de recourir à un autre mode d'assistance ;

« 3° Que dans tous les cas ils restent soumis à la surveillance de l'inspecteur des Enfants assistés ou des directeurs des agences (pour les enfants assistés de la Seine), qui continueront de les visiter dans leurs tournées comme les autres pupilles du département et rempliront à leur égard le rôle de tuteur officieux. »

Après une discussion à laquelle prirent part notamment MM. Hermann Sabran, vice-président du conseil supérieur de l'Assistance publique, Paul Strauss, sénateur, le docteur Metton-Lepouzé, inspecteur des enfants assistés de la Seine-Inférieure, ces conclusions furent votées à l'unanimité.

CHAPITRE III.

LES ENFANTS MORALEMENT ABANDONNÉS

La loi du 24 Juillet 1889. — Son origine, son but, ses principales dispositions. — Son application dans le Pas-de-Calais. — Quelques observations sur l'application de la loi. — Ecoles de réforme. — Enfants admis en exécution des articles 4 et 5 de la loi du 19 avril 1898, dite de Protection de l'enfance.

§ Ier. — Origine de la loi, son but, ses principales dispositions.

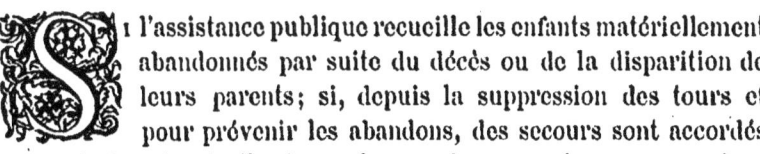

Si l'assistance publique recueille les enfants matériellement abandonnés par suite du décès ou de la disparition de leurs parents; si, depuis la suppression des tours et pour prévenir les abandons, des secours sont accordés aux enfants naturels élevés par leurs mères ou même, comme dans le Pas-de-Calais et certains départements, aux enfants légitimes de familles pauvres, il est une autre catégorie d'enfants qui, avant la loi du 24 juillet 1889, vivaient en dehors de la protection légale, mais dont la situation sollicitait depuis longtemps l'attention de l'administration supérieure et de quelques hommes éminents préoccupés de la solution des hautes questions sociales. Nous voulons parler des moralement abandonnés, de ces « orphelins dont les parents sont vivants » suivant la définition saisissante de Jules Simon, de cette trop nombreuse population d'enfants que la négligence, les vices ou les mauvais traitements de leurs parents laissent sur le pavé de nos grandes villes, comme dans nos campagnes, livrés au vagabondage et à la mendicité, destinés presque fatalement à venir échouer au bagne ou dans les maisons de prostitution. Un intérêt social de premier ordre exige qu'on leur vienne en aide, qu'on les sauve de leurs parents et d'eux-mêmes, qu'on remplace, dans la mesure du possible, la maison de correction par l'organisation d'une éducation préventive; qu'on donne à ces délaissés un métier qui leur permette de gagner leur pain de chaque jour. Tel est l'objet de la loi du 24 juillet 1889. L'origine et le but en sont clairement définis dans l'exposé ci-après présenté en 1888 au Conseil d'État par M. Courcelle-Seneuil, membre de cette haute assemblée.

« Le projet de loi soumis à l'examen du Conseil d'État a été inspiré par le spectacle d'abus anciens qui ont depuis longtemps appelé l'attention des magistrats et des personnes charitables. Leurs auteurs ordinaires sont des hommes habitués à vivre en dehors des lois et de la civilisation. Pour ces hommes, l'enfant n'est pas une espérance que l'on cultive avec une sollicitude inquiète; c'est une chose qui appartient à ses parents, dont ils disposent pour leur avantage personnel, un objet d'exploitation. Ils l'abandonnent donc au point de lui fournir à peine les aliments nécessaires, le laissent vagabonder, ou s'en servent pour le vol et la prostitution de manière à en tirer un revenu. C'est ainsi que tant de malheureux enfants sont élevés contre toute morale et dressés en quelque sorte à vivre constamment exposés aux atteintes de la loi pénale, à la mépriser et à la braver; c'est ainsi que se forme, se recrute et se perpétue, dans les grandes villes surtout, une population dont la profession est de mal faire, de tirer ses moyens d'existence de la violation des lois. C'est de cette population que sortent incessamment les voleurs d'habitude, les assassins, les récidivistes incorrigibles.

» Des magistrats, des personnes et des associations charitables ont essayé de porter un remède à cette plaie sociale, de soustraire les enfants à la vie de désordre dans laquelle on les élevait; on a dépensé pour cette bonne œuvre beaucoup de travail et d'argent; mais les résultats n'ont pas répondu à l'importance des sacrifices. On se chargeait des enfants sans rencontrer de résistance; on les nourrissait et les habillait; on dirigeait leur éducation pendant la période du premier âge; puis, lorsque le garçon était en état de gagner sa vie et quelque chose de plus, lorsque la fille devenait nubile, le père venait les réclamer au nom de la puissance que lui donne la loi et les reprendre pour les livrer au vice, ou se faisait payer par les personnes qui avaient recueilli les enfants et s'y étaient attachées.

Des abus de ce genre vraiment monstrueux et en grand nombre ont été révélés pendant la préparation du projet, et des témoignages unanimes ont attesté le découragement que ces abus inspirent aux personnes et aux sociétés qui ont voulu faire le bien en s'occupant de l'éducation de cette classe d'enfants.

» L'obstacle est dans l'exercice de la puissance paternelle par des pères indignes, et cet obstacle ne peut être vaincu par aucun effort individuel. Le législateur doit donc intervenir pour qu'on puisse soustraire les enfants aux abus les plus énormes et les plus apparents de la puissance paternelle et leur constituer une tutelle, sous laquelle ils puissent être élevés honnêtement. »

∗∗∗

Les enfants maltraités ou moralement abandonnés que vise la loi du 24 juillet 1889 se subdivisent en deux catégories :

1° Les enfants de parents *indignes* (titre Ier, relatif à la déchéance de la puissance paternelle);

2° Les enfants de parents *incapables* (titre II, relatif au dessaisissement judiciaire).

Les premiers sont soustraits *obligatoirement* ou *facultativement* à la puissance paternelle (art. 1 à 9 de la loi).

La déchéance est encourue *de plano* à la suite des condamnations et des constatations que prescrit l'article 1er (notamment pour crime des parents commis sur la personne de leur enfant ou de complicité avec lui, pour excitation habituelle de mineurs à la débauche). De plein droit les enfants sont soustraits à la puissance de leurs parents, et la tutelle en est confiée, soit à des particuliers, soit, comme dans la plupart des cas, à l'assistance publique.

La déchéance est *facultative* pour les tribunaux dans les cas prévus par l'article 2, c'est-à-dire : 1° dans les cas de certaines condamnations énumérées aux quatre premiers paragraphes de cet article; 2° lorsque les tribunaux jugeront que l'enfant envoyé en correction jusqu'à sa vingtième année ne devra pas, ce terme arrivé, être rendu à ses parents; 3° *en dehors de toute condamnation, lorsque les père et mère, par leur ivrognerie habituelle, leur inconduite notoire et scandaleuse, ou par de mauvais traitements, compromettront soit la santé, soit la sécurité, soit la moralité de leurs enfants.*

La seconde catégorie des enfants moralement abandonnés comprend ceux que leurs parents, pour des causes multiples (infirmité physique ou intellectuelle, nécessité de profession, indifférence absolue, vices même, mais non susceptibles d'être atteints par la loi, extrême misère), délaissent sans pouvoir ou vouloir s'occuper d'eux, auxquels ils n'assurent pas le minimum rigoureusement indispensable de surveillance, d'éducation ou de soins matériels. Ces parents n'ont subi aucune des condamnations prévues par les articles 1 et 2 de la nouvelle loi; ils ne tombent pas sous le coup du dernier paragraphe de l'article 2; ils ne compromettent, ni par des habitudes d'ivrognerie, ni par une inconduite notoire et scandaleuse, ni par des mauvais traitements, soit la santé, soit la sécurité, soit la moralité de leurs enfants. Ils n'encourent pas dès lors la déchéance; et pourtant leurs enfants sont délaissés, souvent au péril de leur santé, toujours au détriment de leur moralité et de leur avenir. Ils se trouvent, pour caractériser d'un mot la situation, en danger moral.

Il n'y a pas lieu, pour recueillir les enfants de cette catégorie, de frapper d'indignité leurs parents. La protection rentre donc ici dans le domaine normal de la bienfaisance, et il suffit d'adoucir les conditions de leur admission à l'assistance. La sollicitude qu'ils inspirent et l'intérêt bien compris de la société pour laquelle ils sont une menace exigent qu'on leur vienne en aide, qu'on les retire du milieu défavorable où ils vivent, qu'on leur donne une éducation morale capable de les transformer en éléments utiles à leur pays.

Mais, pour atteindre ce but, pour pouvoir aussi résister à leurs parents dans le cas où ceux-ci, après les avoir laissés à la charge de l'assistance, voudraient les reprendre quand ils sont grands afin d'en tirer parti, pour défendre au besoin le pécule qu'ils ont acquis, il faut encore que la loi arme les bienfaiteurs gardiens de l'enfant — qu'il s'agisse de l'assistance publique, d'associations charitables ou de simples particuliers — de plusieurs des attributs détachés de la puissance paternelle : droits de garde et d'éducation, droit de mise en correction, etc. C'est ce qu'elle fait avec le dessaisissement judiciaire institué par l'article 17 :

> « Lorsque des administrations d'assistance publique, des associations
> de bienfaisance régulièrement autorisées à cet effet, des particuliers
> jouissant de leurs droits civils, ont accepté la charge de mineurs de
> seize ans, que des pères, mères ou des tuteurs autorisés par le conseil

» de famille leur ont confiés, le tribunal du domicile de ces pères, mères
» ou tuteurs peut, à la requête des parties intéressées agissant conjoin-
» tement, décider qu'il y a lieu, dans l'intérêt de l'enfant, de déléguer à
» l'Assistance publique les droits de puissance paternelle abandonnés
» par les parents et de remettre l'exercice de ces droits à l'établissement
» ou au particulier, gardien de l'enfant. »

Il arrive aussi que des enfants sont recueillis sans l'intervention des parents. Le cas, bien que moins fréquent, devait être prévu ; il fait l'objet des articles 19 et 20, qui déterminent les formalités à remplir en pareille circonstance pour obtenir des tribunaux le dessaisissement judiciaire.

Avant le vote de la loi du 24 juillet 1889, tous ces enfants de parents indignes ou incapables restaient en dehors des préoccupations de l'État. N'avaient-ils pas leur père ou leur mère, c'est-à-dire leurs protecteurs naturels ? Que ces protecteurs fussent en réalité des exploiteurs ou des corrupteurs, l'État n'osait porter en leur personne atteinte au droit de la puissance paternelle ; il n'intervenait que lorsque l'enfant ayant commis un délit tombait sous le coup de la loi pénale, et il le traitait alors en coupable ; tout au plus sa commisération allait-elle jusqu'à le considérer comme un coupable inconscient.

La loi de 1889 est venue mettre un terme à ce triste état de choses en organisant la protection des enfants moralement abandonnés.

Pour les parents indignes, elle a institué une procédure tendant à les frapper de déchéance. Pour les parents incapables, elle a permis à l'assistance publique, aux associations charitables, même aux simples particuliers, de se saisir des enfants sous certaines garanties, de les soustraire à l'influence des parents et d'exercer partiellement à leur place la puissance paternelle.

⁎

Aux termes de l'article 11 de la loi, si la tutelle des enfants n'a pas été constituée suivant le droit commun, elle est exercée par l'assistance publique, dont les représentants sont, conformément à l'article 24, les inspecteurs départementaux des Enfants assistés et, à Paris, le directeur de l'Administration générale de l'Assistance publique.

Cette délégation, en rehaussant l'autorité des inspecteurs, a, d'autre part, augmenté la somme déjà considérable de travail qu'ils ont à fournir, ainsi que leur responsabilité. Ces effets ont été d'autant plus sensibles dans le Pas-de-Calais que le nouveau service n'a pas tardé à y prendre, comme on le verra plus loin, un développement en rapport avec l'importance du département.

En terminant cet exposé des principales dispositions de la loi que nous avons emprunté en grande partie à l'importante circulaire ministérielle du 16 août 1889 — et qu'il y avait lieu de connaître avant d'entrer dans les détails de son application, — constatons que l'article 25 vint modifier les règles financières tracées par la loi du 5 mai 1869 et apporta à l'économie budgétaire du service des Enfants assistés un changement considérable. Cet article est ainsi conçu : « Dans les départements où le conseil général se sera engagé à assimiler pour la dépense les enfants faisant l'objet des deux titres de la présente loi aux enfants assistés, la subvention de l'Etat sera portée au cinquième des dépenses tant extérieures qu'intérieures des deux services [1] et le contingent des communes constituera pour celles-ci une dépense obligatoire, conformément à l'article 136 de la loi du 5 avril 18 8. »

Le Conseil général du Pas-de-Calais ayant été unanime à voter (séance du 23 août 1889) l'assimilation prévue par l'article 25, l'Etat de son côté tint ses engagements, et il en résulta tout d'abord pour le département des avantages importants au point de vue financier. C'est ainsi que la subvention pour l'exercice 1890 s'éleva à 24.539 fr. 48, et, en tenant compte de l'augmentation de dépenses occasionnée par le nouveau service, le montant du boni obtenu fut de 16.204 fr. 34. Le conseil général, fidèle à ses généreuses traditions en matière d'assistance, ne songea pas à faire profiter de la somme devenue ainsi disponible un autre service que celui des Enfants assistés. Elle contribua à réaliser les importantes améliorations sur lesquelles nous nous sommes étendu dans le précédent chapitre, notamment en ce qui concerne la révision des tarifs de pension et des vêtures et l'assistance des pupilles infirmes majeurs.

---

(1) On sait que, d'après la loi du 5 mai 1869, l'Etat n'accordait aux départements qu'une subvention égale au cinquième des dépenses intérieures seulement (le montant pour le Pas-de-Calais avait été en 1889 de 960 fr. 27), mais qu'il ne contribuait en rien aux dépenses extérieures qui sont de beaucoup les plus importantes.

§ II. — Application de la loi du 24 juillet 1889 dans le Pas-de-Calais.

La loi reçut son exécution dans le département dès 1890. Le nombre des enfants maltraités ou moralement abandonnés admis à l'hospice pendant cette première année fut de 19, dont 18 à la suite de la déchéance de la puissance paternelle prononcée par les tribunaux ou par la cour d'assises contre des parents indignes, en vertu des articles 1 ou 2 (titre Ier de la loi), et 1 en conformité de l'article 17 (titre II).

Le nouveau service ne tarda pas à se développer, et l'année suivante le chiffre des admissions s'éleva à 60, dont 52 après déchéance de la puissance paternelle des parents et 8 en vertu des articles 17 et 19.

Comme on le voit, les dispositions du titre Ier de la loi relatif à la déchéance des parents indignes reçurent tout d'abord dans le Pas-de-Calais une application beaucoup plus fréquente que celles du titre II, qui vise le dessaisissement judiciaire de parents incapables de procurer à leurs enfants les soins et l'éducation nécessaires.

M. le ministre de l'Intérieur, à qui ces renseignements statistiques furent transmis sur sa demande, trouva minime, eu égard à l'importance du département, le chiffre des admissions d'enfants de parents incapables. « Et pourtant, observait-il dans la correspondance échangée à ce sujet, à côté des enfants appartenant aux catégories déterminées par le décret du 19 janvier 1811, il y a certainement un nombre assez considérable d'enfants auxquels leurs parents ne peuvent procurer le minimum indispensable de soins et d'éducation et en faveur desquels l'assistance doit aujourd'hui s'exercer. Ce sont les enfants que vise le titre II et que les administrations départementales ont à rechercher. »

Pour répondre aux intentions ministérielles, à la date du 21 mai 1892, le préfet du Pas-de-Calais adressait, sur la proposition de l'inspecteur départemental, une importante circulaire aux sous-préfets, maires et commissaires de police, dans le but de vulgariser les prescriptions de la loi de 1889 et d'en assurer l'exécution plus complète (particulièrement en ce qui concerne le titre II). Elle se terminait ainsi : « Dans l'intérêt général aussi bien que dans l'intérêt des enfants eux-mêmes, il importe que les cas de délaissement moral, dont les conséquences peuvent être si funestes, soient recherchés avec soin. Je crois donc devoir à cet effet vous adresser, Messieurs, un pressant appel, en vous demandant de vouloir bien signaler sans retard à l'administration tous les cas qu'il vous sera donné de constater. A la corruption de l'enfance, le pire fléau d'une société, il convient surtout d'opposer l'action préventive. Cette action, la loi tutélaire du 24 juillet 1889 nous procure aujourd'hui les moyens de l'exercer. Sachons nous servir de l'arme qu'elle met entre nos mains. »

Les effets de cette circulaire se firent bientôt sentir. Elle contribua largement à vulgariser les dispositions de la loi trop peu connues encore des municipalités. Dans les premiers temps de sa publication, il ne se passait guère de jour où l'administration ne fût saisie par les maires de quelques cas de délaissement plus ou moins justifié; car il s'en fallait que toutes les demandes réunissent les conditions voulues pour être accueillies. En pareille matière, croyons-nous, une certaine réserve doit être observée. A côté de demandes d'admission concernant des enfants véritablement en état d'abandon moral et qu'il importait de soustraire à un milieu funeste, il en était d'autres assez nombreuses qui se rapportaient à des enfants idiots, arriérés ou infirmes de parents honnêtes, ou même simplement à des orphelins légitimes recueillis par des parents et déjà secourus par l'assistance locale. Ce n'étaient pas là des moralement abandonnés suivant le sens attaché à ces mots par la législation de 1889. Certaines municipalités auraient volontiers saisi l'occasion d'éluder leurs devoirs d'assistance envers tous ces enfants pour en rejeter la charge exclusive sur le budget départemental. Il y avait là un écueil à éviter. Si nous devions nous efforcer d'assurer dans le département une utile application de la loi, il convenait également que cette application ne fût pas faussée par une extension abusive des catégories d'enfants qu'elle avait visées. Nous ne parlons pas des conséquences redoutables à un autre point de vue qui pouvaient résulter d'une telle interprétation de la loi et de l'énorme surcroît de dépenses qu'elle aurait amené dans un département aussi peuplé que le Pas-de-Calais.

A la suite de la circulaire du 21 mai 1892, le nouveau service prit donc une extension rapide, et le nombre des admissions pendant l'année ne s'éleva pas à moins de 128, supérieur de 28 à celui des admissions d'enfants assistés ordinaires. Elles se décomposaient ainsi au point de vue des catégories auxquelles les enfants appartenaient : 72 prononcées à la suite de la déchéance de la puissance paternelle (titre 1er de la loi), et 56 par application des articles 17 et 19 (titre II) relatifs au dessaisissement judiciaire, dont 42 en vertu de l'article 17, avec intervention des parents, et 14 en dehors de cette intervention conformément à l'article 19. Le vœu exprimé par M. le ministre de l'Intérieur en vue d'une application plus fréquente des dispositions du titre II avait donc reçu pleinement satisfaction.

Depuis lors le nombre de nos moralement abandonnés n'a cessé de s'accroître normalement chaque année, comme on en peut juger par le tableau ci-après, qui comprend le chiffre des admissions et l'effectif au 31 décembre, de 1890 à 1898 inclusivement.

ANNÉES	NOMBRE DES ADMISSIONS	EFFECTIF AU 31 DÉCEMBRE
1890	19	17
1891	60	73
1892	128	193
1893	83	270
1894	60	322
1895	66	379
1896	23	393
1897	60	434
1898	61	473

Au 31 décembre 1898, le chiffre de nos pupilles restant dans le service s'élevait à 1.186 (dont 713 assistés proprement dits et 473 moralement abandonnés). Ces derniers formaient donc alors plus du tiers de notre effectif total, et il est à présumer que, par suite de l'extension croissante chaque année du nouveau service, leur nombre finira par égaler celui des enfants assistés ordinaires [1].

---

(1) Au 1er octobre 1899, date à laquelle nous écrivons, le nombre de nos moralement abandonnés s'élève à 509, dont 418 admis à la suite de la déchéance de la puissance paternelle contre les parents, 85 admis par application du titre II (dessaisissement judiciaire) et 6 qui n'ont pas encore été l'objet de décisions judiciaires. Les neuf dixièmes des enfants de parents déchus proviennent des grands centres de Calais et de Boulogne et nous sont confiés par le tribunal de cette dernière ville.

§ III. — Quelques observations sur l'application de la loi.

L'utilité de la loi du 24 juillet 1889 sur la protection des enfants maltraités ou moralement abandonnés, loi d'humanité et de progrès social, n'a pas besoin d'être démontrée. Les résultats qu'elle a produits déjà sont très-appréciables et des plus encourageants. Mais on n'en doit pas moins reconnaître que, comme la plupart des lois nouvelles, elle contient des lacunes et des imperfections et que son application donne lieu parfois à des difficultés que le législateur n'a pu prévoir. Sans prétendre nous livrer ici à une étude complète et approfondie du sujet, que le cadre de ce travail ne comporte pas, nous croyons devoir néanmoins présenter quelques observations que notre expérience professionnelle nous a suggérées. Elles ont déjà fait l'objet de communications au 1er congrès national d'assistance de Lyon (1894) et au congrès international de la Protection de l'enfance de Bordeaux (1895), qui ont adopté nos conclusions. Il ne nous paraît pas inopportun de les renouveler dans cette étude inspirée par l'amour du progrès et le désir de contribuer, aussi modeste que puisse être notre concours, à l'amélioration de ce qui touche aux services d'assistance de l'enfance.

La première de nos observations a trait aux

Frais judiciaires occasionnés par l'application de la loi. — Nous avons passé en revue précédemment les importantes réformes ou améliorations dont l'application de la loi de 1889 avait été le point de départ dans le Pas-de-Calais. Il en est résulté naturellement pour le budget départemental un très-sensible accroissement de dépenses, qu'on ne saurait regretter et qu'on peut au contraire appeler bien placées, car il y a des dépenses productives qui, suivant l'heureuse expression d'un de nos anciens ministres, « ont pour effet » de conserver et d'accroître ce capital humain dont la moindre » parcelle ne peut être perdue sans une atteinte à la sécurité natio- » nale et à la grandeur de la Patrie [1]. »

---

[1] Discours prononcé par M. Léon Bourgeois, alors sous-secrétaire d'État au ministère de l'Intérieur, au Comité consultatif d'hygiène publique de France, le 14 janvier 1889.

Parmi ces dépenses il en est certaines toutefois que nous considérons comme inutiles, vexatoires, et très-fâcheuses par conséquent, parce qu'elles sont de nature à entraver l'œuvre humanitaire et patriotique dont on poursuit la réalisation. Ce sont celles auxquelles donnent lieu les droits de timbre et d'enregistrement.

Le titre Ier de la loi, qui a trait à la déchéance de la puissance paternelle, ne donne lieu à aucune difficulté d'ordre financier pour l'assistance publique. La requête au tribunal est présentée par le parquet. Quand la justice a prononcé et confié la tutelle à l'assistance publique, celle-ci recueille aussitôt les enfants sans qu'il en résulte pour elle de frais de procédure à supporter. Il n'en est pas de même en ce qui concerne le titre II, qui a pour objet d'assurer la protection des mineurs de seize ans dont les administrations d'assistance publique, les associations de bienfaisance ou les particuliers ont accepté la charge avec le consentement des parents, ou qu'ils ont recueillis sans l'intervention de ces derniers.

Pour permettre à ces administrations, associations ou personnes charitables de poursuivre en toute sécurité l'éducation des enfants qu'ils ont recueillis, la loi les autorise à demander, conjointement avec les parents, que les droits de puissance paternelle abandonnés par ces derniers soient délégués à l'assistance publique et que l'exercice de ces droits leur soit accordé à elles-mêmes (article 17).

Si les enfants ont été recueillis sans l'intervention de leurs parents (article 19), notification est faite à ceux-ci de la mesure d'assistance prise à leur égard et, après les délais légaux, ceux qui ont recueilli les mineurs peuvent, aux termes de l'article 20, adresser au président du tribunal une requête à l'effet d'obtenir que tout ou partie des droits de la puissance paternelle leur soit conféré.

La procédure à suivre est ainsi réglée par la loi :

Article 18. — La requête est visée pour timbre et enregistrée gratis.

Après avoir appelé les parents ou tuteurs, en présence des particuliers ou des représentants réguliers de l'administration ou de l'établissement gardien de l'enfant, ainsi que du représentant de l'assistance publique, le Tribunal procède à l'examen de l'affaire en chambre du Conseil, le ministère public entendu.

Le jugement est prononcé en audience publique.

Article 20. — Si, dans les trois mois à dater de la déclaration, les père, mère ou tuteur n'ont point réclamé l'enfant, ceux qui l'ont recueilli peuvent adresser au président du Tribunal de leur domicile une requête afin d'obtenir que, dans l'intérêt de l'enfant, l'exercice de tout ou partie des droits de la puissance paternelle leur soit confié.

Le Tribunal procède à l'examen de l'affaire en chambre du Conseil, le ministère public entendu. Dans le cas où il ne confère au requérant qu'une partie des droits de la puissance paternelle, il déclare par ce même jugement que les autres, ainsi que la puissance paternelle, sont dévolus à l'assistance publique.

Pour l'exécution des dispositions des articles qui précèdent une requête doit être adressée par ministère d'avoué au président du tribunal du domicile des père et mère, qui rend une ordonnance suivant laquelle les parents sont assignés à comparaître, à jour et heure déterminés, en la chambre du conseil où ils sont entendus en présence du représentant de l'assistance publique, puis le jugement est rendu en audience publique; il est signifié aux parties intéressées et l'exécution en est poursuivie, s'il y a lieu, par ministère d'huissier.

Quant aux frais auxquels pourrait donner lieu cette procédure, la loi ne s'est expliquée que sur un point, et l'article 18 dispose que la requête introductive est *visée pour timbre et enregistrée gratis*.

Mais il n'en est ainsi que pour ce seul acte de procédure; tous les autres : assignations à comparaître, jugement, signification, etc., sont soumis aux droits de timbre et d'enregistrement. Il en résulte pour le budget départemental des dépenses relativement importantes qui varient suivant les affaires et suivant les magistrats chargés de taxer : pour certaines les frais ont atteint 60 et même 80 francs.

N'est-ce pas fort peu encourager les départements ainsi que les associations ou les particuliers que de les obliger à supporter de pareilles dépenses pour être admis à faire acte de bienfaisance et aller directement à l'encontre du but que s'est proposé le législateur de 1889 ?

On objectera peut-être que dans certains départements on se dispense de l'intervention des avoués, que les requêtes visées par les articles 17 et 20 sont présentées par le ministère public et que tous les frais sont ainsi évités [1].

Cette substitution, quand elle est possible, est très-avantageuse assurément. Il y a tout profit à se priver du concours des avoués qui

---

(1) Les choses se passent de la sorte dans le Rhône et aussi depuis plusieurs années dans le Pas-de-Calais, grâce à l'obligeante intervention de M. Chenest, procureur général près la Cour de Douai qui, sur notre demande, a bien voulu donner à ce sujet des instructions spéciales aux magistrats de son ressort.

sont parfois négligents et en outre ne manquent pas de faire payer cher leurs services.

Mais si le parquet veut bien se charger de présenter les requêtes, c'est par pure complaisance et il n'y est pas tenu. Nous oserons même dire qu'ici son intervention peut sembler illégale et arbitraire. Suivant le principe consacré par le code de procédure civile et auquel la loi du 24 juillet 1889 n'a pas dérogé, on ne saurait en effet ester en justice sans recourir au ministère des avoués (nous ne parlons pas de la justice-de-paix), et ceux-ci, dans le cas d'une action intentée en dehors d'eux, pourraient protester contre cette atteinte portée à leur privilège.

D'ailleurs, quand le parquet consent à se charger de la requête et des autres actes de la procédure, son concours est gratuit bien entendu, et l'assistance publique fait l'économie des honoraires des avoués; mais elle n'est pas exempte de tous frais pour cela, puisqu'elle doit supporter les droits de timbre et d'enregistrement pour tous les actes de procédure qui y sont assujettis, à l'exception de la requête introductive d'instance, seule visée pour timbre et enregistrée gratis.

Cette question des frais judiciaires occasionnés par l'application de la loi du 24 juillet 1889 a fait l'objet des préoccupations de l'administration de l'Assistance publique de Paris, pour laquelle elle présente un intérêt d'autant plus grand que son effectif d'enfants moralement abandonnés est plus considérable.

M. le préfet de la Seine avait demandé à M. le ministre de l'Intérieur de vouloir bien intervenir auprès de ses collègues les ministres des Finances et de la Justice, soit pour obtenir l'exonération complète des droits de timbre et d'enregistrement afférents à la procédure actuellement suivie pour l'application de la loi, soit pour faire modifier cette procédure, de telle sorte que les administrations d'assistance publique soient exonérées de tous frais, ou, si cela est jugé nécessaire, de provoquer une loi complémentaire pour régler cette question de procédure et de gratuité.

M. le préfet du Pas-de-Calais, s'associant aux conclusions de son collègue de la Seine, a écrit dans le même sens à M. le ministre de l'Intérieur, qui a répondu qu'il ne dépendait pas du ministre des Finances d'exonérer des droits de timbre et d'enregistrement la procédure afférente à l'application des articles 17 ou 19 de la loi du

24 juillet 1889, — cette exemption ne pouvant résulter que d'une disposition légale.

C'est donc la loi elle-même qu'il faudrait modifier pour supprimer des dépenses inutiles et de nature à entraver l'œuvre d'une si haute portée sociale que le législateur a eu en vue.

Sous ce titre : *le Fisc et l'Assistance publique* nous avons fait de la question des droits de timbre et d'enregistrement auxquels donne lieu l'application de la loi de 1889 l'objet d'une communication au premier congrès national d'assistance tenu à Lyon en juin 1894 sous la présidence de M. Théophile Roussel. Dans cette étude nous nous sommes élevé également contre les charges nouvelles au point de vue fiscal que le règlement du 12 juillet 1893 sur la comptabilité départementale venait d'imposer aux services de l'enfance (Enfants assistés et Protection du 1er âge.) Nous avons montré que depuis le vote de la loi du 24 juillet 1889 les dépenses s'étaient accrues presque partout dans de notables proportions. Pour le Pas-de-Calais en particulier la majoration n'était pas inférieure alors à 62 % dans une période de cinq ans seulement [1]. C'est à juste titre, disions-nous, que l'État encourage les départements à marcher de l'avant dans la voie du progrès où ils sont entrés et à réaliser le plus d'améliorations possible dans ces services de l'enfance où il y avait tant à faire. Mais n'est-ce pas en même temps les décourager que d'augmenter bénévolement leurs charges déjà si lourdes par un surcroît de dépenses inutiles comme celles dont nous venons de parler? Leur imposer de telles dépenses pour être admis à faire acte de bienfaisance, n'est-ce pas marcher à l'encontre du but que l'on poursuit et s'exposer à voir tarir la source même des libéralités que l'on sollicite?

Dans l'intérêt supérieur de la cause que nous défendions, dans l'intérêt bien compris de nos services de l'enfance, nous avons proposé au Congrès d'émettre le vœu :

1º En ce qui concerne l'application des articles 17, 18, 19 et 20 de la loi du 24 juillet 1889 sur les enfants maltraités ou moralement abandonnés, que le ministère public soit chargé par la loi des requêtes à présenter aux tribunaux au nom de l'Assistance publique

---

(1) Actuellement et après une période de dix ans, la majoration est plus que doublée comme on le verra plus loin sous la rubrique « Dépenses. »

ou des particuliers, ainsi que des autres actes de la procédure, et que tous ces actes soient entièrement gratuits et exemptés des droits de timbre et d'enregistrement;

2° Que tous les droits de timbre imposés par le décret du 12 juillet 1893 sur la comptabilité départementale soient supprimés en ce qui concerne les services des Enfants assistés ou moralement abandonnés et de la Protection des enfants du premier âge.

Après discussion, l'un et l'autre de ces vœux ont été votés à l'unanimité par la 2ᵉ section (séance du 29 juin 1894).

Notification des décisions judiciaires. — Prise de possession des enfants. — Un premier point tout d'abord dont, dès le début de l'application de la loi, l'administration dut se préoccuper dans le Pas-de-Calais a été la notification des décisions judiciaires. Il importe que cette notification soit toujours faite exactement au préfet par le parquet dans le plus bref délai possible. Quand, à la suite de la déchéance des parents, le tribunal a confié la tutelle des enfants à l'assistance publique, l'intérêt de ces derniers exige en effet que l'administration soit avisée immédiatement afin d'être en mesure de remplir la mission dont elle est investie. Sinon la loi peut ne pas être appliquée et rester lettre morte. C'est ainsi qu'un jugement prononçant la déchéance nous ayant été notifié trois mois après qu'il avait été rendu, lorsque nous voulûmes recueillir les enfants mineurs dont la tutelle nous était déférée, enfants et parents avaient disparu sans qu'il ait été possible de retrouver leurs traces. Pour empêcher le retour de pareils faits, un pressant appel fut, à la date du 27 février 1891, adressé aux chefs de parquet du département. Depuis lors les notifications sont faites beaucoup plus régulièrement que par le passé. Toutefois des omissions se produisent encore de temps en temps et il arrive parfois que nous sommes informés par les journaux seulement des déchéances prononcées.

Il est une autre difficulté que nous avons rencontrée dans l'application de la loi. Elle a trait à la prise de possession des enfants confiés à l'assistance publique à la suite de la déchéance des parents. Parfois d'énergiques résistances se produisent; des parents refusent de laisser partir leurs enfants et l'intervention de la gendarmerie est nécessaire pour assurer l'exécution de la loi. Comme exemple nous citerons à ce sujet une scène qui s'est passée un jour dans des circonstances presque dramatiques. Un tribunal du département avait prononcé la déchéance contre un sieur D..., homme des moins recommandables, paresseux et ivrogne, qui maltraitait ses enfants et les mettait dans la nécessité de quitter le domicile paternel pour se livrer à la mendicité et au vagabondage. A la suite de ce jugement, deux agents de l'inspection se rendirent dans la commune pour transférer à l'hospice dépositaire les jeunes D..., dont la tutelle nous avait été confiée. Mais le père, violent et brutal, refusa catégoriquement de remettre ses enfants, malgré l'intervention du maire et du garde-champêtre. Un gendarme de la brigade voisine fut requis de prêter main-forte. D... lui opposa une résistance acharnée. Grâce au courage et au sang-froid du brave représentant de la force publique, il fut mis dans l'impossibilité de faire usage d'un couteau de boucher qu'il tenait dissimulé sous ses vêtements et dont il était, à n'en pas douter, disposé à se servir. Le concours des habitants, qui s'étaient amassés en grand nombre, permit enfin de maîtriser le forcené qu'on fut obligé de ligotter pour le conduire à la prison la plus voisine, et les enfants purent être amenés à l'hospice.

N'y a-t-il pas lieu de tirer de tels faits l'enseignement pratique qu'ils paraissent devoir comporter ?

Nous avons signalé les inconvénients qui pouvaient résulter de la notification tardive des décisions judiciaires relatives à la déchéance de la puissance paternelle. Les enfants confiés à l'assistance publique pouvaient disparaître et la loi restait inexécutée. Nous demandions que l'administration fût avisée sans délai par les parquets de chaque jugement rendu, avec renseignements précis sur les noms, âge et lieu de résidence des enfants. La scène que nous venons de raconter ne montre-t-elle pas qu'il y encore autre chose à faire pour assurer une exécution plus sûre et plus immédiate de la loi ? Après chaque jugement les parquets ne pourraient-ils pas prescrire que les enfants soient, sans plus attendre, enlevés aux parents pour être amenés à l'hospice dépositaire ? Malgré toute la célérité possible, la notification du jugement à l'administration et les dispositions prises par celle-ci pour prendre possession de la personne de ses nouveaux pupilles entraînent toujours un délai d'un certain nombre de jours. Grâce à la mesure dont nous proposons l'adoption, on ne perdrait pas de temps, et on éviterait des scènes fâcheuses comme celle que nous avons signalée.

Le congrès international de la Protection de l'enfance qui s'est tenu à Bordeaux en 1895 a, sur notre proposition, émis un vœu en ce sens (section de protection morale, séance du 2 août).

Enfants naturels non reconnus. — Dans notre communication au même congrès, nous avons signalé également une lacune importante qui avait déjà frappé l'attention de plusieurs personnes familiarisées avec l'application de la loi. Il s'agit des enfants naturels non reconnus, dont le législateur ne parle pas, et qui dans certains cas restent en quelque sorte en dehors de la protection publique. Quand ces enfants sont en danger moral ou maltraités par leurs auteurs, ces derniers ne sauraient être frappés de la déchéance de droits qui n'existent pas et, le plus souvent, l'administration est impuissante à intervenir. Des cas de ce genre ne sont pas rares dans le Pas-de-Calais comme dans la plupart des départements. Il serait donc nécessaire que la loi étendît sa protection à une catégorie de malheureux enfants qui en ont besoin plus que tous autres. Nous avons donc présenté une proposition dans ce sens au congrès de Bordeaux. Elle fut renvoyée, comme se rattachant à une proposition analogue de M. Drücker, avocat à la cour d'appel de Paris et rapporteur désigné par le comité d'organisation, à l'assemblée générale du 2 août 1895 qui adopta le vœu ci-après :

« Lorsque la santé, la sécurité d'un enfant naturel non reconnu sera compromise par l'ivrognerie habituelle, l'inconduite notoire et scandaleuse ou par de mauvais traitements de la part des personnes qui l'élèvent habituellement, le tribunal statuant en chambre du conseil pourra, sur la réquisition du ministère public, en confier l'éducation, soit à l'assistance publique, soit à des particuliers jouissant de leurs droits civils, soit à des associations de bienfaisance régulièrement autorisées à cet effet, qui en prendront la tutelle dans les termes de l'article 11 de la loi. »

Dans la même séance du congrès de Bordeaux, et conformément aux conclusions du rapporteur, furent adoptées, entre autres résolutions, les suivantes qu'en raison de leur importance nous croyons devoir mentionner ici :

Troisième résolution. — Le congrès émet le vœu que l'interprétation de la loi de 1889, au point de vue de la procédure, soit unifiée le plus tôt possible et qu'à cet effet il soit rédigé un formulaire approuvé par le ministère de la Justice, dont l'emploi sera généralisé dans toute la France au moyen de circulaires explicatives adressées aux différents services administratifs et judiciaires.

Quatrième résolution. — Le congrès intimement persuadé que la loi de 1889 ne peut recevoir son application intégrale que par le concours et l'accord constant entre les services publics et les sociétés privées d'une part, et de celles-ci entre elles d'autre part :

1° Félicite l'administration supérieure des efforts faits jusqu'à ce jour pour associer le plus souvent possible la charité privée à l'œuvre de la loi de 1889 et la prie de persévérer dans cette voie ;

2° Fait des vœux en faveur de la multiplication des associations de charité destinées à assurer l'application de la loi de 1889 et, pour arriver à ce but, préconise dans chaque département la création de comités centraux ayant pour objet de mettre en rapport les différentes œuvres charitables, de coordonner leurs efforts, de les éclairer sur les placements d'enfants et de faciliter ces placements.

§ IV. — Ecoles de réforme.

La question de création d'écoles destinées à redresser des natures vicieuses d'enfants qu'on ne peut placer dans les familles est plus que jamais à l'ordre du jour. Elle se rattache trop intimement à l'application de la loi de 1889 pour que nous ne nous en occupions pas dans cette étude.

La loi nouvelle nous a valu, en effet, une catégorie spéciale de pupilles bien différents souvent des enfants assistés ordinaires recueillis en vertu du décret de 1811. Elle a modifié profondément les conditions du service, qui tend à devenir en partie pénitentiaire.

Les enfants matériellement en état d'abandon par suite du décès ou de la disparition de leurs parents et qui, en cette qualité, doivent être admis à l'hospice, se trouvent généralement, au point de vue physique comme au point de vue moral, dans des conditions normales. Les vicieux, les indisciplinés, les idiots, les arriérés, les infirmes de corps ou d'esprit, y figurent à l'état d'exception.

Il en va tout autrement pour ces moralement abandonnés que nous envoient tous les jours les tribunaux, pour ces malheureux issus le plus souvent d'alcooliques tarés physiquement ou moralement, frappés de condamnations judiciaires, pour ces enfants élevés comme de petits sauvages, n'ayant jamais fréquenté l'école, dressés à la mendicité presque toujours, au vol parfois et à la prostitution. Parmi ceux-là les bons sujets, sains de corps et d'esprit, ne sont pas les plus nombreux; les mauvais ou simplement les sujets difficiles, les idiots, les épileptiques, les arriérés, forment la majorité.

Les infirmes sont placés, moyennant des pensions exceptionnelles, soit dans des asiles spéciaux, soit chez des particuliers. La charge est onéreuse pour le budget départemental, mais ce n'est qu'une question de dépense.

Il n'en est pas de même pour les vicieux ou les indisciplinés.

Quand les enfants sont jeunes encore à l'époque de leur admission à l'hospice, le mal n'est pas irrémédiable; sortis du milieu déplorable dans lequel ils vivaient et confiés à d'honnêtes gens, ils peuvent encore s'améliorer. Grâce au changement de situation, à l'éducation nouvelle qui leur est donnée, nous obtenons généralement des résultats favorables.

Mais quand ils ont déjà treize, quatorze ou quinze ans, et même plus, comme le cas se produit parfois, quand le mal s'est invétéré, que pouvons-nous en faire ? La présence de ces pupilles devient pour les autres et pour le service lui-même un danger permanent.

Si nous essayons de les placer comme apprentis ou domestiques, ils se montrent bientôt insubordonnés, réfractaires à tout travail régulier. Le plus souvent ils prennent la fuite pour aller retrouver leurs parents indignes; parfois ils volent ou font même pire encore, comme ce malheureux qui a voulu empoisonner la maîtresse de la maison où il était domestique ou cet autre qui a tenté d'incendier l'habitation de son patron. Ils nous exposent ainsi à des responsabilités redoutables et jettent sur le service tout entier un discrédit dont nous avons fort à souffrir pour le placement de nos autres pupilles.

Pourquoi, dira-t-on, ne pas les interner dans des établissements spéciaux pour y être soumis à un régime approprié à leur situation, à une orthopédie morale en quelque sorte, en vue de redresser les déformations de caractère dont ils sont affligés ?

C'est là précisément le point délicat de la question.

Nous n'avons actuellement à notre disposition que quelques rares établissements privés, tous éloignés de notre département, où il nous soit possible d'envoyer un certain nombre de pupilles. Et encore ces établissements ne réunissent-ils pas toutes les conditions désirables tant au point de vue des moyens d'action employés qu'au point de vue de la surveillance exercée. Il en est même qui, sous des prétextes plus ou moins plausibles, nous ont remis successivement tous les élèves dont la garde leur avait été confiée, parce qu'on les trouvait trop vicieux ou trop indisciplinés.

Les véritables écoles de réforme nous font donc défaut. C'est une lacune considérable, et le but que s'est proposé le législateur de 1889 ne sera qu'imparfaitement rempli tant qu'elle n'aura pas été comblée.

La situation est la même pour la presque totalité des départements. Dans un très-petit nombre, il est vrai, on s'est efforcé d'y remédier par la création de dépôts ou d'asiles de préservation à l'usage spécial des moralement abandonnés. Mais ces tentatives isolées, laissées au hasard des bonnes volontés individuelles, si honorables qu'elles soient d'ailleurs, ne sont qu'un palliatif et ne peuvent produire que des résultats incomplets.

C'est à l'État, nous semble-t-il, qu'il appartient d'établir, par région, de véritables écoles de réforme dignes de ce nom, fortement organisées, où les services d'assistance pourraient, moyennant un prix de pension déterminé, envoyer leurs pupilles vicieux ou indisciplinés. Mieux que personne, il possède les moyens d'action nécessaires et serait en mesure de mener à bonne fin une œuvre si utile, d'une si haute portée sociale. La loi du 24 juillet 1889 émane de son initiative. Il n'a pas négligé les occasions d'encourager les services départementaux à l'appliquer. La meilleure manière de leur venir en aide, dans les difficultés au milieu desquelles ils se débattent, serait de créer lui-même un organe indispensable, sans lequel une loi excellente ne pourra produire tous les heureux résultats qu'il est permis d'en attendre.

Dans sa session d'août 1898, le conseil général du Pas-de-Calais a émis à l'unanimité un vœu dans ce sens.

La question de création d'écoles de réforme fait actuellement l'objet des délibérations de la Société internationale pour l'étude des questions d'assistance, fondée à Paris à la suite du congrès de 1889. Aucune autre ne mérite mieux de fixer son attention. Dans l'intérêt de nos services de l'enfance, nous souhaitons vivement qu'une solution intervienne le plus tôt possible.

§ V. — Enfants admis en exécution des articles 4 et 5 de la loi du 19 avril 1898.

Une loi récente, celle du 19 avril 1898, dite de Protection de l'enfance, votée par le Parlement dans le but de réprimer les violences, voies de fait, actes de cruauté et attentats trop fréquents commis envers des enfants — et qui complète à un certain point de vue la loi du 24 juillet 1889 sur les moralement abandonnés — vient encore corroborer tous les arguments qu'on peut invoquer en faveur de la création d'écoles de réforme.

Les articles 4 et 5, qui nous intéressent particulièrement, sont ainsi conçus :

« ARTICLE 4. — Dans tous les cas de délits ou de crimes *commis par des enfants ou sur des enfants*, le juge d'instruction commis pourra, en tout état de cause, ordonner, le ministère public entendu, que la garde de l'enfant soit provisoirement confiée, jusqu'à ce qu'il soit intervenu une décision définitive, à un parent, à une personne ou à une institution charitable qu'il désignera, ou enfin à l'*Assistance publique*.

» Toutefois les parents de l'enfant jusqu'au cinquième degré inclusivement, son tuteur ou son subrogé-tuteur et le ministère public pourront former opposition à cette ordonnance ; l'opposition sera portée à bref délai devant le tribunal, en chambre du conseil, par voie de simple requête.

« ARTICLE 5. — Dans les mêmes cas, les cours ou tribunaux saisis du crime ou du délit pourront, le ministère public entendu, statuer définitivement sur la garde de l'enfant. »

Aux termes de la loi nouvelle, *en cas de crimes ou de délits commis par des enfants ou sur des enfants*, les tribunaux, les juges d'instruction même peuvent donc, les uns provisoirement, les autres définitivement, statuer sur la garde de l'enfant et le remettre à l'assistance publique.

Il s'agit ici de deux catégories de mineurs bien distinctes : d'une part d'enfants qui ont été victimes de mauvais traitements; d'autre part, d'enfants délinquants, ayant commis des délits ou même des crimes.

Les premiers, en principe *enfants honnêtes de parents vicieux*, peuvent être assimilés à ceux que vise la loi du 24 juillet 1889. En permettant au magistrat d'en confier la garde à des parents, à des institutions charitables ou enfin à l'assistance publique, — lorsqu'il n'y a pas lieu ou possibilité de recourir à la déchéance de la puissance paternelle ou aux formalités de la procédure du dessaisissement judiciaire, — la loi du 19 avril 1898 complète heureusement, semble-t-il, celle qui l'a précédée.

Nous nous expliquons moins ses dispositions relatives aux enfants de la seconde catégorie. Il s'agit ici de délinquants, ayant commis des délits ou même des crimes, de mineurs qu'*à priori* l'on peut définir, en renversant les termes de la formule employée plus haut, *des enfants vicieux de parents honnêtes*, bien que parfois les parents, par leur défaut de surveillance ou leur manque de soins, soient responsables en grande partie des écarts de leurs enfants et la cause première de leur mauvaise conduite.

Avant la loi de 1898, le jeune délinquant était remis à ses parents ou envoyé dans une maison de correction. Dans la plupart des cas aujourd'hui, les tribunaux ne manquent pas d'accorder la préférence à l'Assistance publique, pour soustraire les enfants au milieu de la famille qui ne leur paraît pas présenter les garanties de surveillance nécessaires, ou à celui des maisons de correction où l'œuvre de démoralisation peut s'achever par la contagion du mauvais exemple.

Cette confiance honore assurément l'Assistance publique. Mais, sans parler des nouvelles charges qu'elle impose, — et en vue desquelles la loi a omis de créer des ressources correspondantes, — elle est en même temps fort embarrassante et pleine de dangers pour elle.

Que faire de ces délinquants, de ces jeunes voleurs ou vagabonds dont on lui confie la garde? Elle devra tout d'abord les mettre en dépôt à l'hospice jusqu'à leur placement. Mais trouvera-t-elle des particuliers disposés à s'en charger? N'y a-t-il pas pour elle un devoir de conscience à prévenir ces derniers, à leur faire connaître les antécédents de ses nouveaux pupilles. Le plus souvent l'obligation s'imposera, où de les garder indéfiniment à l'hospice dépositaire au risque de contaminer les autres enfants qui s'y trouvent, ou de chercher à les placer dans des établissements spéciaux — écoles de réforme ou de redressement — qui, nous l'avons vu, sont insuffisants ou font presque complètement défaut aujourd'hui.

Nous ne faisons qu'effleurer ici cette grave question, à laquelle un homme d'une haute autorité en pareille matière, M. Loys Brueyre, membre du Conseil supérieur de l'assistance publique, a consacré un remarquable article dans un des derniers numéros de la *Revue philanthropique* [1]. « Nous avons dès l'origine de la création des services des moralement abandonnés, dit-il très-justement, posé le principe qu'ils n'étaient créés qu'en faveur *des enfants honnêtes de parents vicieux*. C'est une formule à retenir, à répéter sans cesse même. Il faut, si on ne veut pas nuire à l'admirable service des Enfants assistés, se garder d'accepter des enfants vicieux de parents honnêtes. Pour ces derniers, c'est l'éducation correctionnelle dans les établissements de l'administration pénitentiaire qui seule peut procurer leur amendement. A chacun sa tâche. Si on brouille et confond des choses distinctes et qui doivent rester séparées, avec les intentions les plus bienfaisantes, on amènera les plus grands maux et les plus irréparables. »

***

L'application de la loi du 19 avril 1898 ne s'est pas fait attendre dans le Pas-de-Calais. Elle nous a valu une nouvelle catégorie de pupilles, qui, à part un seul, peuvent être assimilés aux pires de nos moralement abandonnés. A la date où nous écrivons, 12 admissions ont été prononcées, dont 6 concernant des enfants au-dessous de 13 ans, et 6 des enfants qui avaient dépassé cet âge.

Les mineurs confiés à l'assistance publique l'ont été presque tous à la suite de délits de vol, vagabondage ou de mendicité commis par

---

(1) « De l'application des articles 4 et 5 de la loi du 19 avril 1898, relatifs à la protection des enfants ayant commis ou contre lesquels ont été commis des crimes ou délits ». — N° du 10 octobre 1899.

eux. Un seul avait été l'objet de mauvais traitements de la part de ses parents.

Sur les 12 admissions, 10 ont été prononcées en vertu de jugements rendus par le seul tribunal de Boulogne, qui, on l'a vu déjà, nous envoie également la très-grande majorité de nos moralement abandonnés.

CHAPITRE IV.

Effectifs. — Dépenses. — Mortalité. Contingent militaire.

§ Iᵉʳ. — Effectifs et Dépenses.

Si, d'une manière générale, on peut dire que dans ce vaste département du Pas-de-Calais la plupart des services administratifs prennent un développement de jour en jour plus considérable, il n'en est pas, pensons-nous, qui à ce point de vue l'emporte sur le service des Enfants assistés. L'examen du tableau ci-après, qui comprend les effectifs des différentes catégories d'enfants — assistés proprement dits, moralement abandonnés, secourus temporairement — ainsi que le chiffre des dépenses depuis 1870 jusqu'en 1890, est des plus significatifs et permet de se rendre compte de toute l'extension dont il a été l'objet dans ces dernières années.

Effectifs et Dépenses (de 1870 à 1899).

ANNÉES au 31 décembre	ENFANTS ASSISTÉS ordinaires		TOTAL des Assistés ordinaires	ENFANTS secourus	Moralement abandonnés (loi du 24 juillet 1889)	ENFANTS admis en exécution de la loi du 19 avril 1898	TOTAL général des Pupilles et des Secourus	DÉPENSES totales du service
	Pupilles au-dessous de 12 ou 13 ans (1)	Pupilles de 12 ou 13 à 21 ans (1)						
1870	326	364	690	267			957	83.786 » »
1871	335	364	699	293			992	85.051 23
1872	314	365	679	343			1.022	87.557 31
1873	297	387	684	378			1.062	84.652 92
1874	252	392	644	394			1.038	88.181 38
1875	230	394	624	394			1.015	87.555 19
1876	209	392	601	394			995	86.391 81
1877	209	396	605	406			1.011	88.137 36
1878	188	381	569	402			971	97.105 61
1879	189	340	529	521			1.044	105.556 28
1880	194	320	514	473			987	101.465 98
1881	213	294	507	432			939	108.234 02
1882	251	280	531	491			1.022	106.789 78
1883	282	242	524	536			1.060	118.510 29
1884	283	223	506	590			1.096	127.854 02
1885	282	219	501	608			1.109	127.701 31
1886	274	214	488	702			1.190	129.223 27
1887	274	210	484	737			1.221	133.684 45
1888	259	218	477	704			1.181	131.267 34
1889	252	220	472	690			1.162	126.562 74
1890	257	229	486	765	17		1.268	137.000 51
1891	252	246	498	905	73		1.476	160.733 73
1892	276	263	539	899	193		1.631	181.614 18
1893	296	260	556	696	270		1.522	196.782 42
1894	321	261	582	692	322		1.596	210.577 21
1895	344	257	601	764	379		1.744	221.089 14
1896	363	257	620	795	393		1.808	229.464 68
1897	392	279	671	879	434		1.984	245.186 80
1898	402	311	713	936	473	5	2.127	262.059 » »

(1) Avant l'année 1883, les pupilles étaient divisés au point de vue de l'âge en deux grandes catégories : au-dessous de 12 ans et de 12 à 21 ans. A partir de 1883, la pension étant continuée jusqu'à la 13ᵉ année par suite de l'application de la loi du 28 mars 1882 sur l'instruction primaire obligatoire, il en résulte que depuis cette époque la 1ʳᵉ catégorie comprend les pupilles de la naissance à 13 ans, et la seconde les pupilles de 13 à 21 ans.

Au 31 décembre 1870 l'effectif était :

Pour les pupilles au-dessous de 12 ans, de 326
— de 12 à 21 ans, de. 364
— les secourus de. 267
　　　　　　　　　　　　　　　Total. . . . 957

Pendant la période qui précède l'application de la loi du 24 juillet 1889 sur les moralement abandonnés, la situation ne se modifie que dans une certaine mesure. Si le nombre des enfants secourus s'accroît assez sensiblement, par contre celui des pupilles de l'assistance diminue.

Il n'en est plus de même après la mise à exécution de la loi nouvelle. Pour toutes les catégories d'enfants les effectifs augmentent et le mouvement ascendant s'accentuera d'année en année jusqu'à l'époque actuelle. Quelques chiffres permettront de mesurer le chemin parcouru durant la dernière période décennale.

Au 31 décembre 1889, l'effectif était :

Pour les pupilles au-dessous de 13 ans, de 252
— de 13 à 21 ans, de. 220
— les enfants secourus de 690
　　　　　　　　　　　　　　　Total. . . . 1,162

Au 31 décembre 1895, il s'élevait :

Pour les pupilles (assistés proprement dits) au-dessous de 13 ans, à 344
Pour les pupilles (assistés proprement dits) de 13 à 21 ans, à 257
Pour les pupilles moralement abandonnés à 379
— enfants secourus à 764
　　　　　　　　　　　　　　　Total. . . . 1.744

Le mouvement ascendant s'accélère pendant les trois dernières années. C'est ainsi qu'au 31 décembre 1898 l'effectif général de nos enfants de toutes catégories se décompose de la manière suivante :

Pupilles (assistés proprement dits) au-dessous de 13 ans . 402
— — de 13 à 21 ans . . . 311
— moralement abandonnés. 473
Enfants admis en exécution de la loi du 10 avril 1898 . . 5
Enfants secourus 936
　　　　　　　　　　　　　　　Total. . . . 2,127

En dix ans le nombre des enfants dont nous avons à nous occuper a été presque doublé.

Les dépenses, naturellement, se sont accrues dans de très-sensibles proportions. De 1870 à 1889 l'augmentation est déjà presque continue d'année en année; mais les fluctuations sont relativement peu importantes. Il n'en est plus de même après la création du service des moralement abandonnés. Les nombreuses améliorations réalisées — notamment au point de vue des tarifs de pension et des vêtures — coïncidant avec l'augmentation constante de l'effectif de chacune de nos diverses catégories d'enfants donnent lieu à une majoration de dépenses qui va toujours croissant. Deux chiffres en feront d'un coup d'œil mesurer toute l'étendue. Les dépenses totales du service ont été en 1889 de 126.562 fr. 74. Elles s'élèvent pour l'exercice 1898 à 262.059 francs, soit pendant une période de dix ans une majoration de plus de 107 % [1].

Cet accroissement de charges budgétaires résultant de l'extension des services d'assistance infantile n'est pas d'ailleurs particulier au Pas-de-Calais, qui est encore un des départements où la dépense est relativement la moindre. Dans sa publication annuelle pour 1893 sur les « *Questions d'assistance et d'hygiène publiques traitées dans les conseils généraux* » un homme d'une haute compétence, M. de Crisenoy [2], donne le tableau des dépenses du service des Enfants assistés par département en 1892, avec le rapport de ces dépenses au chiffre de la population. Il en résulte qu'à ce point de vue, sur 86 départements, le Pas-de-Calais vient au 71ᵉ rang, avec une dépense de 203 francs par 1.000 habitants.

D'après la même publication pour l'année 1895 la dépense y a été de 0,237 par tête d'habitant et, sous ce rapport, le Pas-de-Calais tenait alors le 69ᵉ rang parmi les départements [3]. Il a dû certainement s'élever de quelques degrés de plus sur l'échelle pendant ces trois dernières années. Mais, somme toute, eu égard au nombre de

---

(1) Au moment où nous écrivons, nous ne pouvons connaître encore le chiffre des dépenses pour 1899, qui, à en juger par le nombre des enfants admis à l'assistance, dépassera certainement celui de 1898. Les prévisions budgétaires pour 1900 votées par le Conseil général comportent une dépense totale de 281.621 fr. 40.

(2) Ancien directeur de l'administration départementale et communale au ministère de l'Intérieur.

(3) Voici, d'après cette statistique, quel a été, en 1895, le montant de la dépense des enfants assistés par tête d'habitant dans les départements ci-après :

ses habitants [1] et à son importance de troisième département français, on conviendra qu'il dépense encore relativement peu pour le service des enfants assistés.

§ II. — Mortalité.

De 1870 à 1883. — L'inspecteur départemental [2] ne faisait pas de distinction, pour le calcul de la mortalité, entre les pupilles des hospices au-dessous de 12 ans et les enfants secourus temporairement qu'il confondait ensemble. Voici, d'après ses rapports annuels, quelle a été chaque année la moyenne de la mortalité pour tous les enfants au-dessous de 12 ans (pupilles et secourus) et, d'autre part, pour les pupilles de 12 à 21 ans :

ANNÉES	Enfants au-dessous de 12 ans Pupilles et secourus	Pupilles de 12 à 21 ans
1870	3,15 %	0,55 %
1871	3,44	1,00
1872	2,27	0,54
1873	2,82	0,26
1874	5,57	0,81
1875	3,52	0,00
1876	2,20	0,00
1877	5,31	0,39
1878	4,10	0,78
1879	4,29	0,34
1880	6,66	0,00
1881	4,72	1,30
1882	3,10	0,94

N°°		fr.	N°°		fr.
1.	Seine	2.777	13.	Ardennes	0.606
2.	Rhône	1.422	14.	Sarthe	0.577
3.	Seine-Inférieure . .	1.141	15.	Meuse	0.552
4.	Bouches-du-Rhône . .	1.083	16.	Cher	0.551
5.	Eure	0.812	17.	Loiret	0.544
6.	Gironde	0.798	18.	Aube	0.537
7.	Eure-et-Loir	0.777	19.	Ain	0.531
8.	Calvados	0.754	20.	Seine-et-Oise . . .	0.528
9.	Oise	0.704	31.	Aisne	0.453
10.	Mayenne	0.697	47.	Somme	0.366
11.	Haute-Vienne . . .	0.673	73.	Nord	0.193
12.	Côte-d'Or	0.614	87.	Finistère	0.111

(1) 006.149 habitants d'après le dernier recensement. Le Pas-de-Calais est un des départements français trop rares hélas ! où la population augmente à chaque recensement quinquennal.
(2) M. Châtelain.

De 1883 à 1899. — C'est à partir de 1883 seulement, époque à laquelle nous avons pris possession de nos fonctions, que la distinction a été faite entre les pupilles et les secourus [1]. Voici, d'après nos rapports annuels, les moyennes de mortalité pour les pupilles de 1883 à 1899 :

ANNÉES	PUPILLES au-dessous de 13 ans	PUPILLES de 13 à 21 ans	Moralement abandonnés [1]	MOYENNE générale
1883	3,96 %	0,34 %		2,25 %
1884	1,18	0,75		0,99
1885	0,84	0,76		0,81
1886	3,75	0,00		2,17
1887	0,57	0,80		0,67
1888	2,80	0,80		1,98
1889	1,72	0,38		1,14
1890	3,67	1,93	0,00 %	2,84
1891	3,00	0,35	2,54	1,91
1892	2,01	0,34	0,49	1,07
1893	2,16	0,34	0,36	1,06
1894	2,79	0,99	0,90	1,69
1895	2,12	0,33	0,00	0,00
1896	2,21	0,00	0,99	1,21
1897	2,24	0,31	0,22	1,02
1898	3,52	0,86	0,40	1,70

(1) Sauf un seul, tous les moralement abandonnés décédés étaient âgés de moins de treize ans.

Si, pour les pupilles de toutes catégories, de la naissance à 21 ans, on recherche quelle a été la moyenne générale de la mortalité pendant la période d'ensemble des seize dernières années, on trouve 1.46 % seulement.

Ce chiffre pourra paraître exceptionnellement faible. Il convient de remarquer, pour l'expliquer, que jusqu'ici le nombre des enfants abandonnés en bas-âge a été relativement restreint dans le Pas-de-Calais. Un article du règlement intérieur des hospices dépositaires

---

(1) Au chapitre spécial consacré à ces derniers (2e partie, chapitre V), nous avons donné les moyennes de mortalité comparées avec les moyennes de mortalité des pupilles.

porte que les femmes ou filles-mères indigentes admises dans les salles de maternité doivent, à moins d'empêchement résultant de leur état de santé ou d'autres circonstances spéciales, allaiter les enfants auxquels elles ont donné le jour et *les emporter à leur sortie de l'hospice*. Cette dernière disposition est appliquée généralement sans difficultés et les filles-mères indigentes sachant qu'elles peuvent prétendre à un secours départemental ne manquent pas de le solliciter pour la plupart et ne songent pas à abandonner leurs enfants. Or, comme on le sait, c'est surtout parmi les enfants abandonnés en bas-âge que les décès se produisent les plus nombreux. Le chiffre de ces enfants étant minime dans le Pas-de-Calais, il en résulte que la moyenne générale de la mortalité est fort peu élevée.

Ces renseignements statistiques seraient incomplets si nous ne recherchions pas d'autre part quelle est la proportion des décès parmi les enfants âgés de moins d'un an au moment de leur admission à l'hospice.

De 1884 à 1890, soit pendant les quinze dernières années, le chiffre des admissions et celui des décès ont été les suivants :

ANNÉES	Nombre total des admissions	Admissions d'enfants au-dessous d'un an	Décès d'enfants au-dessous d'un an	MOYENNE DES DÉCÈS
1884	56	12	1	8,33 %
1885	71	11	2	18,18
1886	67	13	4	30,76
1887	76	8	0	0,00
1888	82	16	5	31,25
1889	89	7	1	14,28
1890	103	17	2	11,76
1891	109	16	5	31,25
1892	100	13	2	15,38
1893	95	13	2	15,38
1894	130	13	3	23,07
1895	110	29	5	17,24
1896	114	26	6	23,07
1897	141	22	6	27,27
1898	133	26	6	23,07

En calculant la moyenne générale de la mortalité pendant cette période des quinze dernières années [1], parmi les enfants au-dessous d'un an au moment de leur admission, on trouve le chiffre de 19.35 %.

Il est intéressant de comparer ce chiffre avec ceux que nous fournit la grande enquête de 1860 faite pour la France entière par les inspecteurs généraux des établissements de bienfaisance.

D'après l'enquête [2], la moyenne générale de la mortalité parmi les enfants admis avant l'âge d'un an dans les 19 départements où fonctionnait encore l'institution du tour en 1858 était de 59,03 %, et dans les 67 autres départements (dont le Pas-de-Calais) où le tour était supprimé, elle était de 54.01 %.

Suivant le même document, la moyenne, pour le Pas-de-Calais en particulier, était :

En 1828 (sous le régime des tours) de . . . . . . 48.37 %
En 1860 (après la fermeture des tours) de . . . . 28.57 %

Cette comparaison fait ressortir, mieux que tous les commentaires, l'amélioration obtenue dans la période contemporaine.

Il convient de remarquer, d'autre part, que, dans ce petit nombre d'enfants admis à l'hospice dans le Pas-de-Calais avant l'âge d'un an, la moitié environ sont des nourrissons originaires de Paris confiés à des nourrices mercenaires, dont le salaire n'a jamais été ou n'est plus payé depuis plusieurs mois, et qui pour ce motif les abandonnent à l'assistance publique. Trop souvent les malheureux enfants, qui ont eu fort à souffrir d'un tel état de choses, nous arrivent dans des conditions déplorables et les meilleurs soins sont impuissants à les sauver.

§ III. — Contingent militaire.

Les inspecteurs généraux des établissements de bienfaisance chargés de l'enquête de 1860 se préoccupèrent, entre autres questions

---

[1] Cette statistique ne s'applique qu'aux pupilles appartenant au service des Enfants assistés proprement dits et ne comprend pas les moralement abandonnés, parmi lesquels d'ailleurs les enfants âgés de moins d'un an au moment de leur admission à l'hospice ne figurent qu'à l'état tout à fait exceptionnel.

[2] Voir 2ᵉ partie, chapitre III (Effectifs et mortalité).

importantes, de celle de savoir si les enfants assistés seraient pour l'armée et la colonisation un élément utile. Du travail auquel ils se livrèrent il résultait notamment que, si les élèves des hospices fournissaient relativement plus de soldats que les jeunes gens des familles [1], ils se trouvaient d'autre part, au point de vue de la validité physique, dans des conditions d'infériorité marquée.

CLASSE DE 1858.

C'est ainsi que, d'une manière générale, pour la classe de 1858, abstraction faite des libérations, déductions et exemptions légales, la proportion était de 52.20 % entre les élèves reconnus propres au service et les élèves inscrits, alors qu'elle s'élevait à 60.35 % pour les jeunes gens des familles [2].

Au point de vue des exemptions pour défaut de taille, infirmités ou faiblesse de constitution, les proportions étaient les suivantes :

Élèves des hospices. . . . . 38.98 %.
Jeunes gens des familles . . . . , 26.19 %

Pour le Pas-de-Calais, en particulier, les résultats de l'enquête étaient plus défavorables encore, et nous avons vu [3] que les opérations du recensement donnaient les proportions ci-après :

	Jeunes gens des familles	Élèves des hospices
Reconnus propres au service	41.12 %.	23.52 %.
Exemptés pour défaut de taille ou faiblesse	21.04 %.	52.93 %.

CLASSE DE 1876.

De l'enquête faite par les inspecteurs généraux en 1877 résultèrent les chiffres suivants pour la classe de 1876 dans le Pas-de-Calais :

---

(1) Le fait s'expliquait par cette considération que les premiers n'avaient pas le bénéfice des exemptions que donnaient aux seconds les dispositions de la loi militaire du 21 mars 1832 et par cette autre que, privés de famille, n'ayant aucun lien naturel qui les attachât au sol, ils se montraient plus empressés de contracter des engagements volontaires et de suivre une carrière aventureuse où disparaissaient, sous l'uniforme, toutes les distinctions de naissance et d'origine.
(2) Enquête générale de 1860, page 147.
(3) 2e partie, chapitre III.

	Jeunes gens des familles	Pupilles de l'assistance
Contingent	6668	15
Reconnus propres au service . . . (1)	3659 soit 51.87 °/₀	10 soit 66.66 °/₀
Ajournés pour défaut de taille ou faiblesse	351 — 5.26 °/₀	2 — 13.33 °/₀
Exemptés définitivement pour infirmités	543 — 8.14 °/₀	3 — 20.00 °/₀

Voici, d'autre part, les résultats comparatifs relevés d'après les opérations du recensement pour la classe de 1886, après une période de dix ans, et pour la classe de 1896, après une période de vingt ans.

CLASSE DE 1886.

	Jeunes gens des familles	Pupilles de l'assistance
Contingent	7463	10
Bons pour le service	5794 soit 77.63 °/₀	5 soit 50 °/₀
Classés dans le service auxiliaire	300 — 4.01 °/₀	» — »
Ajournés pour faiblesse ou défaut de taille	559 — 7.49 °/₀	3 — 30 °/₀
Exemptés pour infirmités	810 — 10.85 °/₀	2 — 20 °/₀

CLASSE DE 1896.

	Jeunes gens des familles	Pupilles de l'assistance
Contingent	8719	24
Bons pour le service	6836 soit 78.40 °/₀	15 soit 62.50 °/₀
Ajournés pour faiblesse ou défaut de taille	1154 — 13.23 °/₀	6 — 25.00 °/₀
Exemptés pour infirmités	729 — 8.36 °/₀	3 — 12.50 °/₀

Il convient de remarquer ici que trois pupilles appartenant à la classe de 1896 et reconnus bons pour le service avaient été précédemment rayés des contrôles comme ayant contracté un engagement volontaire.

Convaincue que l'admission anticipée dans les armées de terre ou de mer des pupilles de l'assistance publique, surtout quand il

---

(1) Abstraction faite des déductions ou exemptions légales (Loi du 27 juillet 1872), dont le total était de 2115, soit une proportion de 31.07 °/₀.

s'agit de sujets indisciplinés ou difficiles, est chose désirable aujourd'hui que l'obligation du service militaire est imposée à tous, l'inspection s'efforce de favoriser les engagements et il ne se passe pas d'années qu'elle n'ait l'occasion d'en provoquer quelques-uns. Elle y est d'autant plus encouragée qu'actuellement nos pupilles sont placés sous le patronage de la Société de protection des engagés volontaires, reconnue d'utilité publique par décret du 8 août 1881 et dont le président est l'honorable M. Voisin, conseiller à la Cour de cassation. Au moment de son engagement, chaque élève est signalé à la société, avec une notice sur ses antécédents, sa santé, son degré d'instruction, son caractère, et jusqu'à sa rentrée dans la vie civile il est l'objet de la part de ses protecteurs d'une sollicitude incessante, qui se manifeste par de sages conseils et même de temps en temps par l'envoi de petites sommes d'argent.

Les renseignements statistiques donnés plus haut montrent, somme toute, que si dans le Pas-de-Calais les pupilles de l'assistance, comparés pour le recrutement militaire aux jeunes gens des familles, se trouvent encore aujourd'hui dans des conditions d'infériorité physique qu'expliquent trop souvent leur origine et les circonstances de leur abandon, cette infériorité toutefois s'est sensiblement atténuée depuis l'enquête de 1860.

CHAPITRE V

LES RÉSULTATS. — CONCLUSION

Nous voici arrivé à la fin de cette longue étude. Avant de terminer, il nous reste à produire un dernier document qu'on en pourrait considérer comme la résultante et la conclusion.

Les diverses phases de l'évolution du service des enfants assistés dans le département depuis les origines jusqu'à la fin du XIXᵉ siècle ont été successivement passées en revue. L'extension considérable, ainsi que les améliorations dont il a été l'objet pendant la période contemporaine, ont été exposées en détail. Mais cela ne suffirait pas à le faire apprécier complètement, si nous ne recherchions pas quels sont les résultats obtenus, quel en est le rendement social, pour ainsi parler.

Que sont les pupilles au moment où, ayant atteint leur majorité, ils cessent d'être soumis à la tutelle administrative? Quelle est alors leur situation physiquement et moralement? Dans quelles conditions, en un mot, l'Assistance publique qui les a recueillis les remet-elle à la société au sein de laquelle ils vont rentrer?

Pour répondre à cette question, nous n'avons pas cru pouvoir mieux faire que de dresser la liste individuelle des 145 pupilles (86 garçons et 59 filles) devenus majeurs pendant les cinq dernières années (1894-1895-1896-1897-1898), en recherchant l'état de chacun d'eux à sa sortie du service, au point de vue de la santé, de la conduite, de la profession et du pécule réalisé. Ce travail a été établi sans le moindre parti pris, avec le désir de présenter la situation vraie, sans chercher à l'embellir et à en laisser dans l'ombre les mauvais côtés. C'est ainsi que notre effectif comprend non-seulement les assistés proprement dits, mais aussi les enfants moralement abandonnés, tous admis à un âge où il n'était guère possible de modifier leur caractère et dont un certain nombre étaient alors déjà des non-valeurs ou pis encore, des idiots, des infirmes, des indisciplinés ou des vicieux sortant à peine des maisons de correction où les avaient envoyés précédemment les tribunaux, ou même s'y trouvant encore internés au moment de leur admission.

Nous résumons dans les deux tableaux qui suivent la situation pour les garçons et pour les filles, en décomposant les pupilles aux divers points de vue ci-après :

Nombres respectifs des bons sujets, des vicieux ou indisciplinés, des infirmes de corps ou d'esprit ;

Nombres respectifs des pupilles possédant ou non un livret de caisse d'épargne.

Il nous a paru qu'il convenait de compléter ces tableaux en donnant également pour chacune des cinq dernières années le nombre des garçons et des filles qui, sans avoir atteint leur majorité, sont sortis du service soit comme ayant contracté un engagement volontaire dans les armées de terre ou de mer, soit comme ayant été émancipés par le mariage, et — en nous plaçant à un tout autre point de vue — le chiffre des condamnations judiciaires prononcées pendant la même période contre des pupilles encore dans le service et celui des filles devenues mères.

Garçons.

Années	Assistés proprement dits	Moralement abandonnés	Nombre total d'élèves devenus majeurs	Bons sujets	Vicieux ou indisciplinés	Infirmes de corps ou d'esprit	Ayant livret d'épargne	N'ayant pas de livret	Engagés volontaires	Pupilles condamnés
1894	14	»	14	7	5	2	11	3	2	»
1895	12	1	13	11	1	1	12	1	3	»
1896	15	2	17	9	6	2	16	1	5	1
1897	21	4	25	22	1	2	21	4	2	»
1898	15	2	17	13	2	»	16	1	2	4
TOTAUX	77	9	86	64 soit une proportion de 74,41 %	15 soit 17,44 %	7 soit 8,13 %	76 soit 88,37 %	10 soit 11,62 %	14	5

Filles.

ANNÉES	ASSISTÉS proprement dits	Moralement abandonnés	NOMBRE TOTAL d'élèves devenus majeurs	BONS SUJETS	Vicieuses ou indisciplinées	Infirmes de corps ou d'esprit	Ayant livret d'épargne	N'ayant pas de livret	Filles mariées	FILLES devenues mères	FILLES veuves
1894	5	»	5	5	»	»	5	»	6	2	»
1895	11	»	11	8	2	1	10	1	»	»	»
1896	11	1	12	9	2	1	11	1	1	»	»
1897	13	3	16	13	2	1	15	1	3	2	»
1898	7	8	15	9	3	3	12	3	3	1	»
TOTAUX	47	12	59	44 soit 74,57 %	9 soit 15,25 %	6 soit 10,16 %	53 soit 89,83 %	6 soit 10,16 %	13	5	»

Si nous récapitulons les deux tableaux qui précèdent, nous trouvons les résultats d'ensemble ci-après pour les garçons et les filles réunis :

Nombre de pupilles devenus majeurs de 1894 à 1898. { Assistés proprement dits 124 ; Moralement abandonnés 21 }
Total. . . 145 pupilles

qui peuvent se répartir ainsi :
Bons sujets se trouvant dans une situation normale 108 soit 74.48 %.
Mauvais sujets indisciplinés ou vicieux . . . . 24 — 16.55 %.
Infirmes de corps ou d'esprit. . . . . 13 — 8.96 %.
Pupilles possédant un livret d'épargne [1]. . . . 129 — 88.96 %.
 — ne possédant pas de livret. . . . . 16 — 11.03 %.

---

(1) Les livrets, au point de vue de leur montant, se décomposent ainsi pour les garçons et pour les filles :

	GARÇONS.	FILLES.
Nombre de livrets de moins de 100 francs. . . .	22	17
— de 100 à 200 fr. . . .	12	10
— de 200 à 300 fr. . . .	11	7
— de 300 à 400 fr. . . .	14	3
— de 400 à 500 fr. . . .	7	7
— de 500 à 600 fr. . . .	6	5
— de 600 à 700 fr. . . .	3	2
— de 700 à 800 fr. . . .	1	1
— de 900 à 1000 fr. . . .	»	1
Totaux. . .	76	53

Le montant des 76 livrets de garçons forment une somme totale de 18.949 fr. 25, soit une moyenne par livret de 249 fr. 33.
Le montant des 53 livrets de filles forment une somme totale de 13.805 fr. 82, soit une moyenne par livret de 260 fr. 48.
L'avoir des 145 garçons et filles réunis forme un chiffre total de 32.755 fr. 07, soit une moyenne générale de 233 fr. 91 par livret.

En outre, pendant ces cinq dernières années :

14 garçons sont sortis du service comme ayant contracté un engagement volontaire dans les armées de terre ou de mer. La plupart étaient titulaires d'un livret d'épargne provenant d'économies réalisées, et qui, resté entre nos mains jusqu'à la majorité du pupille, permettait de lui envoyer de temps en temps, pour améliorer sa situation, une petite somme d'argent qu'il ne pouvait attendre de sa famille perdue.

13 filles mineures ont été émancipées par le mariage. Toutes elles possédaient un pécule, variant de 119 à 561 francs, provenant du produit de leur travail. Deux d'entre elles qui se distinguaient particulièrement par leur excellente conduite ont, sur notre intervention, obtenu chacune de M. le ministre de l'Intérieur une dot de 500 francs provenant de la fondation Henry Giffard.

Nous trouvons d'autre part — car il faut envisager aussi le revers de la médaille — que pendant les cinq dernières années cinq filles sont devenues mères, soit, en moyenne une par année. Ce chiffre peut être considéré comme relativement minime [1]. Pour qui connaît l'état des mœurs actuelles, ce ne sont pas seulement les pupilles des hospices qui sont les victimes de pareil accident, et c'est un fait notoire que, dans la population ouvrière des campagnes et des villes, il se produit couramment sans impliquer le plus souvent l'idée de déshonneur et sans empêcher les filles de trouver ensuite des épouseurs. Nous constatons la situation sans l'apprécier.

Pendant la même période cinq condamnations judiciaires ont été prononcées contre des garçons : dont trois pour vol, à des peines variant de un à six mois de prison ; une pour coups et blessures à six jours de prison avec application de la loi Bérenger ; et une autre à quinze mois contre un moralement abandonné coupable d'une tentative d'empoisonnement sur la maîtresse de la maison où il était placé. Ajoutons qu'en outre trois pupilles, dont deux filles et un garçon, prévenus de vol, ont été, à la suite de notre intervention auprès des tribunaux, acquittés comme ayant agi sans discernement. Le garçon nous a été remis purement et simplement ; les deux filles ont été envoyées dans une maison de correction jusqu'à l'âge de dix-huit ans.

---

(1) Nous avons pu obtenir amiablement du séducteur de l'une d'elles le versement d'une somme de 300 fr. et d'un autre le versement d'une somme de 1,000 fr., à titre de réparation pécuniaire au profit de chacune des pupilles.

Tel est le bilan sincère des cinq dernières années.

En résumé, des renseignements statistiques ci-dessus relatifs aux 145 pupilles sortis du service comme majeurs il résulte qu'un quart environ se compose : d'une part, de sujets vicieux ou indisciplinés (24 pupilles) et pouvant être considérés comme ayant plus ou moins mal tourné, et, de l'autre, d'infirmes de corps ou d'esprit (13 pupilles), qui bénéficient encore presque tous de pensions exceptionnelles ; car, dans le Pas-de-Calais, ainsi que nous l'avons dit, nous continuons, à l'aide d'un crédit spécial, notre assistance à ces malheureux même après leur majorité. Dans ce nombre de 37 pupilles indisciplinés, vicieux ou infirmes, les moralement abandonnés figurent dans la proportion de plus d'un tiers. Les 108 pupilles qui forment les trois quarts restants, soit la grande majorité, occupent actuellement dans la société une position régulière, normale, telle qu'il était permis de la souhaiter pour eux [1], et gagnent honorablement leur vie en travaillant, ou paient leur dette à la patrie dans les rangs de l'armée.

Cette situation peut, semble-t-il, être considérée comme satisfaisante, si l'on tient compte des conditions déplorables à tous les

---

[1] Au point de vue de la profession exercée par les pupilles au moment où ils atteignent leur majorité, nous trouvons les résultats ci-après :

Garçons. — 45 étaient ouvriers agricoles, soit plus de la moitié. Car c'est toujours vers l'agriculture que nous nous efforçons de diriger la plupart de nos pupilles. Sans parler des conditions hygiéniques meilleures que leur offre la vie des champs, de la facilité plus grande qu'ils trouvent à se procurer un placement à la campagne, à s'y établir, à se mêler à la population dont ils viennent renforcer les éléments de jour en jour amoindris par l'émigration croissante vers les villes, ils y amassent aussi un pécule plus important et nous avons souvent l'occasion de le constater lors du relevé des versements à la caisse d'épargne.

13 étaient ouvriers mineurs. Les autres exerçaient des professions diverses : domestique, boulanger, menuisier, peintre, typographe, coiffeur, plafonneur, employé de commerce.

À notre connaissance, deux garçons se sont mariés depuis leur majorité. Particularité à noter, l'un d'eux, ouvrier agricole, possesseur d'un livret d'épargne de 720 fr. 96 lorsqu'il a atteint sa 21ᵉ année, a épousé une de nos pupilles mineures encore dans le service et titulaire elle-même d'un livret de 253 fr. 86. La sœur de cette dernière, petite fille de neuf ans, a été confiée par nous au jeune ménage, qui a demandé à l'élever.

Filles. — 36 étaient domestiques d'intérieur ; 6 ouvrières agricoles ; les autres, couturières, lingères, ouvrières industrielles.

Suivant les renseignements que nous avons recueillis : 12 filles se sont mariées depuis leur majorité, dont une notamment dans des conditions fort avantageuses. Elle continue de demeurer en famille avec ses anciens patrons, cultivateurs sans enfants, qui l'ont instituée héritière de leur fortune évaluée 30.000 fr., ce qui lui a permis d'épouser un honnête garçon du village, lui-même dans une situation fort aisée. Un de nos pupilles est actuellement à son service comme ouvrier agricole.

points de vue dans lesquelles se trouvent un certain nombre d'enfants lorsque nous devons les recueillir, surtout depuis l'application, de jour en jour plus fréquente, de la loi du 24 juillet 1889 sur les moralement abandonnés. Sur 145 enfants de familles pauvres pris au hasard dans nos populations rurales ou urbaines et parvenus à la 21ᵉ année, sont-ils beaucoup plus nombreux ceux qui atteignent cet âge dans des conditions meilleures que les pupilles de l'assistance ? Nous ne le pensons pas. Il semble même qu'on pourrait prétendre, sans être taxé d'optimisme exagéré, que ces derniers — nous parlons des sujets valides et de conduite régulière — l'emportent à deux points de vue. Car tous ont fréquenté l'école jusqu'à treize ans et acquis une instruction primaire aussi complète que possible. Ils se sont, en outre, constitué un pécule plus ou moins important, provenant des économies réalisées sur le produit de leur travail. Nous doutons fort qu'on en puisse dire autant de tous les enfants valides de familles pauvres parvenus à leur majorité.

Le service des Enfants assistés a été à diverses époques l'objet de critiques et d'attaques, le plus souvent exagérées, mais qui, dans une certaine mesure ont pu paraître justifiées parfois. Il y a quelques années encore, un organe important de la presse parisienne publiait sous ce titre « *Enfants d'hospice* » un article retentissant où la situation était dépeinte sous les plus noires couleurs. Les nourriciers et patrons des campagnes où la plupart des pupilles sont placés, ainsi que les inspecteurs eux-mêmes, étaient violemment pris à partie. « Nourriture abominable, injures perpétuelles, ter-
« reurs de tous les instants, coups et viols répétés, » voilà, s'écriait le journaliste, le régime auquel sont soumis « ces petits martyrs
« épars et perdus à travers les champs et dont nul n'entend la voix. »

L'article souleva en haut lieu une légitime émotion. Etait-il possible qu'en France, à la fin du XIXᵉ siècle, la situation fût telle qu'on la présentait ?

M. Monod, directeur de l'Assistance et de l'Hygiène publiques, prescrivit à ce sujet une enquête des plus complètes et des plus approfondies. Les résultats en furent publiés l'an dernier sous forme d'un rapport à M. le ministre de l'Intérieur, qui fut communiqué au Conseil supérieur de l'Assistance publique [1].

---

[1] Fascicule n° 48 des publications du Conseil supérieur de l'Assistance publique, comprenant le rapport du directeur de l'Assistance et de l'Hygiène publiques, les rapports des inspecteurs départementaux, des inspecteurs généraux et des inspectrices générales. — Deux volumes.

« Non-seulement, dit M. Monod, le service des Enfants assistés
« ne mérite pas la réputation qu'on lui a faite, mais il est digne
« d'autant de louange qu'il encourt généralement de blâme de la
« part de juges, ou prévenus, ou superficiellement informés. Telle
« est la conclusion à laquelle aboutit une enquête entreprise et con-
« duite sans le moindre parti pris, où, comme on le verra, aucun
« effort n'a été négligé pour arriver à la vérité complète, pour ame-
« ner au jour, non des appréciations plus ou moins discutables,
« mais des faits qui ne le soient pas ; non des faits triés avec soin
« et habilement présentés, mais l'ensemble des résultats acquis, les
« échecs aussi bien que les succès. Sans doute cette enquête révèle
« que des lacunes existent, que des réformes sont désirables et
« possibles ; mais ceux qui prendront la peine de lire ce travail et
« d'entrer ainsi dans le détail des choses ne pourront pas, je l'affir-
« me, ne pas reconnaître que notre service des Enfants assistés,
« pris dans son ensemble, fait honneur, je ne dis pas seulement à
« la population de nos campagnes, je ne dis pas seulement à la
« France, mais à l'humanité. »

Un pareil jugement, émanant d'une autorité si haute, est pour les agents de ce service, si injustement attaqués, la plus éclatante des justifications et en même temps un précieux encouragement.

Nous sommes heureux, quant à nous, de l'enregistrer en terminant ce travail, où nous avons essayé de présenter pour le passé et pour le présent un tableau aussi complet que fidèle de la situation dans notre cher département. Malgré les incontestables progrès réalisés pendant la période contemporaine, nous n'aurions garde d'affirmer que tout soit encore pour le mieux. Il reste et il restera toujours, peut-on dire, des abus à réprimer, des réformes à accomplir. N'est-ce pas un peu d'ailleurs le sort commun des institutions humaines ? Mais a-t-on jamais vu comme à la fin de notre XIXe siècle tant d'efforts vers le bien, vers le mieux, le concert de tant de bonnes volontés pour l'amélioration du sort des pauvres enfants abandonnés ? Nos successeurs ne pourront pas du moins, nous voulons le croire, ne pas nous rendre cette justice lorsque, dans quelque cent ans, ils marqueront les nouvelles étapes franchies sur la voie du progrès en écrivant l'histoire du service pendant le XXe siècle.

TABLEAUX GRAPHIQUES

EFFECTIFS — MORTALITÉ

CONTINGENT MILITAIRE — INSTRUCTION

ÉPARGNE — DÉPENSE

I.— EFFECTIFS

1º PUPILLES DE L'ASSISTANCE (Assistés proprement dits) AU 31 DÉCEMBRE DE CHAQUE ANNÉE

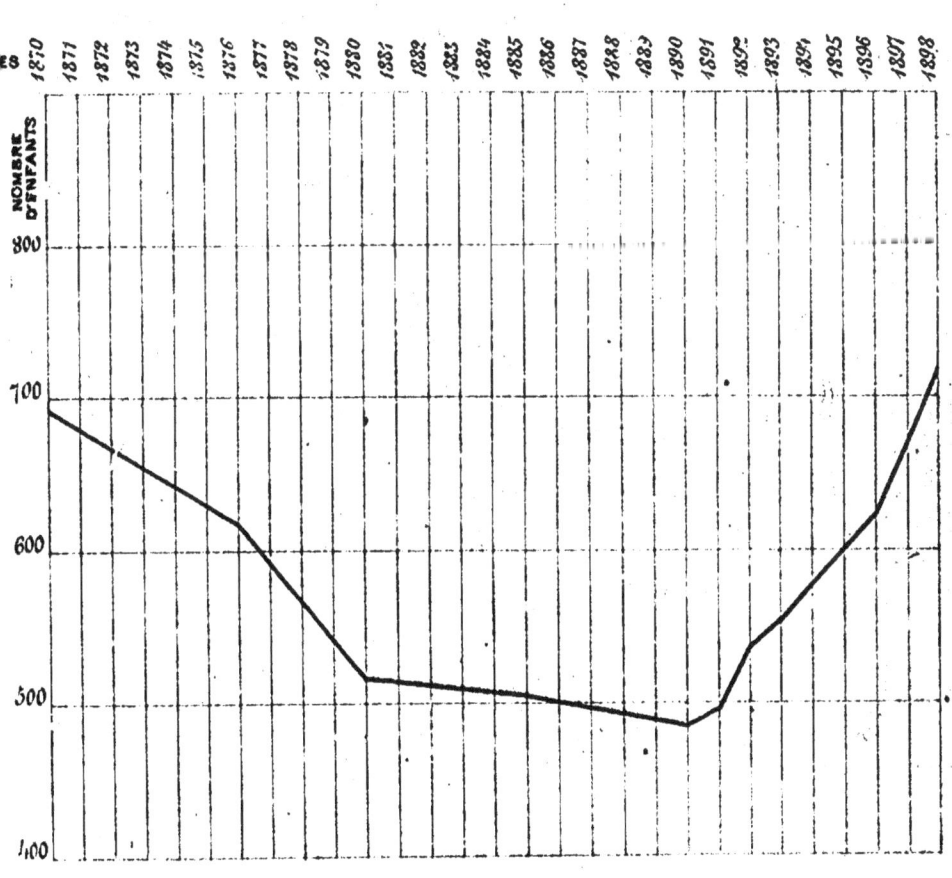

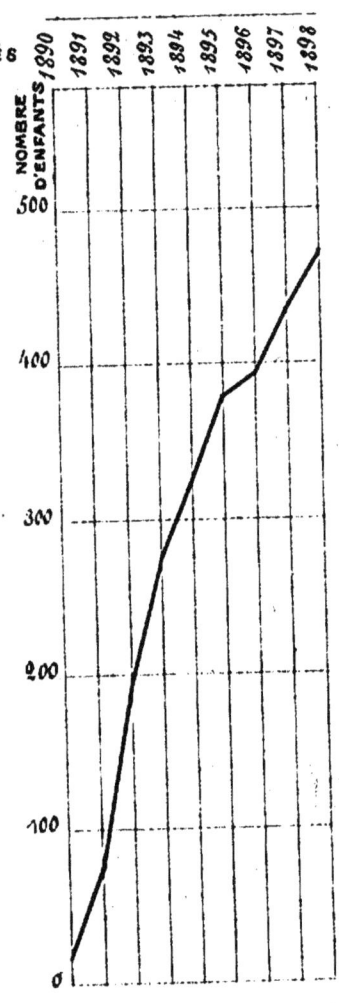

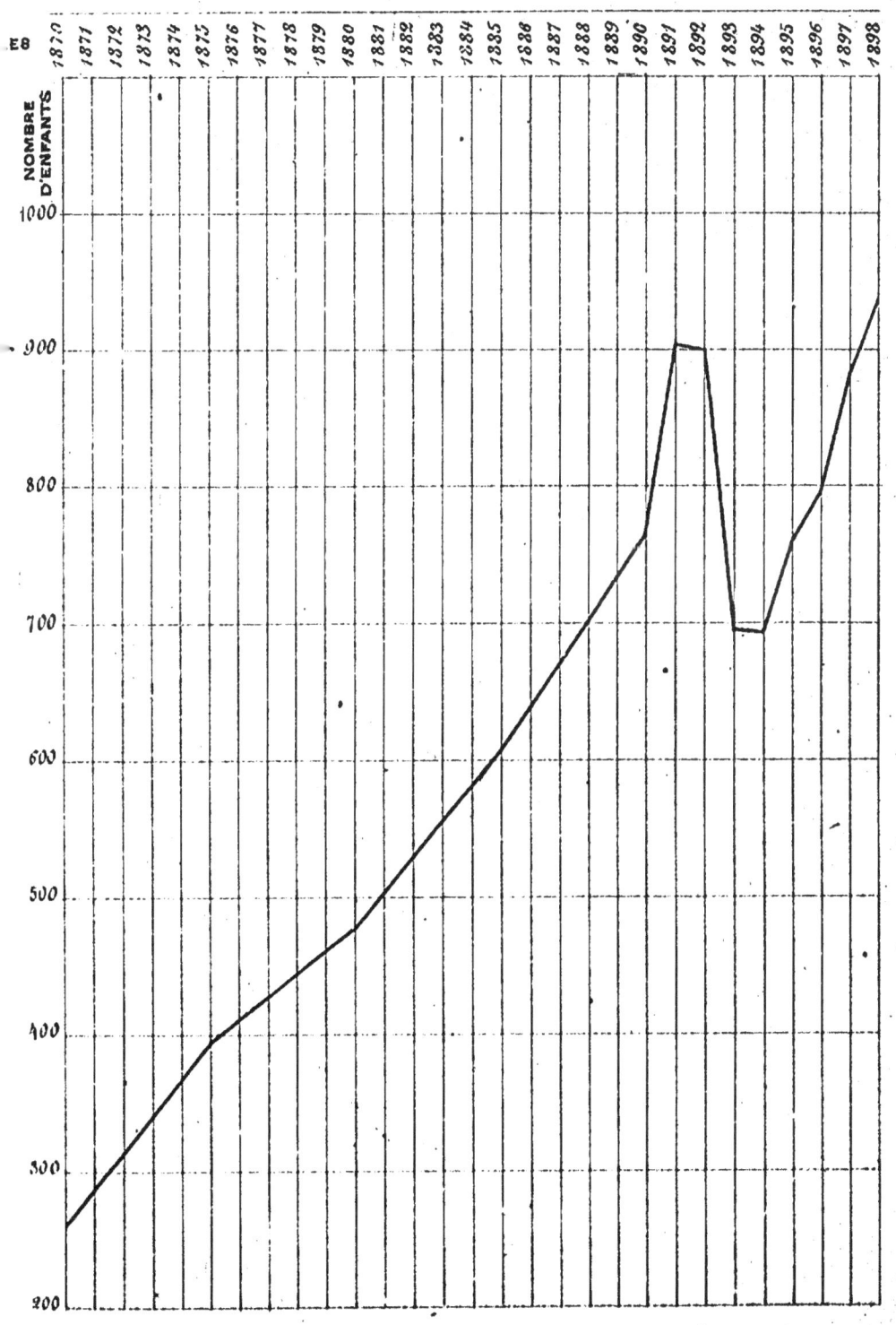

3° Enfants Secourus Temporairement
AU 31 DÉCEMBRE DE CHAQUE ANNÉE

4º Pupilles (Assistés & Moralement Abandonnés) & Enfants Secourus

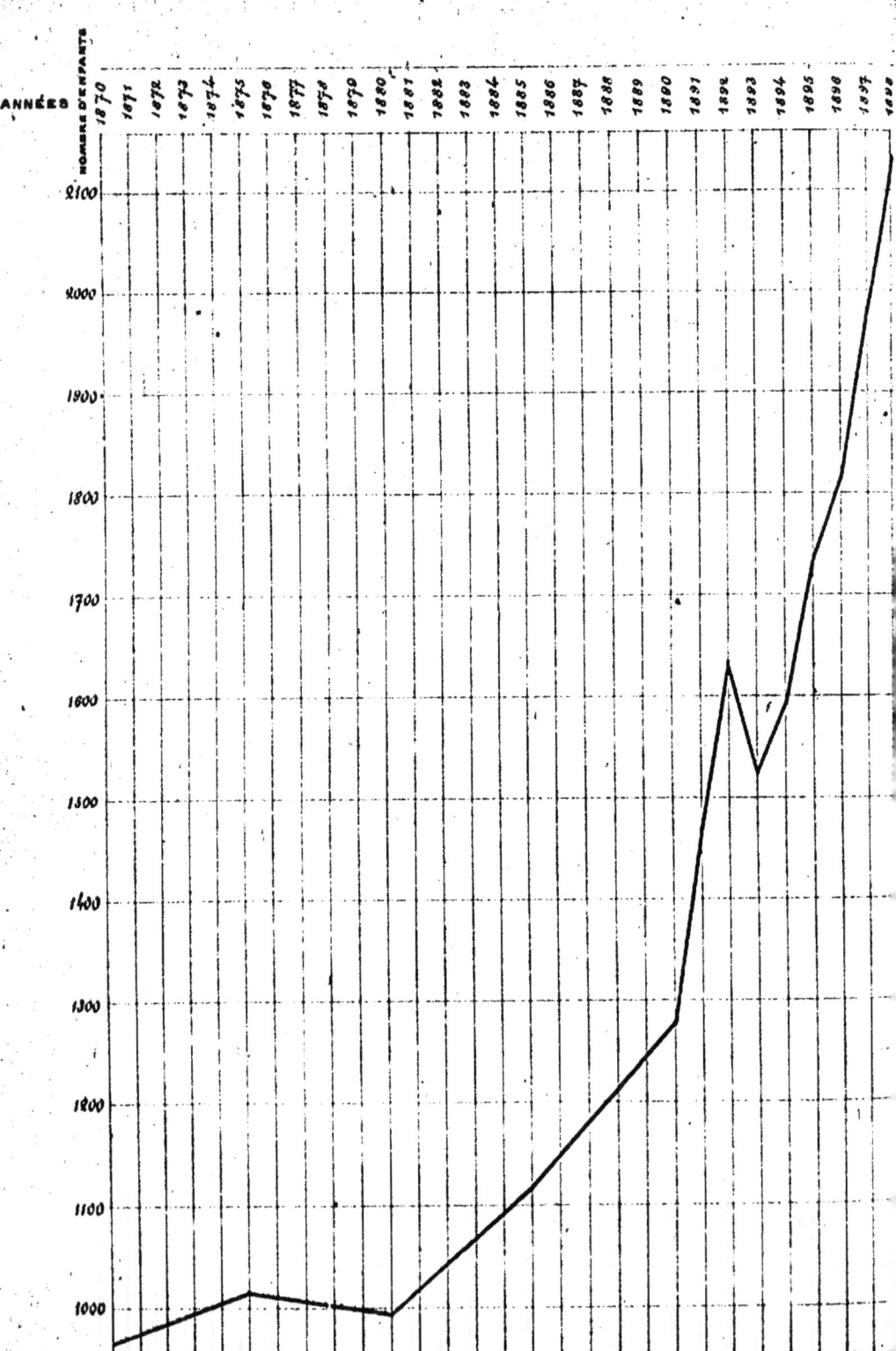

II.— MORTALITÉ

1º Enfants au Dessous de 12 Ans (Pupilles & Secourus)
(DE 1870 À 1882)

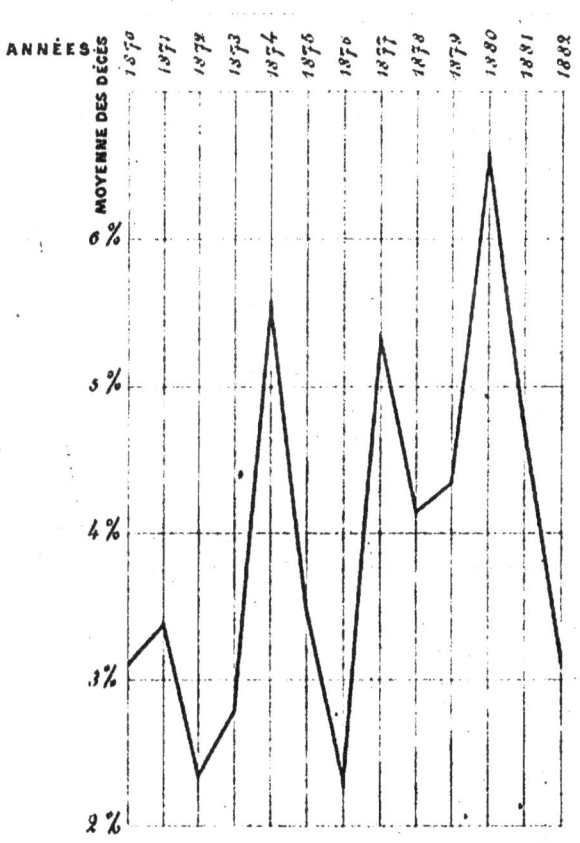

2.º Pupilles au Dessous de 13 Ans
(DE 1883 À 1898)

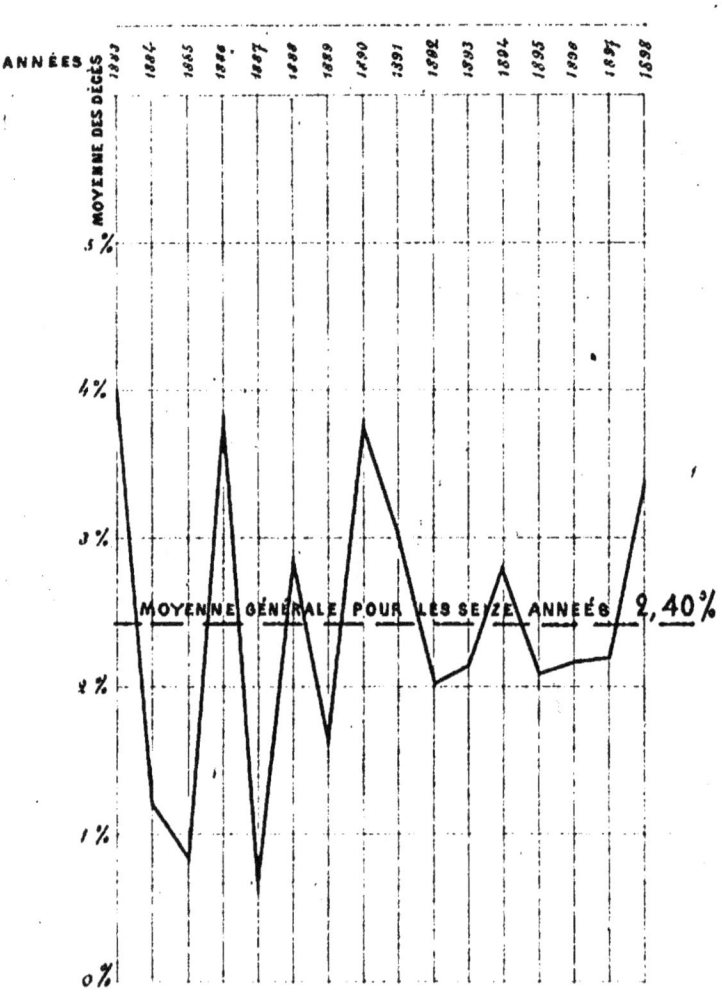

ENFANTS ÉCOURUS TEMPORAIREMENT
(DE 1883 À 1898)

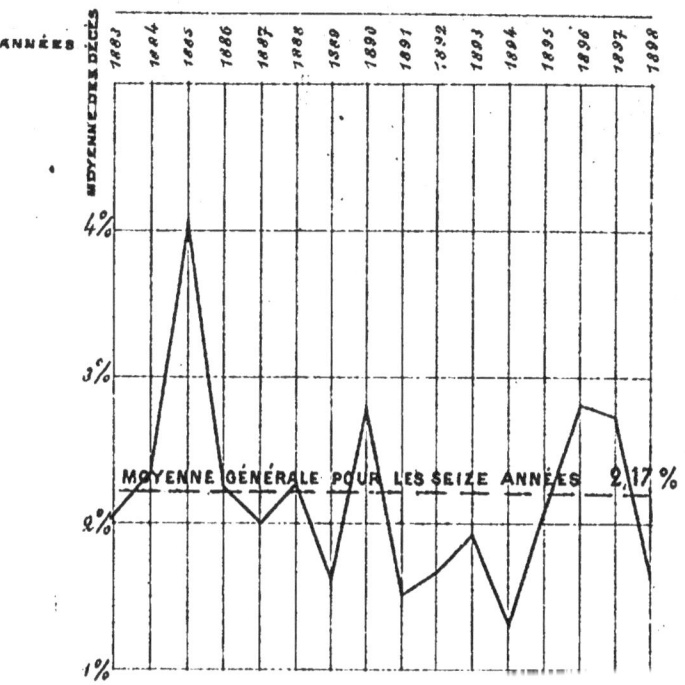

4° PUPILLES DE LA NAISSANCE À 21 ANS
(DE 1883 À 1898)

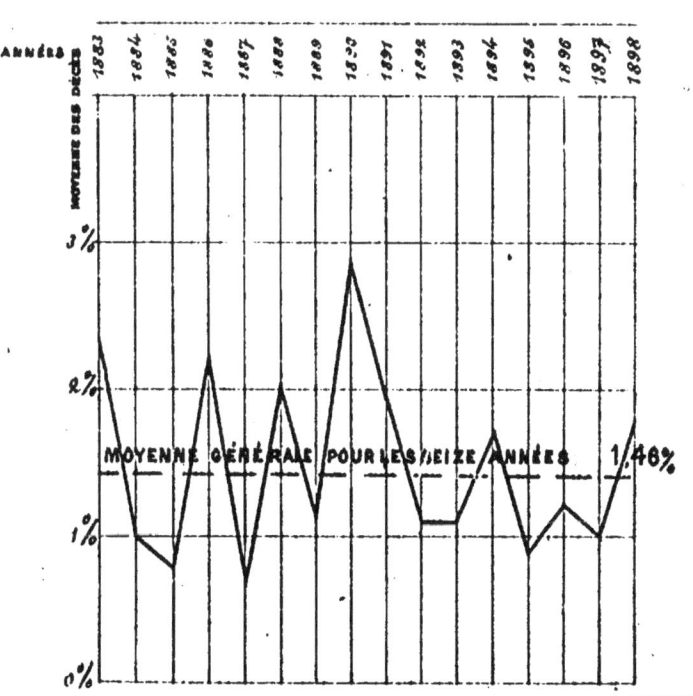

5° Pupilles au dessous d'un An
(DE 1884 À 1898)

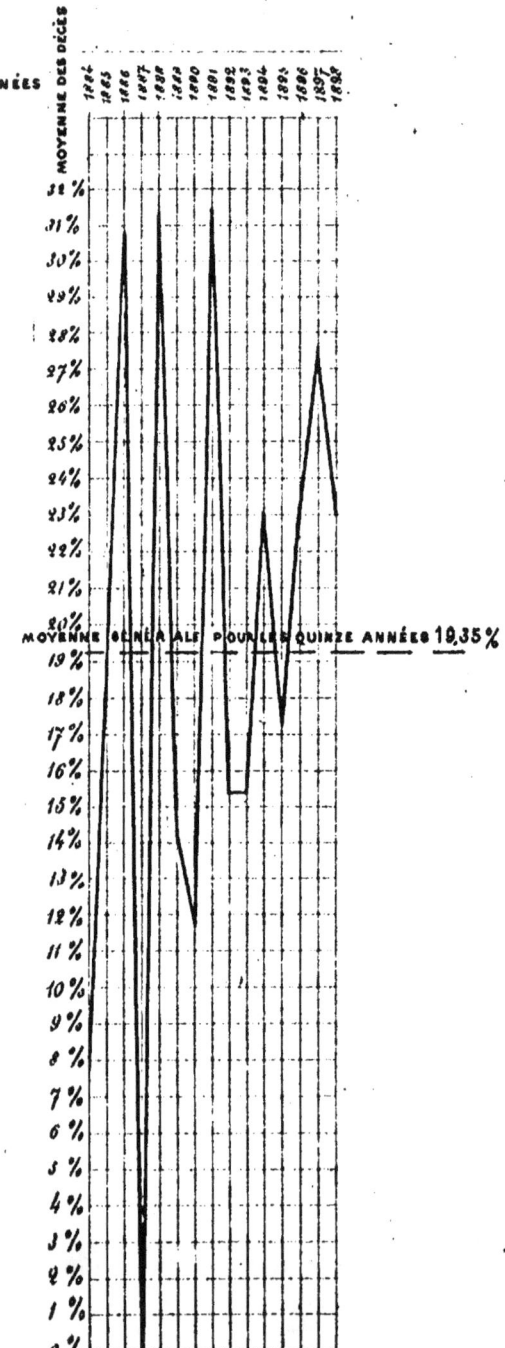

III.— CONTINGENT MILITAIRE
(Classes de 1858, 1876, 1886, 1896)

1º PUPILLES RECONNUS PROPRES AU SERVICE

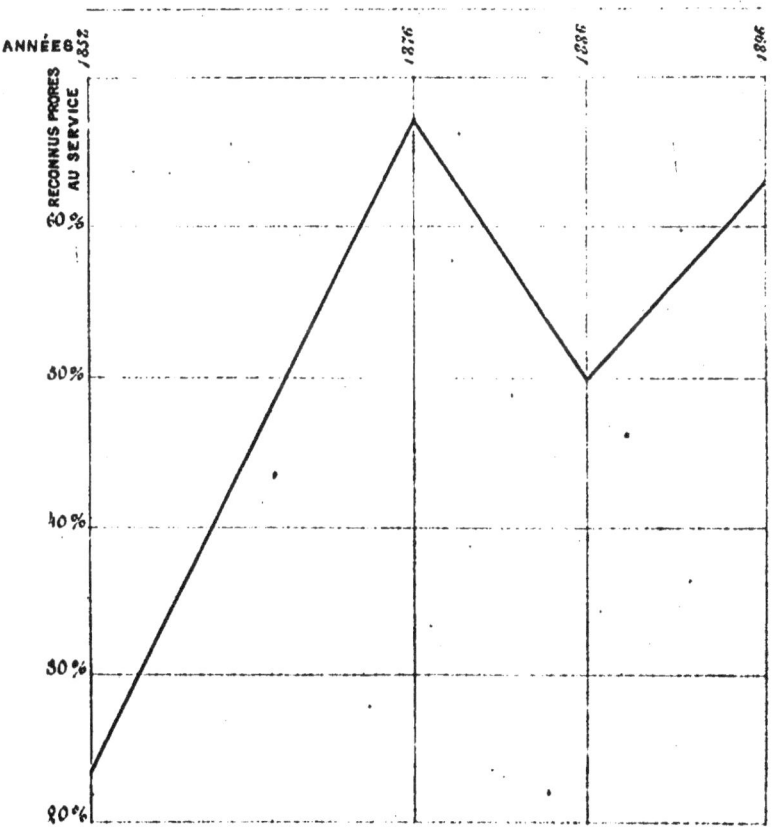

2° PUPILLES EXEMPTÉS POUR INFIRMITÉS

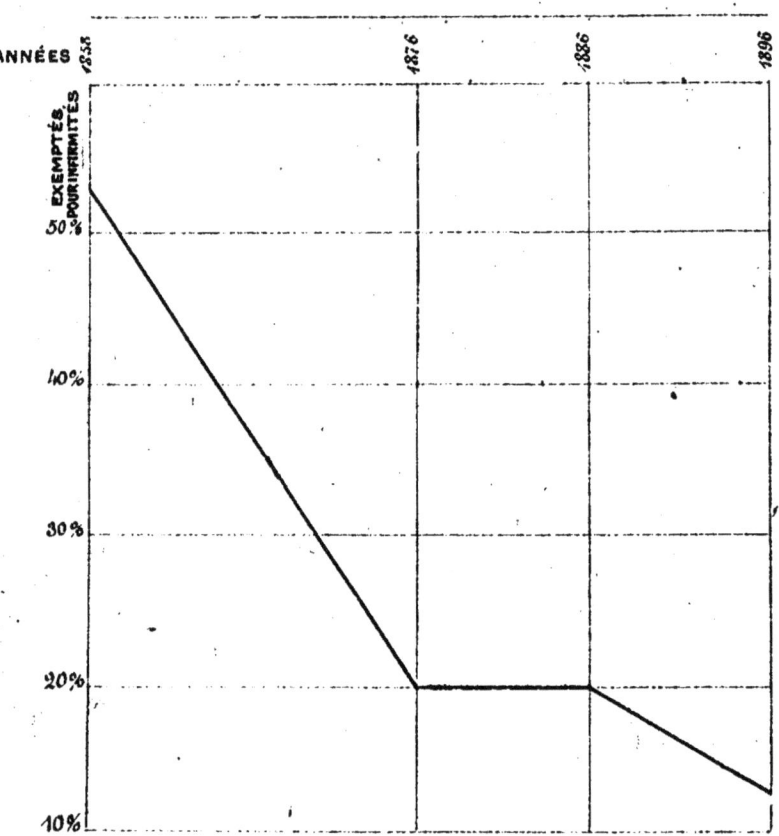

IV.— INSTRUCTION

CERTIFICATS D'ÉTUDES PRIMAIRES OBTENUS
(DE 1885 A 1899)

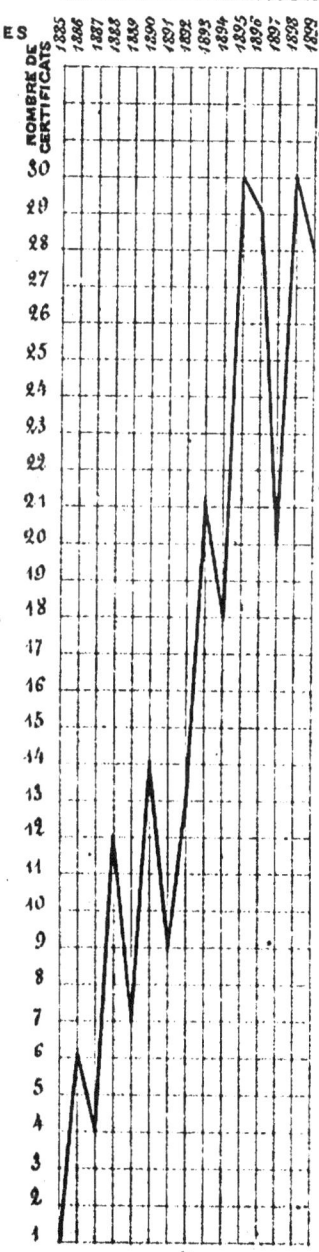

V.— ÉPARGNE

1º Mouvement des Fonds
Montant des deniers pupillaires au 31 décembre, de 1869 à 1898

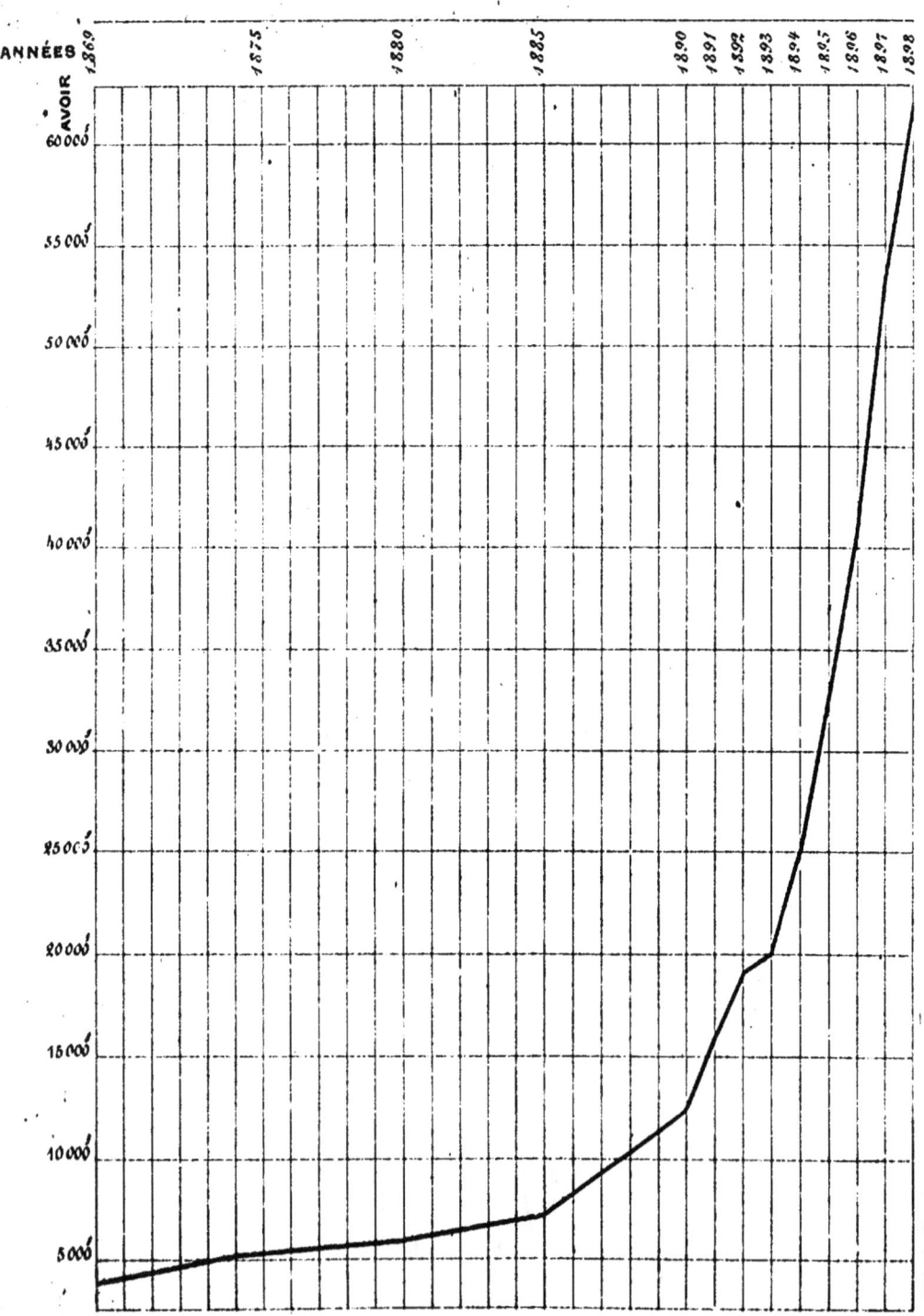

2º Versements Annuel de 1893 à 1898

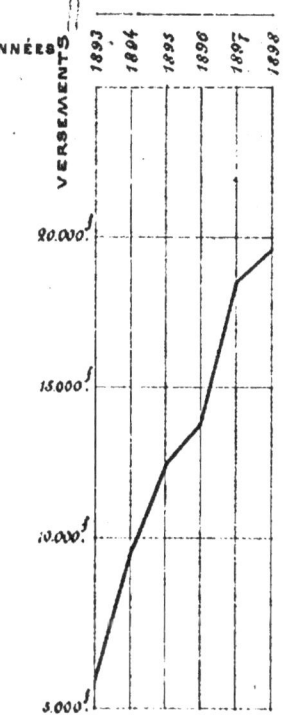

3º Mouvement des Livrets de 1893 à 1898

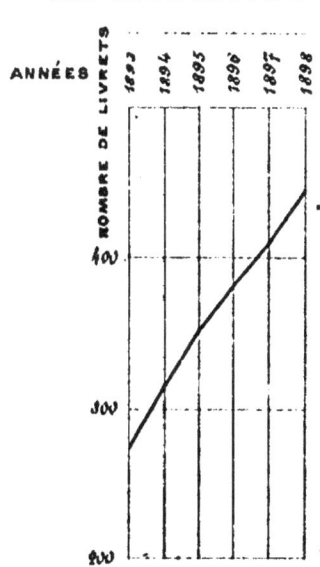

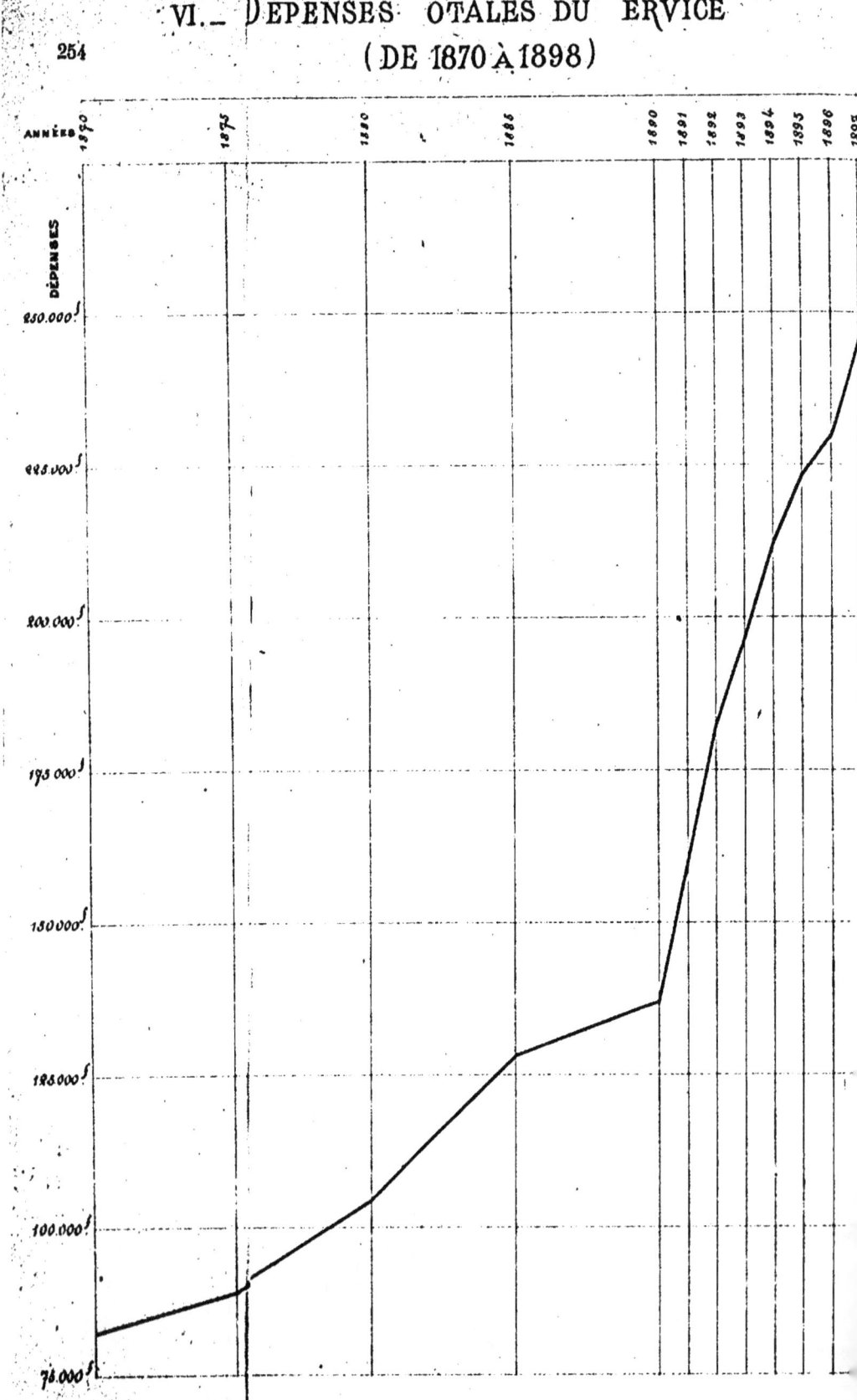

APPENDICE

I.

Les Enfants assistés de la Seine et de l'Oise dans le Pas-de-Calais.

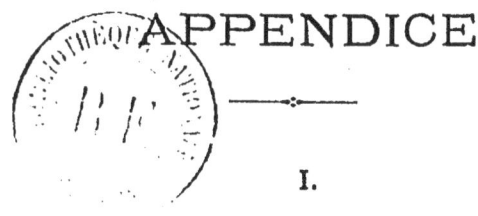E Pas-de-Calais est un des départements de France où l'on élève le plus de pupilles de l'Assistance publique. En outre des enfants assistés qui en sont originaires — et dont nous avions particulièrement à nous occuper dans le présent travail — il est un centre important de placement pour deux autres départements.

Déjà au XVIIIe siècle, comme nous l'avons vu dans la première partie de ce travail, l'industrie nourricière des petits parisiens s'exerçait en Artois, et l'hôpital-général fondé par saint Vincent-de-Paul envoyait des enfants trouvés dans nos campagnes des environs d'Arras et de Saint-Pol pour y être élevés moyennant pension. Les placements étaient faits généralement par l'intermédiaire d'individus appelés meneurs, chargés de recruter des nourrices dans le pays ainsi que de porter à Paris les certificats de vie des enfants et d'en rapporter le prix des pensions, et dont les agissements délictueux donnèrent lieu assez souvent à des abus que nous avons eu l'occasion de signaler. Plusieurs d'entre eux furent révoqués sur la plainte des sœurs de charité qui visitaient de temps en temps les enfants [1].

---

(1) Voir les monographies d'Arras et de Saint-Pol (chapitre III, 1re partie).

L'augmentation croissante du nombre de ses pupilles amena peu à peu l'administration de l'Assistance publique à créer sur place en province des agences, dont les directeurs, nommés par elle, ont pour mission de placer les enfants, de les visiter périodiquement et de pourvoir à tous leurs intérêts.

A quelle époque exactement remonte la fondation de chacune des cinq agences existant actuellement dans le Pas-de-Calais ? Nous n'avons pu recueillir de renseignements précis que pour la dernière en date, celle d'Hesdin, créée le 1er octobre 1896, les archives des quatre autres agences ne contenant à cet égard que des données incomplètes. De l'obligeante communication que M. le directeur de l'administration générale de l'Assistance publique de Paris a bien voulu nous faire il résulte qu'à Arras le plus ancien contrôle des élèves à la pension remonte à 1822, et celui des élèves hors pension à 1826. D'autre part, le premier convoi de nourrices daterait du 15 janvier 1805.

L'agence de Béthune paraît avoir été organisée d'une façon définitive en 1826; celles de Saint-Pol et de Montreuil l'auraient été en 1819.

L'effectif des enfants assistés et moralement abandonnés de la Seine, placés dans chacune des cinq agences, était le suivant à la date du 1er janvier 1899 :

AGENCES	ENFANTS ASSISTÉS			MORALEMENT ABANDONNÉS			TOTAL GÉNÉRAL
	au-dessous de 13 ans	de 13 à 21 ans	TOTAL	au-dessous de 13 ans	de 13 à 21 ans	TOTAL	
Arras.........	959	404	1.363	3	8	11	1.374
Béthune.......	804	367	1.171	3	7	10	1.181
Hesdin........	692	335	1.027	14	26	40	1.067
Montreuil.....	620	389	1.009	34	65	99	1.108
Saint-Pol.....	727	310	1.037	12	3	15	1.052
	3.802	1.805	5.607	66	109	175	5.782

Il résulte donc de ce tableau que près de 6.000 enfants assistés de la Seine sont actuellement élevés dans le Pas-de-Calais. Nous avons vu déjà [1] quels étaient les tarifs de pension payés aux nourriciers, et dont, heureusement, les tarifs du Pas-de-Calais se rappro-

---

(1) 3e partie, chapitre II (Tarifs de pension).

chent très-sensiblement depuis l'augmentation votée par le conseil général en 1890. Sans entrer ici dans les détails multiples de ce service, nous nous bornerons à constater qu'il fonctionne dans les meilleures conditions et que les immenses ressources dont dispose l'administration de l'Assistance publique, ainsi que la libéralité du conseil général de la Seine, ont permis de rendre son organisation aussi parfaite que possible.

Un autre département, l'Oise, auquel sans doute sa proximité de Paris rend ses placements difficiles, envoie depuis deux ans une partie de ses pupilles dans le Pas-de-Calais. Le 21 octobre 1897, une agence d'enfants assistés de ce département était créée à Lens, au centre du bassin houillier. L'effectif s'en élevait à la date du 1er janvier 1899 au chiffre total de 477 pupilles, se décomposant ainsi :

Enfants assistés proprement dits : 299, dont 112 au-dessous de 13 ans et 187 de 13 à 21 ans ;

Moralement abandonnés : 178, dont 111 au-dessous de 13 ans et 67 au-dessus de cet âge.

Les tarifs de pension de l'Oise, supérieurs à ceux de l'Assistance publique de Paris elle-même, paraissent être les plus élevés qu'il y ait en France. Ils sont pour la 1re année de 35 fr. au sein et 25 fr. au biberon ; de 20 fr. pour la deuxième année, et de 15 fr. de la troisième à la treizième année.

Les pupilles de 13 à 21 ans sont en grande partie placés chez des ouvriers mineurs, dont ils partagent l'existence et les travaux.

II.

Établissements publics ou privés qui concourent à l'assistance des enfants abandonnés. — Orphelinats.

En dehors des enfants qui font partie du service départemental des Enfants assistés, il y en a beaucoup d'autres recueillis dans des établissements publics ou privés connus généralement sous le nom d'orphelinats et qui souvent en réalité ne contiennent guère d'orphelins, mais, si l'on peut ainsi parler, des *demi-orphelins* [1] ayant perdu un de leurs parents; ou encore des enfants délaissés; ou des enfants de familles indigentes; ou même des enfants dont les familles, sans être aisées, peuvent payer pour l'éducation primaire et pour une éducation professionnelle sommaire une petite somme annuelle.

Parmi les orphelinats, quelques-uns relèvent d'administrations d'assistance publique, tels que des hospices et des bureaux de bienfaisance, qui ont été régulièrement fondés et dotés. C'est ainsi que, depuis longtemps, dans le Pas-de-Calais, les commissions hospitalières d'Arras, Saint-Omer, Boulogne, Calais, Montreuil et autres recueillent, en vertu de donations ou legs anciens, des enfants de familles indigentes de la localité qui, parvenus à un certain âge, sont placés par elles en apprentissage ou en service. Mais la plupart des orphelinats ou œuvres analogues sont des établissements privés, d'origine moderne, qui tous ne sont pas reconnus d'utilité publique ni même autorisés. Plusieurs d'entre eux restent en dehors de toute constitution légale.

Les œuvres d'assistance privée peuvent être et sont souvent des auxiliaires utiles de l'assistance publique. Quelques-unes reçoivent même des subventions des départements et des communes, comme une sorte de rémunération des services rendus à la population indigente de la contrée. Mais, dans l'état actuel de la législation, elles échappent presque complètement à la surveillance et au contrôle de l'État, dont le rôle est d'être le protecteur naturel de ceux qui ne peuvent se protéger eux-mêmes. C'est une grave lacune, qui depuis assez longtemps déjà a fait l'objet des préoccupations des pouvoirs publics. Le fonctionnement de certains établissements peut laisser à désirer au point de vue de l'hygiène, du confort et de la salubrité. Le travail des enfants peut être exploité dans un but industriel, en vue d'obtenir la main-d'œuvre à meilleur marché. En 1880, le Sénat nomma à ce sujet une commission d'enquête dont le rapporteur fut M. Théophile Roussel, à qui rien de ce qui touche à l'amélioration du sort des enfants abandonnés ne devait rester étranger, l'illustre promoteur des grandes lois d'assistance sous la troisième République. L'enquête portait sur « tous les établissements publics ou privés, laïques ou congréganistes qui, sous les noms d'orphelinat, refuge, asile, ouvroir,

---

[1] Comme les appelle justement M. le D' Napias (*Hygiène hospitalière et Assistance publique*).

maison de la Providence, du Bon-Pasteur, de la Miséricorde, etc., reçoivent et élèvent des orphelins mineurs, abandonnés ou indigents. » Elle révéla l'existence en France de 1.110 associations ou œuvres de charité se consacrant à la garde et à l'éducation de l'enfance, parmi lesquelles 210 établissements publics, la plupart hospitaliers, relevant des commissions administratives. 103 établissements étaient reconnus d'utilité publique; 292 étaient autorisés; 519 restaient en dehors de toute constitution légale. Il ne fut pas possible d'obtenir des renseignements complets et précis sur le nombre d'enfants élevés dans certains orphelinats, pas plus que sur les recettes et les dépenses et l'origine des ressources. « Sans nier, disait un préfet en envoyant les documents demandés par l'enquête, les services rendus par ces établissements à la société, il y a lieu de craindre qu'ils ne soient surtout « des entreprises commerciales fondées sur l'exploitation de l'enfant. » L'honorable rapporteur, en mettant en lumière une telle situation, en constatant que les abus dénoncés de temps à autre dans la presse ou même à la tribune du Parlement, déférés plus d'une fois à la justice, ne paraissaient que trop vraisemblables, concluait à la nécessité d'un contrôle sérieux et régulièrement organisé.

Vingt ans bientôt se sont écoulés depuis lors, et la question n'est pas encore entièrement résolue. Elle a fait du chemin cependant dans ces derniers temps et des incidents tout récents permettent d'entrevoir une solution prochaine. Souvent, les meilleures réformes sont celles qui ont été lentement et mûrement préparées.

Un avis du conseil d'État, en date des 7-14 janvier 1892, provoqué par le ministre de l'Intérieur sur le point de savoir quels sont les droits de police et de contrôle que possède le gouvernement sur les établissements d'assistance privés, avait interprété la législation actuellement en vigueur dans le sens le plus restrictif. Il en résultait que ces droits étaient presque illusoires.

Quelques années après, le Conseil supérieur de l'assistance publique, saisi à son tour de l'examen des mesures qu'il convient de prendre pour permettre à l'Etat d'exercer un contrôle sérieux sur ces établissements, étudiait la question dans sa session de janvier 1896 et votait un ensemble de résolutions dont le ministère de l'Intérieur s'est inspiré pour préparer un projet de loi qui, avant d'être présenté au Parlement, a été renvoyé au Conseil d'Etat.

La publication récente d'un mémoire dans lequel l'évêque de Nancy se livrait à une critique très-vive des agissements des sœurs du Bon-Pasteur de cette ville à l'égard de leurs élèves, la campagne de presse et l'interpellation à la Chambre des députés dont cette publication a été suivie, ont donné à la question un grand intérêt d'actualité. M. Waldeck-Rousseau, président du Conseil, ministre de l'Intérieur, intervint dans la discussion et prononça à ce sujet un important discours [1], dont nous croyons devoir reproduire ici la conclusion :

« On se plaint, et on n'a pas tort, des abus qui peuvent se produire dans certains établissements charitables privés qui n'ont rien d'administratif, qui ne sont la création ni de l'Etat ni des départements. Eh bien! Messieurs, je reconnais tout le premier qu'il vaudrait mieux, notamment au point de vue départemental, qu'on se fût préoccupé, depuis déjà quelques années, de mettre en œuvre les vœux qui ont été émis par le conseil supérieur de l'assistance publique; et quand il s'agit, par exemple, de la réforme des enfants de la catégorie de celles qui nous occupent, je rappellerai que l'assistance publique n'en est pas à souhaiter que les départements fassent dans leur budget une place à la création de ce que nous avons appelé les « écoles de réforme. »

» Et aussi longtemps, — car l'assistance publique est une œuvre départementale ou municipale, — aussi longtemps que les départements n'entreront pas avec plus d'activité dans cette voie, il faudra bien, Messieurs, utiliser les ressources de l'initiative privée et de la charité privée.

» C'est alors que se dresse l'objection à laquelle je veux répondre, tirée de ce que dans ces établissements privés de très grands abus peuvent se produire. Le fait est certain. Pourquoi ces abus ne sont-ils pas plus promptement signalés? Comment se fait-il que la pleine connaissance n'en vienne qu'à la suite de certaines polémiques? Messieurs, par une raison que l'honorable M. Fournière a pris soin lui-même de faire connaître à la Chambre : c'est que, dans l'état actuel, il n'est pas possible à l'Etat d'inspecter certains établissements d'assistance privée. Est-ce à tort ou à raison qu'en 1892 le Conseil d'Etat a tranché la question dans ce sens? C'est un point que je n'ai pas à examiner. Quel était le remède et quel est aujourd'hui le remède ?

» Il n'est pas tout à fait exact de dire que le conseil général de l'assistance publique a proposé un projet de loi. Le conseil général de l'assistance publique s'est borné — comme c'était son devoir — à émettre un certain nombre de vœux. Ces vœux ont été apportés par le Gouvernement au Conseil d'Etat, qui a commencé d'élaborer une loi sur ce point. Je me suis fait remettre le texte du projet de loi en discussion au Conseil d'Etat, projet

---

[1] Chambre des Députés, séance du 30 novembre 1899.

qui n'a pas encore été adopté définitivement. Je me le suis fait remettre avec l'intention très-arrêtée, que je fais connaître à la Chambre, — s'il me paraissait répondre aux besoins de la situation qui nous est signalée, — de le déposer à très bref délai.

» Ce projet a dans ses grandes lignes des aspects tout à fait excellents; il s'occupe avant tout des conditions sans lesquelles on ne pourra pas ouvrir un de ces établissements privés. Il indique, en outre, quelles sont les formalités d'inspection que ces établissements devront subir; et si le problème se résolvait en ces deux points, en ces deux questions, je dirais volontiers : « Il est inutile que le Conseil d'Etat délibère plus longtemps, je déposerai le projet à la tribune. » Mais je ne crois pas qu'il suffise d'assujettir l'ouverture de ces établissements charitables privés à certaines déclarations; je ne crois pas qu'il suffise de les soumettre à certaines inspections; il me paraît de toute nécessité, sous peine de retomber dans les abus qu'on signale, de réglementer aussi ces établissements d'assistance privée et d'introduire comme des articles nécessaires dans des statuts modèles justement une partie de ces vues si justes qui ont trouvé leur place dans la discussion actuelle. Par exemple, pour ne signaler qu'un point, j'ai trouvé dans le texte du projet élaboré par le Conseil d'Etat une lacune qui me paraît grave. Ce projet ne se préoccupe pas de ce qui devrait être, selon moi, la condition *sine qua non* de l'ouverture d'un établissement charitable quelconque, à savoir la constitution du pécule de l'enfant.

» Je dis que ce doit être une condition *sine qua non*, parcequ'en effet ce pécule serait dans l'avenir la rédemption. (*Très-bien! Très-bien!*) C'est la possibilité de vivre, d'attendre, de trouver du travail et de se faire, par conséquent, un chemin dans la vie.

» Il y a encore d'autres points qui seront examinés; je ne les indique que pour faire comprendre à la Chambre comment le dépôt, que j'aurais voulu faire immédiatement comme suite et comme conclusion de ce débat, sera retardé de quelques jours; mais je prends l'engagement de soumettre au Parlement, dans un délai extrêmement bref, une législation qui réalise une partie des vœux qui ont trouvé leur place dans les discours que la Chambre a entendus. » (*Vifs applaudissements à gauche, à l'extrême gauche et sur plusieurs bancs du centre.*)

Il y a donc lieu d'espérer une solution prochaine de cette question, depuis longtemps pendante, de la surveillance des établissements d'assistance privés, du contrôle par l'Etat de leur organisation et de leur fonctionnement. Comme l'a dit avec tant de raison M. le président du Conseil, une des dispositions les plus essentielles de la loi nouvelle devra être l'obligation de constituer aux enfants recueillis un pécule qui, tout en contribuant à les moraliser, permette d'améliorer les conditions matérielles de leur existence. A ce point de vue, l'assistance privée ne ferait que suivre l'exemple qui lui est donné partout par l'assistance publique.

Suivant l'enquête faite il y a une vingtaine d'années, il y avait alors dans le Pas-de-Calais, en dehors du service départemental, 19 établissements d'assistance où l'on élevait des enfants, et le nombre de ces derniers était de 1354.

D'une enquête à laquelle nous avons procédé dans les derniers mois de 1898. il résulte que le nombre total des établissements s'élevait à cette époque à 34, parmi lesquels on comptait 9 établissements dépendant d'administrations publiques d'assistance (hospices et bureaux de bienfaisance), et 25 établissements privés. 22 de ces derniers étaient reconnus d'utilité publique ou autorisés; 3 n'étaient pas autorisés.

10 établissements étaient consacrés aux garçons; 16 aux filles; 8 recevaient des garçons et des filles. Le nombre total d'enfants recueillis s'élevait à 2605, dont 1265 âgés de moins de treize ans et 1340 de treize à vingt-et-un ans; soit la population presque doublée dans une période de vingt ans. Ces chiffres résultent des renseignements fournis par les établissements eux-mêmes.

TABLE DES MATIÈRES

	PAGES
Avant-Propos.	V

PREMIÈRE PARTIE. — AVANT 1811

Chapitre Ier. — Historique. — Législation.	3
§ Ier. — Les Enfants abandonnés dans l'ancienne France. — Les Seigneurs justiciers	4
§ II. — Les Administrations hospitalières et les Communautés d'habitants	5
§ III. — Les Cahiers de 1789 dans le Pas-de-Calais.	7
§ IV. — La Révolution française. — Législation	8
Appendice. — Les Cahiers de doléances de 1789 dans le Pas-de-Calais et les Enfants trouvés.	13
Chapitre II. — Les « Pauvretés » en Artois et les Orphelins	17
Chapitre III. — Les Enfants abandonnés dans les principales villes du Pas-de-Calais.	23
Arras.	24
Saint-Omer	31
Boulogne.	43
Calais.	50
Béthune	56
Montreuil.	60
Saint-Pol.	63
Hesdin	67

DEUXIÈME PARTIE. — DE 1811 A 1870

Le Régime hospitalier

Chapitre Ier. — Hospices dépositaires et Tours	71
§ Ier. — Le décret du 19 janvier 1811 et les hospices dépositaires et tours dans le Pas-de-Calais	71

	PAGES
§ II. — Les Tours et l'effectif des Enfants abandonnés. — Échange et déplacement des enfants	74
§ III. — La question des Tours. — Fermetures successives. — Le Tour et le Conseil général	79
Chapitre II. — Situation et organisation du service	85
§ Ier. — Admission des enfants	85
§ II. — Les immatriculations	90
§ III. — Séjour à l'hospice. — Mise en nourrice	91
§ IV. — Instruction primaire	93
§ V. — Service médical	96
§ VI. — Inspection et surveillance. — Règlement de 1861	98
§ VII. — Placement des enfants à leur douzième année. — Tutelle	102
§ VIII. — Contrats d'apprentissage. — Salaire. — Épargne	108
§ IX. — Comités de patronage	110
Chapitre III. — Effectifs et mortalité. — Statistiques diverses	113
Chapitre IV. — Des dépenses	123
Dépenses extérieures	123
Dépenses intérieures	125
Renseignements divers sur les dépenses avant 1869	129
Dépenses générales du service en 1828 et en 1858	133
Ce que coûtait à diverses époques l'enfant abandonné	134
Ressources du service (contingent des communes. — Produit des amendes de police. — Produit des fondations, dons et legs)	135
Chapitre V. — Enfants secourus temporairement	139
§ Ier. — Historique	139
§ II. — Origine des secours temporaires dans le Pas-de-Calais, leur objet, leur but	141
§ III. — Admission — Durée et quotité des secours. — Layettes et vêtures. — Assistance médicale. — École. — Légitimation. — Mode de paiement des secours. — Secours de premiers besoins. — Prime de service	142
§ IV. — Secours aux enfants légitimes de familles indigentes	147
§ V. — Effets des secours temporaires	150
§ VI. — Effectif. — Dépenses. — Mortalité	153

TROISIÈME PARTIE. — DE 1870 A LA FIN DU XIX° SIÈCLE

Le Régime départemental

		PAGES
Chapitre Ier	. . . .	159
§ Ier.	— La loi du 5 mai 1869. — Ses conséquences financières et autres. — Le régime départemental substitué au régime hospitalier.	159
§ II.	— Le Conseil général du Pas-de-Calais et la proposition Bérenger tendant au rétablissement des tours et du régime hospitalier	162
Chapitre II.	— Principales réformes et améliorations réalisées de 1870 à la fin du XIX° siècle	167
§ Ier.	— Frais de séjour, layettes, nourrices sédentaires. — Périodes quinquennales de 1870 à 1900 . . .	168
§ II.	— Tarifs de pension	171
§ III.	— Vêtures	174
§ IV.	— Service médical	177
§ V.	— Instruction.	182
§ VI.	— Inspection et surveillance.	185
§ VII.	— Deniers pupillaires. — Épargne.	187
§ VIII.	— Assistance des pupilles infirmes majeurs . . .	194
Chapitre III.	— Les Enfants moralement abandonnés.	
§ Ier.	— Origine de la loi, son but, ses principales dispositions	197
§ II.	— Application de la loi du 24 juillet 1889 dans le Pas-de-Calais	203
§ III.	— Quelques observations sur l'application de la loi .	206
§ IV.	— Écoles de réforme	214
§ V.	— Enfants admis en exécution des articles 4 et 5 de la loi du 19 avril 1898	217
Chapitre IV.	— Effectifs. — Dépenses. — Mortalité. — Contingent militaire.	221
Chapitre V.	— Les résultats. — Conclusion.	232
TABLEAUX GRAPHIQUES (Effectifs. — Mortalité. — Contingent militaire. — Instruction. — Épargne. Dépenses).		239
APPENDICE.		
§ Ier.	— Les Enfants assistés de la Seine et de l'Oise dans le Pas-de-Calais	255
§ II.	— Établissements publics ou privés qui concourent à l'assistance des enfants abandonnés. — Orphelinats	257

www.ingramcontent.com/pod-product-compliance
Lightning Source LLC
Chambersburg PA
CBHW050319170426
43200CB00009BA/1379